교과서 옆

개념 잡는
초등한국사
사전

일러두기

* 이 책에는 초등학교 사회 교과서에 나오는 용어는 물론, 교과서에는 나오지 않지만 우리나라 역사를 공부하는 데 꼭 알아야 할 용어, 그리고 누구나 '역사' 하면 떠올리는 기본 용어들을 실었습니다.

* 가나다 차례로 되어 있어서 모르는 한국사 용어를 쉽게 찾을 수 있습니다.

* 용어의 개념을 쉽게 알 수 있도록 여러 가지 예시와 함께 그림으로도 설명하고 있습니다.

* '➜'는 관련 용어의 표시로, 이 기호 뒤의 용어를 찾아가 보면 관계되는 설명을 확인할 수 있습니다.

* 띄어쓰기는 국립국어원을 기준으로 하였습니다.

* 찾아보기는 차례를 이용하면 편리합니다.

* 구석기~고려 시대는 최소옥 선생님, 조선 시대는 박종권 선생님, 개항 시기~현대는 박형오 선생님이 집필했습니다.

* 이 책에 쓰인 사진 자료는 국립중앙박물관 및 개인 소장자들에게 허락을 받아 사용한 것입니다. 책을 만드는 과정에서 모든 자료에 대해 저작권자의 허락을 구하고자 최선을 다했지만 혹시 누락됐거나 잘못된 점이 있으면 연락 주십시오.

교과서 옆

개념 잡는
초등한국사
사전

이근호·신지승 감수
박종권·박형오·최소옥 글 | 우지현 그림

주니어김영사

머리말

옛날 이야기처럼 재미있는 역사 시간이 되길 바라며

    요즘 많은 사람이 역사 드라마에 흥미를 보여 시청률이 올라가고 역사 관련 소설도 부쩍 많이 팔린다고 합니다.

    그렇다면 사람들은 왜 이렇게 역사에 관심을 보이는 걸까요? 그건 역사가 인간의 다양한 모습을 보여 주는 흥미로운 학문이기 때문입니다. 역사 속에는 새로운 왕조의 등장과 쇠퇴·전쟁·사회 제도·경제·종교·과학 기술의 발달 등 수많은 사건과 사실이 펼쳐집니다. 그리고 역경을 딛고 꿈을 이루어 낸 많은 사람들의 꿈과 사랑·용기·행복·욕심·가치관의 변화 등 인간의 다양한 모습이 그대로 드러나 있습니다. 따라서 우리는 과거를 돌아봄으로써 인간이 어떠한 존재인지, 올바르게 사는 방법은 무엇인지 알 수 있습니다. 뿐만 아니라 오늘날 우리 사회가 어떻게 이루어졌는지, 그 문제점과 해결 방법은 무엇인지 역사를 통해 유추해 볼 수 있습니다.

    이렇듯 중요한 역사가 학교에서 배울 때도 드라마처럼 재미있다면 참 좋겠지요? 역사 속 인물이 교과서 밖으로 걸어 나와 말을 걸고, 교과에서 나온 사건들이 우리의 머리와 가슴속에 쏙쏙 들어와 함께 기뻐하고, 분노하고, 안타까워하고 때로는 열광할 수 있다면 역사 시간이 매우 기다려질 겁니다.

    그러나 많은 경우 아이들은 역사 시간을 어렵고 재미없고 외워야 할 것만 많은 시간으로 생각합니다. 그 이유가 무엇일까요? 여러 이유가 있겠지만 가장 큰 이

유는 교과서를 가득 메운 딱딱하고 어려운 말들과, 전후 관계에 대한 설명이 부족한 가운데 수많은 인물과 사건이 등장하기 때문이 아닐까요?

특히 역사 교과서에 나오는 용어들은 요즘 흔히 사용하는 말이 아니어서 아이들이 더 낯설어 합니다. 사전이나 인터넷을 찾아봐도 국어사전은 설명이 너무 짧고, 한국사 사전은 설명이 너무 깁니다. 풀이해 놓은 글도 너무 어렵고요.

그래서 초등학생이 역사 시간을 좋아하게 할 방법이 무엇일까 고민한 끝에, 초등학생도 직접 찾아보고 이해할 수 있는 사전, 쉽고 재미있는 한국사 사전을 만들게 되었습니다.

이 책에는 초등학교 사회 교과서에 나오는 우리나라 역사와 관련된 용어와 인물, 사건, 제도들을 모아 그 뜻과 내용, 사건의 전개 과정 등을 알기 쉽게 정리해 놓았습니다. 이제 역사를 공부하다가 또는 드라마를 보다가 알듯 말듯한 말이 나오거나 잘 모르는 사람 혹은 사건이 나오면 바로 이 사전을 펼쳐 보세요. 이 책이 친절한 도우미가 되어 여러분의 한국사 공부를 안내해 줄 것입니다.

이 책을 통해 우리 조상들이 가졌던 꿈과 열정이 무엇이었는지, 우리 민족이 당한 어려움을 어떻게 극복해 왔는지를 보다 쉽게 알게 되고, 나아가 우리가 살고 있는 사회와 세계를 바라보는 안목을 키웠으면 합니다.

박종권 · 박형오 · 최소옥

추천글

한국사 이해의 첫걸음이 되기를

역사를 표현하는 용어는 여러 가지입니다. 한자로 표현할 때는 사(史), 혹은 감(鑑) 등으로 기록되기도 합니다. 이 가운데 감(鑑)은 거울이라는 뜻입니다. 아침에 일어나 세수하고 거울을 보거나, 학교 가기 전 옷을 입고 거울을 보는 등 여러 면에서 거울은 우리 생활과 밀접한 물건입니다. 우리는 거울을 보고 옷매무새를 정돈하거나 잘못된 것을 바로잡습니다. 그리고 잘못된 부분은 앞으로 다시 반복하지 말아야지 하고 생각합니다.

역사도 이와 같습니다. 과거 우리 조상들의 역사를 배우고 익힘으로써 현재의 우리를 점검하고, 나아가 미래의 우리를 설계할 수 있습니다. 역사는 조금 더 나은 미래를 여는 기초가 됩니다. 그런 점에서 역사를 모르는 개인이나 민족은 발전할 수 없습니다. 어린이 여러분이 역사를 알아야 하는 까닭이 바로 여기에 있습니다.

그렇다면 여러분은 어떻게 역사를 배우고 공부합니까? 역사를 공부하는 방법에는 여러 가지가 있을 수 있습니다. 교과서를 통해서 공부할 수 있고, 최근에는 여러 가지 주제의 사극이 방송되고 있어 쉽게 역사에 접근할 수 있습니다. 그러나 우리 역사라 하더라도 등장하는 용어가 낯설어서 쉽게 이해하지 못하고 잘 모르는 채 그냥 넘어가는 경우도 많습니다. 이럴 때 꼭 필요한 것이 《교과서 옆 개념 잡는 초등한국사 사전》입니다. 사전의 풀이를 보고 용어를 이해하고 역사의 흐름을 정리할 수 있기 때문입니다.

  사전은 그 자체로 한 나라의 학문과 문화 수준을 반영한다고 합니다. 이는 사전의 편찬 과정에 그 시대의 학문적 성과와 문화가 모두 반영되기 때문입니다. 다른 저술 작업도 그렇기는 하지만, 특히 사전 편찬이 어려운 이유가 그 때문입니다. 더구나 초등학생을 대상으로 한다면 그 작업은 몇 배 더 어렵습니다. 시중에 여러 종류의 한국사 사전이 있지만 초등학생을 대상으로 한 것이 흔치 않는 것도 이 때문입니다.

  이런 이유로 박종권 선생님과 현직 교사 박형오 선생님, 최소옥 선생님이 쉽고 재미나게 한국사 사전을 만들었습니다. 이 책은 다른 사전들에 비해 풀이가 쉽고 간결하게 정리되어 있어 머릿속에 쏙쏙 들어옵니다. 더구나 삽화와 유물 사진을 수록해서 한층 더 이해를 돕고 있어, 초등학생이 우리 역사를 이해하고 공부하는 데 좋은 참고와 지침이 될 것이라 생각됩니다.

  아무쪼록 이 책이 초등학생들의 책꽂이 한쪽에 자리 잡고서 우리 역사를 이해하는 첫걸음이 되기를 기대해 봅니다.

이근호

차례

머리말
추천글

ㄱ

가야 · 12
가야 토기 · 13
간도 · 14
감은사지 3층 석탑 · 16
갑신정변 · 17
갑오개혁 · 18
갑인자 · 19
강감찬 · 20
강화도 조약 · 21
개화 정책 · 22
거란 · 23
거란의 침입 · 24
거북선 · 25
견훤 · 26
경국대전 · 27
경복궁 · 28
경제 개발 5개년 계획 · 30
경주 역사 유적 지구 · 31
계백 · 32
고구려 · 33
고구려 고분 벽화 · 34
고구려 수산리 고분 벽화 · 35
고구려 연가 7년명 금동 여래 입상 · 36
고려 · 37
고려사 · 38
고려 청자 · 39
고분 · 40
고인돌 · 41
고조선 · 43
고종 · 45
고창 전투 · 47
골뿌림법 · 48
골품 제도 · 49
공민왕 · 50
공산 전투 · 51
과거제 · 52
곽재우 · 53
관촉사 석조 미륵보살 입상 · 54
광개토 대왕 · 55
광주 학생 항일 운동 · 56
구석기 시대 · 57
국제 연합(유엔) · 58
국채 보상 운동 · 59
굴식 돌방무덤 · 60
궁예 · 61
권율 · 62
귀주 대첩 · 63
근대화 · 64
근초고왕 · 64
금동 미륵보살 반가 사유상 · 66
기와 · 67
기원전 · 68
김구 · 69
김시민 · 70
김유신 · 71
김일성 · 72
김정호 · 72
김좌진 · 73
김춘추 · 74
김홍도 · 74

ㄴ

나당 전쟁 · 76
나제 동맹 · 77
남북 적십자 회담 · 78
노비안검법 · 79
농사직설 · 80

ㄷ

단군왕검 · 81
단발령 · 82
당 · 83
대조영 · 84
대종교 · 85
대한민국 임시 정부 · 86
대한민국 정부 수립 · 88
대한 제국 · 88
덕수궁 · 90
독도 분쟁 · 90
독립문 · 91
독립신문 · 92
독립 협회 · 93
돈의문 · 94
돌무지덧널무덤 · 95
돌무지무덤 · 95
동의보감 · 97
동학 · 97
동학 농민 운동 · 99
뗀석기 · 101

러일 전쟁 · 102

만민 공동회 · 104
만주 사변 · 105
명 · 106
명량 대첩 · 107
명성 황후 · 108
몽골의 침입 · 109
몽골 제국 · 110
몽촌 토성 · 111
무구 정광 대다라니경 · 112
무령왕릉 · 112
무용총 · 114
문무왕 · 115
문익점 · 116
문화재 · 116
미소 공동 위원회 · 118
민무늬 토기 · 119
민영환 · 120
민족 대표 33인 · 120
민족 자결주의 · 121
민화 · 122

박연 · 123
박영효 · 124
박정희 · 124
박지원 · 125
박혁거세 · 126

반달 돌칼 · 128
발해 · 129
발해 석등 · 130
백제 · 130
백제 금동 대향로 · 132
법흥왕 · 133
벽란도 · 134
별기군 · 135
병인양요 · 136
병자호란 · 137
봉수 제도 · 138
봉오동 전투 · 139
부소산성 · 140
부여 · 140
북벌론 · 142
북학파 · 143
분황사 · 144
불국사 · 145
불교의 전래 · 146
붕당 · 147
빗살무늬 토기 · 148

4군 6진 · 149
사명 대사 · 150
사신도 · 150
사육신 · 152
4·19 혁명 · 154
살수 대첩 · 155
삼국사기 · 156
삼국유사 · 157
삼별초 · 158

3·1 운동 · 159
삼한 · 161
새마을 운동 · 162
서산 대사 · 162
서산 용현리 마애여래 삼존상 · 163
서울 올림픽 대회 · 164
서원 · 165
서재필 · 166
서희 · 166
석굴암 · 168
선덕 여왕 · 169
선사 시대 · 170
설총 · 171
성균관 · 172
성덕 대왕 신종 · 173
성삼문 · 174
세기 · 175
세도 정치 · 176
세조 · 177
세종 · 178
소수림왕 · 179
송 · 180
수 · 181
수로왕 · 182
수원 화성 · 183
숙정문 · 184
숭례문 · 184
승정원 일기 · 185
시호 · 186
신돌석 · 187
신라 · 188
신미양요 · 189
신사 참배 · 190

신석기 시대 · 191
신윤복 · 192
신채호 · 192
신탁 통치 반대 운동 · 193
실학 · 194
10 · 26 사태 · 195

아관 파천 · 196
아이엠에프(IMF) 경제 위기 · 197
안시성 싸움 · 198
안악 3호분 · 199
안중근 · 200
안창호 · 201
앙부일구 · 202
애국 계몽 운동 · 203
여진 · 203
연개소문 · 204
연해주 · 205
연호 · 205
영조 · 206
5 · 10 총선거 · 207
5 · 16 군사 정변 · 208
5 · 18 민주화 운동 · 209
옥저 · 210
온조 · 211
왕건 · 211
왜 · 213
요동 지방 · 214
운요호 사건 · 214
원효 · 215

위화도 회군 · 216
유관순 · 217
유성룡 · 218
6월 민주 항쟁 · 218
유학 · 219
6 · 29 민주화 선언 · 220
6 · 25 전쟁 · 221
6 · 15 남북 공동 선언 · 222
윤관 · 223
윤봉길 · 224
윤희순 · 225
을미사변 · 226
을사늑약 · 226
의자왕 · 228
의천 · 229
이봉창 · 230
이상설 · 230
이순신 · 231
이승만 · 232
이양선 · 232
이이 · 233
이종무 · 234
이차돈 · 234
이토 히로부미 · 235
2 · 8 독립 선언 · 236
이황 · 237
익산 미륵사지 석탑 · 238
익산 왕궁리 5층 석탑 · 239
일본군 위안부 · 239
일제의 강제 합병(한일 병합) · 240
임진왜란 · 241

자격루 · 243
장군총 · 244
장보고 · 245
장수왕 · 246
장영실 · 247
장지연 · 248
전봉준 · 248
정림사지 5층 석탑 · 250
정몽주 · 251
정미의병 · 252
정약용 · 253
정조 · 254
조선 · 255
조선 시대의 신분 · 256
조선어 학회 · 257
조선왕조실록 · 258
조선 총독부 · 259
조선 통신사 · 259
종묘 · 261
주몽 · 262
주시경 · 263
직지심체요절 · 264
진흥왕 · 265
진흥왕 순수비 · 266
집현전 · 267

참성단 · 268
창경궁 · 269
창덕궁 · 269
척화비 · 270

천마총 · 271
천주교 · 272
철기 시대 · 272
첨성대 · 274
청 · 275
청동 거울 · 276
청동검 · 277
청동기 시대 · 278
청동 방울 · 279
청산리 대첩 · 280
청일 전쟁 · 281
청해진 · 282
최승로 · 283
최제우 · 284
최치원 · 285
충주 고구려비 · 286
충주성 전투 · 286
측우기 · 287
7·4 남북 공동 성명 · 288
칭기즈 칸 · 289

태조 이성계 · 290
태종 이방원 · 291
토지 조사 사업 · 292

8도 · 293
팔만대장경 · 295
8·15 광복 · 296
8조법 · 297

풍납 토성 · 298

하회 마을 · 299
한국 광복군 · 300
한산도 대첩 · 301
한인 애국단 · 302
해인사 장경판전 · 303
행주 대첩 · 304
허준 · 305
헤이그 특사 · 306
호족 · 307
홍건적 · 307
홍범도 · 308
화랑도 · 308
환구단 · 310
황룡사 · 311
후고구려 · 312
후백제 · 312
후삼국 시대 · 313
훈민정음 · 315
흥선 대원군 · 316
흥인지문 · 317

한눈에 보는 한국사
연표 · 318

가야

낙동강 유역에서 일어난 여섯 나라의 연맹 왕국

가야는 낙동강을 중심으로 일어난 금관가야(오늘날의 김해), 아라가야(함안), 대가야(고령), 소가야(고성), 고령가야(진주), 성산가야(성주)의 여섯 나라를 합쳐서 이르는 말이에요. 가라 또는 가락국이라고도 합니다.

초기에는 금관가야가 여섯 나라를 이끌었지만 400년에 고구려가 금관가야를 공격한 이후 가야의 주도권은 대가야로 넘어갔어요. 가야는 532년에 금관가야가 신라에게 멸망한 뒤 하나, 둘 신라에 합쳐졌으며, 562년에는 대가야마저 신라에 흡수돼 완전히 멸망했습니다.

여섯 가야는 통일 왕국을 이루지는 못했

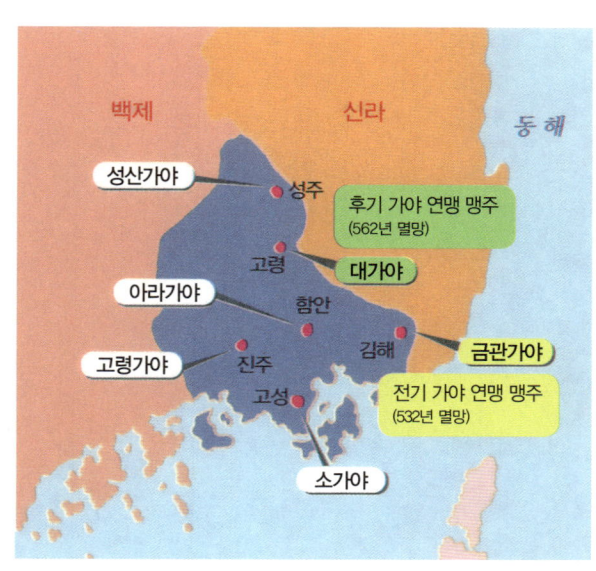

지만 전성기 때는 매우 강해서 신라를 위협할 정도였고 일본에도 진출해 문화를 전했습니다. 기름진 평야를 바탕으로 농업이 크게 발달하였으며, 특히 철기 생산이 활발하여 중국과 왜(일본)에 철을 수출하기도 했어요.

김유신은 금관가야 김수로왕의 12대손이고, 가야금을 신라에 전했던 우륵도 가야 출신이었답니다.

➡ 법흥왕, 신라, 진흥왕

가야 토기

주로 낙동강 서쪽 지역에서 발견된 가야 때의 토기

가야의 여러 나라들은 저마다 독특한 토기를 만들었는데, 대체로 잿빛이 도는 청색의 단단한 토기와 적갈색의 무른 토기를 만들었어요. 가야 토기는 신라와 왜(일본)에 수출되었는데, 특히 일본 토기의 발달에 큰 영향을 끼쳤어요.

그중 목 항아리나 굽다리 접시, 그릇 받침 등은 신라 지역에서도 흔히 볼 수 있는 것입니다. 그러나 신라의 토기에 비해 날렵하고 세련된 모습이고, 동물, 집, 신발, 배, 수레, 뿔잔과 같은 물건을 본뜬 토기도 많습니다.

기마인물 모양 토기

수레바퀴 모양 토기

간도

백두산 북쪽의 만주 지방 일대로, 현재 중국 연변조선족자치주를 중심으로 한 지역

간도는 고조선 때부터 우리 민족을 비롯하여 여러 민족의 활동 무대였어요. 그 후 고구려, 발해가 이 땅을 차지했고 고려 시대부터 조선 전기까지는 여진족이 이 지역에 흩어져 살면서 우리나라에 조공을 바쳤어요. 그러나 여진족은 농경보다 유목·수렵에 종사하였기 때문에 이 지역은 오랫동안 개척되지 못하였고, 조선 후기에 우리 민족이 들어가 농사를 짓기 시작했어요.

한편 여진족은 1616년 후금을 세웠다가 이후 이름을 청나라로 바꾸고 중국 본토로 옮겨 살게 돼요. 그러나 1677년 청나라는 이곳을 자신들의 조상(만주족이라고 특별히 불렀어요)이 살던 신성한 곳이라 하여 사람들이 살지 못하게 했어요. 그래서 조선과 청나라는 자주 다투게 되었습니다. 그러자 1712년(조선 숙종 38)에 조선과 청나라는 백두산에 비석(백두산 정계비)을 세워 두 나라 사이의 국경선을 명확히 했어요.

정계비에는 "서쪽으로는 압록강, 동쪽으로는 토문강을 국경으로 하여 그 분수령에 비석을 세운다."고 기록되어 있어요. 여기서 토문강이란 쑹화강 상류의 지류인 토문강(해란강)을 가리키는 것으로 간도가 우리의 영토임을 청나라도 인정한 것이지요. 그 뒤 1869년과 1870년 함경도에 큰 흉년이 들자 조선의 많은 백성들이 간도로 옮겨 갔어요. 이 지역이 간도(間島)로 불리기 시작한 것은 이때부터였어요. 조선과 청나라 사이에 놓인 섬과 같은 지역이란 뜻이라고 해요. 그러나 1883년 청나라는 백두산 정계비에 있는 '토문강'이 두만강이라고 하며, 간도가 자신들의 땅이라고 주장했어요. 그러자 조선은 북변 간도 관리사로 이범윤을 보내 이 지역에 있는 우리 민족을 보호했어요.

대한 제국이 성립된 뒤에도 우리나라는 간도가 우리 땅임을 명확하게 밝혔어요. 뿐만 아니라 일제도 처음에는 이 땅을 우리 땅으로 인정하여 간도 파출소를 설치했답니다. 그러나 일제가 외교권을 빼앗아 간 뒤인 1909년 9월 일제는 청나라로부터 남만주 철도(선양-다롄) 부설권을 얻는 대가로 간도를 청나라의 땅으로 인정하는 '간도 협약'을 맺었어요. 그러나 그 뒤에도 우리 민족은 이 지역에 계속 거주하여, 일제 시기에는 청산리 대첩과 봉오동 전투 등 항일 무장 투쟁의 근거지가 되었어요.

한편 일본이 우리를 대신하여 간도 협약을 맺은 건 우리나라의 외교권을 넘겨받았다는 을사늑약에 근거한 것이었어요. 그러나 을사늑약은 체결권자인 고종이 끝까지 승인하지 않았으므로 국제법상 성립되지 않는 조약이에요. 뿐만 아니라 제2차 세계 대전 이후 일본이 침략 과정에서 빼앗은 영토는 모두 되돌려 주어야 했어요. 그러나 간도는 여전히 중국의 소유로 남아 있답니다.

현재 중국 정부는 간도 지방을 연변조선족자치주로 지정해 관리하고 있어요.

➜ 봉오동 전투, 을사늑약, 청, 청산리 대첩

감은사지 3층 석탑

감은사 절터에 나란히 서 있는 신라 시대의 쌍탑, 국보 제112호

감은사가 있던 절터(경상북도 경주시 양북면 용당리)에는 석탑이 두 개 서 있는데, 두 탑이 마치 쌍둥이처럼 똑같답니다. 탑의 높이는 13.4m로 경주에 있는 3층 석탑 중 가장 크며 균형과 비례가 잘 맞아 아름답습니다. 동해를 바라보는 높은 자리에 굳건히 발을 붙이고 하늘로 높이 솟아오른 모습이 우리나라 석탑을 대표할 만합니다.

감은사란 어떤 절이었나요?

감은사는 삼국을 통일한 신라 문무왕이 새 나라의 위엄을 세우고, 동해로 자주 쳐들어오던 왜구를 부처님의 힘으로 막아 내고자 동해 바닷가에 세운 절이에요. 아주 큰 절이라 아들 신문왕 때에야 다 지을 수 있었답니다(682).

갑신정변 1884

갑신년(1884)에 개화를 서두르던 사람들이 일으킨 정치적 변동

조선이 개화하는 과정에서 구식 군인들이 난을 일으키자(임오군란, 1882), 정부는 청나라의 도움을 얻어 난을 진압했어요. 그 뒤로 청나라의 간섭을 받게 되었고, 권력을 잡고 있던 민씨 세력은 개화 정책을 자꾸 미뤘어요. 그러자 개화를 서두르던 김옥균, 박영효, 서재필, 서광범과 같은 개화파 사람들은 일본의 힘을 빌려 민씨 세력을 몰아내고자 우정총국의 개국 축하 잔치에서 정변을 일으켰어요. 이 사건이 바로 갑신정변입니다. 조선의 자주독립과 근대화를 이루기 위해 새로운 정부를 세우고 개혁안을 발표했습니다.

그들이 내세운 개혁안은 청나라에 바치던 조공을 폐지하고, 신분 제도를 폐지하며, 능력에 따라 관리를 임명하고, 관리의 부정을 막고, 백성을 보호하겠다는 것이었어요. 정치, 경제, 사회 여러 분야를 개혁해 근대 국가를 세우려고 했던 것이지요. 그러나 청나라가 군대를 투입하고 정세가 불리하다고 판단한 일본이 슬그머니 발을 빼면서 정변은 3일 만에 실패로 끝나 버렸고, 김옥균, 박영효는 일본으로 망명했어요.

갑신정변이 실패한 까닭은 청나라 군대 탓도 있었지만, 개화 사상이 백성들 속에 퍼지지 않아 백성들의 지지를 받지 못했고, 일본의 힘에 의존하게 되면서 백성들의 반발을 샀기 때문입니다.

➜ 개화 정책, 근대화

갑오개혁 1894

우리나라 최초의 근대 개혁

갑오년(1894)부터 이루어진 개혁이어서 갑오개혁이라고 해요. 동학 농민 운동이 일어나고, 일본에게서 개혁을 강요받자 조정에서는 개화를 서두르던 사람들이 정권을 잡고 군국기무처를 설치한 후 전통적인 봉건 제도를 여러 근대적 국가 제도로 고쳤어요.

갑오개혁은 조선 후기부터 새로운 사회를 기대하는 농민들의 움직임에서 시작돼 개화 운동으로 이어진, 전통 사회를 바꾸려는 민족의 요구가 담긴 개혁이었어요. 그러나 그 과정에 일본이 간섭하여 우리 민족 스스로 개혁을 이루지 못했고, 한편으로는 일본이 우리나라를 쉽게 침략할 수 있는 발판을 만들어 주었어요.

〈갑오개혁의 주요 내용〉

정치	청나라에 의지하지 않고 자주독립을 꾀함. 과거제를 없애고 신분 차별 없이 관리를 뽑기로 함. 나라의 공식 문서에 한글을 사용함.
사회	양반과 상민의 신분 차별을 없앰. 조혼(어릴 때 결혼하는 것)을 금지함. 과부의 재혼을 허용함.
경제	근대식 화폐 제도를 채택함. 도량형을 통일함.
교육	서울에 소학교, 중학교, 사범 학교, 외국어 학교를 세움. 각 지방에도 소학교를 세움.

갑인자

조선 세종 때 만든 구리 활자

갑인자는 세종 대왕의 명령으로 이천과 장영실이 중심이 되어 만든 활자예요. 세종 16년인 갑인년(1434)에 만들어서 갑인자라고 해요. 이전에 만든 활자보다 훨씬 뛰어나, 조선 초기 인쇄술을 크게 발전시켰어요.

갑인자는 글자의 모양이 아름답고 뚜렷할 뿐만 아니라, 인쇄할 때 큰 활자와 작은 활자를 섞어서 쓸 수도 있었어요. 처음 만든 갑인자를 선조 때(1580)까지 썼고, 그 뒤에 여섯 차례 고쳐 만들었답니다. 세종 때에는 경인자, 병진자 같은 금속 활자도 만들었어요.

활자는 어떻게 생겼나요?

금속으로 된 네모 기둥 모양의 윗면에 글자를 볼록 튀어나오게 새긴 것이에요. 이 활자에 잉크를 묻혀 책을 찍어 냈답니다. 활자가 발명되기 전에는 나무판에 글자를 새기고 잉크를 묻혀 찍어 냈어요.

강감찬 948~1031

거란의 3차 침입 때 귀주 대첩을 이끈 고려의 장수

1010년에 거란이 40만 대군으로 고려를 2차 침입하자, 신하들은 항복하자고 했어요. 그러나 강감찬은 이를 반대하고 임금을 나주로 피신하도록 했으며 거란군과 협상을 벌여 전쟁을 마무리 지었어요.

그 후 1018년에 거란이 10만 대군으로 3차 침입을 해 오자 상원수(총사령관)가 되어 귀주에서 거란을 크게 물리쳤어요(귀주 대첩, 1019). 이후 거란은 다시는 고려를 침공하지 않았어요.

하늘에서 큰 별이 떨어진 곳에서 강감찬이 태어났는데 그곳을 낙성대라고 부르고 있어요. 낙성대는 별이 떨어진 곳이라는 뜻이에요.

➔ 거란의 침입, 귀주 대첩

강화도 조약 1876

우리나라가 일본과 맺은 최초의 근대적 조약이자 불평등 조약

공식 명칭은 조일 수호 조규이며, 병자수호조약이라고도 해요. 1868년 메이지 유신을 단행한 일본은 조선에 교섭하자고 요구했지만 조선은 받아들이지 않았어요. 그러나 조선이 서양이나 일본과 교류하는 것을 강력히 반대하던 흥선 대원군이 1873년에 물러나고, 고종이 직접 정치를 하게 되면서 조선의 외교 정책은 달라지기 시작했어요. 그러던 중 일본은 1875년에 운요호 사건을 일으키고 억지로 조약을 맺자고 했어요. 그래서 조선과 일본의 대표가 강화도에서 만나 맺은 조약이 바로 강화도 조약이에요.

이 조약에 따라 조선은 부산, 원산, 인천 세 항구에 일본인이 들어와서 무역을 하는 것을 허락했어요. 이 조약은 우리나라가 손해인 불평등 조약이었어요. 일본이 조선의 해안을 마음대로 측량하는 것을 허락하고, 일본 상인들이 불법을 저지르고 방자하게 굴어도 조선 관리들이 처벌할 수 없게 했으니까요.

➜ 운요호 사건

개화 정책

조선 말기에 서양 문물을 받아들여 나라를 발전시키려고 한 정책

강화도 조약을 맺은 후 조선 정부는 개화 정책을 추진했어요. 이를 위해 정부는 일본에 수신사를 보내 일본의 발전된 모습을 보고 오게 했어요. 또 중국과 일본에 젊은이를 보내 근대 문물을 배워 오게 했답니다. 그 뒤 정부는 '통리기무아문'을 두어 개화 정책을 이끌어 가게 했고, 총이나 대포 같은 신식 무기를 갖춘 신식 군대(별기군)를 만들었어요. 개화 정책은 갑신정변(1884)에서도 추진되었으나 3일 만에 실패하고 갑오개혁(1894)에서 본격적으로 추진돼요.

통리기무아문이란 무엇인가요?

조선이 일본과 교류하기로 한 뒤 정세 변화에 효율적으로 대응하기 위해 설치한 근대적 행정 기구였어요. 군사·외교·무역 및 국내 정치를 모두 맡아보았으며, 특히 국가 외교·군사 제도를 근대적으로 바꾸고자 했어요.

➜ 갑신정변, 갑오개혁, 별기군

거란

10세기 초 요나라를 세운 유목 민족

거란은 4세기 말부터 내몽골의 시라무렌강 근처(요하 상류 지역)의 초원 지대에 나타나 살던 유목 민족이에요. 고구려와 돌궐, 수, 당의 간섭을 받다가 당이 약해지자 야율아보기가 여러 부족을 통합하고 나라를 세웠어요(916).

그 뒤 거란은 발해를 멸망시키고(926), 중국 화북 지방을 차지한 뒤 나라 이름을 요(遼)로 고쳤어요(947). 이후 요는 200년 가까이 몽골, 만주, 북중국을 지배하는 대제국을 이루었어요. 또한 고려마저 차지하려고 993년에서 1018년 사이에 고려에 세 차례나 쳐들어왔답니다. 그러나 모두 격퇴당했고, 1125년에 금나라와 송의 협공을 받아 멸망했어요.

➜ 거란의 침입

거란의 침입

거란이 고려를 세 차례에 걸쳐 침략해 온 사건(993, 1010, 1018)

10세기 중반 동아시아는 송, 거란, 고려를 중심으로 새로운 질서가 생겼어요. 거란은 송을 공격하여 중국 쪽으로 세력을 넓히고자 했으나 송과 친선 관계를 맺고 있는 고려가 자신들을 뒤에서 공격할 수 있다고 생각하여 993년에 고려를 침입했어요(1차 침입). 이때 고려에서는 서경(평양) 이북의 땅을 거란에게 주고 화해하자고 주장하는 사람들도 있었어요. 그러나 거란이 침략한 목적이 고려와 송이 친하게 지내는 것을 막는 것임을 알아차린 서희는 거란의 장수 소손녕과 담판을 벌였어요. 서희는 고려가 송과 관계를 끊는 대신 거란으로 가는 길목인 압록강 동쪽 280리 지역을 돌려받기로 하고 화해의 약속을 맺었답니다.

그 뒤 거란은 강조가 목종을 왕위에서 쫓아내고 현종을 즉위시킨 사건을 트집 잡아 40만 대군을 이끌고 1010년에 다시 고려를 침략했어요(2차 침입). 한때 수도 개경이 함락되기도 했지만, 양규가 이끄는 고려군이 강화를 맺고 물러가는

거란군을 크게 무찔렀어요. 뿐만 아니라 3차 침입(1018) 때에는 강감찬이 지휘한 고려군이 후퇴하는 거란군을 귀주에서 거의 전멸시켰답니다(1019, 귀주대첩). 이후 두 나라는 전쟁을 중단하고 평화 관계를 유지했어요.

➜ 강감찬, 귀주 대첩, 서희

거북선

이순신 장군이 만든 세계 최초의 공격용 철갑선

머리 부분은 용의 머리를, 꼬리 부분은 거북의 꼬리를 닮았고, 지붕은 거북의 등을 닮았는데, 전체를 보면 거북 모양이어서 거북선이라고 했어요. 거북선은 2층으로 되어 있어요. 아래층에서는 병사들이 노를 저어 배를 움직이고, 위층에서는 적군을 향해 총이나 포를 쏠 수 있지요. 그리고 적군들이 배 위로 뛰어드는 것을 막으려고 지붕에는 철갑을 덮고, 수백 개의 송곳을 박아 놓았어요. 거북선에는 130여 명이 탈 수 있었어요.

거북선은 전투가 벌어졌을 때 가장 먼저 나아가 적의 배와 충돌하는 돌격선이었어요. 이순신 장군은 임진왜란 직전에 거북선을 만들었습니다. 거북선이 나간 첫 싸움은 사천포 해전이었어요. 거북선은 한산도 대첩을 비롯한 여러 싸움에서 왜군을 물리치는 데 큰 몫을 했답니다.

거북선을 맨 처음 만든 때는 고려 말에서 조선 초 사이예요. 우리가 알고 있는 공격용 철갑선인 거북선은 이순신 장군이 처음 만들었어요.

➜ 이순신, 임진왜란, 한산도 대첩

견훤 867~936

후백제를 세운 사람(재위 892~935)

신라 말기에 상주 지역의 큰 세력(호족)인 아자개의 아들로 태어나 신라의 장군이 되었어요. 이후 귀족들끼리 왕위 다툼을 벌이는 틈을 타 세력을 넓혔고, 892년에는 무진주(광주)를 점령하고 스스로 왕이 되었어요. 이어 견훤은 전라도를 정복하고 도읍을 완산주(전주)로 옮겼답니다. 그리고 자신이 백제의 후계자라고 주장하면서 나라 이름을 후백제로 정했어요.(900)

궁예가 901년 송악(개성)에 후고구려를 세우면서 후삼국 시대가 시작되었어요. 하지만 918년 왕건이 궁예를 몰아내고 고려를 세우면서 신라와 친해집니다. 이에 견훤은 927년 신라의 수도 경주를 함락시키고 경애왕을 죽인 뒤 경순왕을 새 임금으로 세워요. 또한 신라를 구원하러 온 고려군과의 공산(대구 팔공산) 전투에서 크게 승리하지요.

하지만 930년 고창(경상북도 안동)에서 왕건의 군사에게 크게 진 뒤부터 차츰 약해져 유능한 신하들이 계속 왕건에게 항복했어요. 게다가 견훤이 935년에 넷째 아들인 금강에게 왕위를 물려주려 하자 큰 아들 신검이 견훤을 금산사에 가두어 버렸어요. 석 달 뒤 견훤은 금산사를 탈출해 고려로 갔습니다. 왕건은 견훤을 상부(尙父: 존경하는 아버지라는 뜻)라고 부르며 대접해 주었어요. 936년에 견훤은 왕건에게 신검을 칠 것을 요청해 후백제를 멸망시키고 얼마 뒤 병으로 죽었습니다.

➜ 왕건, 후백제, 후삼국 시대

경국대전

조선 시대의 기본 법전

《경국대전》은 이전에 만든 여러 법전을 종합해 만들었습니다. 세조 때 만들기 시작해 성종 2년(1470)에 완성했어요. 이·호·예·병·형·공의 6전으로 되어 있는데, 조선의 국가 조직과 정치·사회·경제 활동에 대한 기본 법전이 되었어요. 조선은 《경국대전》이 완성되면서 정치 제도도 완전히 정비되고, 유교를 따르는 법치 국가가 되었습니다. 《경국대전》은 나중에 고치거나 다듬기는 했지만 기본 뼈대는 조선 말기까지 바뀌지 않았어요.

경국대전

경복궁

조선 시대의 궁궐, 사적 제117호

경복궁은 태조 이성계가 한양(서울)을 도읍으로 정하고 나서 1395년(태조 4)에 세운 궁궐이에요. 경복궁 남쪽에는 정문인 광화문, 북쪽에는 신무문, 동쪽에는 건춘문, 서쪽에는 영추문이 있는데, 이 문들을 경복궁의 4문이라고 해요. 안에는 근정전, 사정전, 강녕전, 교태전을 비롯해 수많은 건물이 있어요.

경복궁은 임진왜란 때 대부분 불에 탔으나, 고종 때(1868) 다시 지었답니다. 흥선 대원군이 주도하여 다시 지은 경복궁은 330여 동의 건물이 빼곡히 들어선 웅장한 모습이었어요. 그런데 1910년에 우리나라가 국권을 빼앗기자 일본이 경복궁의 많은 건물을 헐고 근정전 바로 앞에 조선 총독부 건물을 세워 궁궐을 가리고 궁궐의 옛 모습을 파괴했어요.

1995년 8월 15일 광복 50주년을 맞아 정부는 조선 총독부 건물을 철거했고, 이후 복원 사업을 계속하고 있습니다.

경복궁 근정전(국보 제223호)

경복궁 근정전은 왕의 즉위식이나 나라의 중요 행사를 했던 곳으로 경복궁의 중심 건물이에요.

경복궁이란 이름은 어떻게 지었나요?

'경복'이라는 말은 오래도록 큰 복을 누린다는 뜻이에요. 조선을 세우는 데 큰 공을 세웠던 정도전이 유교의 경전 《시경》의 글귀 중 하나를 따 지은 이름입니다. 조선이 오래도록 큰 복을 누리는 나라가 되기를 바라며 지은 이름이지요.

경제 개발 5개년 계획

1962년부터 1981년까지 경제 발전을 위해 5년 단위로 추진한 경제 개발 계획

대한민국 정부는 1962년에서 1981년까지 네 차례에 걸쳐 경제 개발 계획을 세워 실천했어요. 1982년부터는 경제 사회 발전 5개년 계획으로 이름이 바뀌어 1996년까지 이어졌어요.

연도	1962~1966	1967~1971	1972~1976	1977~1981
구분	제1차 경제 개발 5개년 계획	제2차 경제 개발 5개년 계획	제3차 경제 개발 5개년 계획	제4차 경제 개발 5개년 계획
주요 사업 목표	에너지원 확충 (전력, 석탄) 기간 산업 확충 사회 간접 자본 확충	식량의 자급자족 공업화 추진	경제 자립 중화학 공장 건설	자력 성장 기술 혁신
주요 사건과 성과	발전소 건설	10억 달러 수출 달성 산업 단지 건설 고속도로 건설	제1차 석유 파동 극복 근로자 해외 파견	100억 달러 수출 달성 제2차 석유 파동 극복

우리 민족은 근면하고 성실한 민족이야.

➔ 박정희

경주 역사 유적 지구

유네스코 세계문화유산으로 등록된 경주 일대의 신라 시대 유적 지구

신라의 수도였던 경주는 도시 여기저기에 신라 천 년(기원전 57~기원후 935)의 역사와 문화를 알려 주는 유적들이 흩어져 있어요. 국보와 보물을 비롯한, 국가에서 지정한 문화재만도 52개나 있습니다. 그래서 도시 전체가 세계 문화유산으로 등록되었어요.

경주의 역사 유적들은 성격에 따라 다섯 개 지역으로 나눌 수 있는데, 그중 첫째는 신라 불교 미술의 보물 창고라 할 수 있는 남산 지구예요. 남산리 3층 석탑, 용장사곡 3층 석탑, 용장사곡 석불좌상, 칠불암 마애석불을 포함해 보물 37개와 시·도 유형문화재, 사적이 있습니다.

둘째는 신라 1천 년 왕조의 궁궐 터인 월성 지구예요. 계림, 월성, 동궁과 월지(안압지), 첨성대(국보 제31호), 내물왕릉이 있어요.

셋째는 신라 왕과 귀족들의 무덤이 있는 대릉원 지구예요. 미추왕릉, 황남리 고분군과 같은 옛 무덤들이 있습니다.

넷째는 신라 불교의 정수인 황룡사 지구로, 황룡사 터, 분황사 석탑(국보 제30호) 등이 있어요.

다섯째는 왕궁과 수도의 방어 시설인 산성 지구로, 서기 400년 이전에 쌓았을 것으로 여겨지는 명활산성이 여기에 속해요.

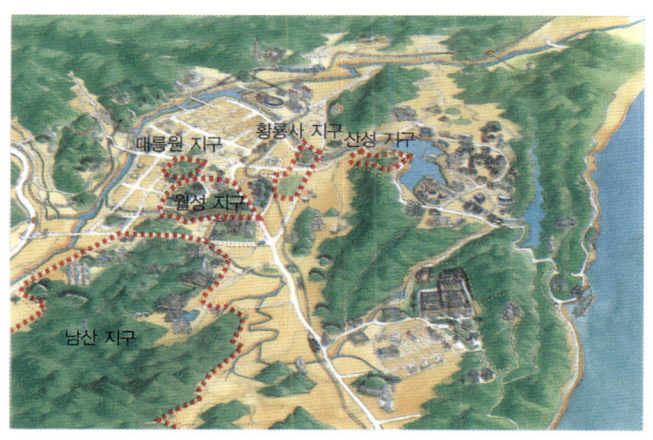

계백 ?~660

황산벌에서 끝까지 싸우다 전사한 백제 장수

660년 김유신이 이끄는 5만여 명의 신라군이 논산으로 진격해 왔고, 13만여 명의 당나라 군대는 금강에 도착했어요. 다급해진 의자왕은 신라군을 막을 책임자로 계백을 임명했습니다.

계백은 싸움터로 가기 전에 자기 손으로 아내와 자식들을 죽였어요. 백제가 전쟁에 질 것이 불 보듯 뻔했기 때문에, 자기 가족들이 나당 연합군의 포로가 되어 치욕을 당하느니 차라리 자기 손에 죽는 것이 낫다고 생각했기 때문이에요. 이렇듯 죽을 각오로 황산벌(충청남도 논산시 연산 일대)로 달려 나간 계백은 군사 5000명을 이끌고 김유신이 이끄는 5만의 신라군을 맞아 네 차례나 잇달아 이겼답니다.

그러나 신라군의 어린 화랑 관창이 목숨을 걸고 싸우다 죽자 사기가 오른 신라군이 총공격을 펼쳤어요. 결국 다섯 번째 전투에서 계백과 백제의 5000 결사대는 지고 말았어요. 황산벌마저 함락당한 백제는 얼마 못 가 멸망했어요. 후세 사람들은 나라를 위해 끝까지 싸운 계백 장군을 충절의 표본으로 여기며 칭송하고 있습니다.

→ 김유신

고구려 기원전 37~기원후 668

한반도 북부와 만주 지방을 무대로 발전한 고대 국가

고구려는 기원전 37년에 주몽이 이끈 부여족의 한 갈래가 졸본(압록강의 지류인 통자강 유역 환런 지방)에서 세운 나라예요. 기원후 3년(유리왕 22) 국내성(중국 지린성 퉁거우 지역)으로 수도를 옮겼지만 산악 지역이어서 식량이 모자랐어요. 그래서 고구려는 평야 지대로 나가려고 결국 초부터 정복 활동을 활발히 했답니다. 뿐만 아니라 고구려는 중국 한족과 싸우며 성장했는데, 4세기 초반 고구려는 고조선을 멸망시킨 뒤 한나라가 설치했던 낙랑군과 대방군을 몰아내고 대동강 유역을 차지했으며(미천왕 313) 현도군을 쫓아내고 요동 지방으로 진출했어요.

고구려의 전성기는 광개토 대왕과 장수왕 때(4세기 말~5세기)로, 당시 고구려는 동북아시아에서 가장 강한 나라로 이름을 떨쳤어요. 그 시절 고구려의 영역은 북으로는 요동을 포함한 만주 대부분의 땅을 차지했고, 남으로는 한강을 넘어 죽령에 이르렀어요. 장수왕은 남쪽으로 더 내려가려고 수도를 평양성으로 옮기기도 했답니다(427).

또한 고구려는 수나라의 113만 대군을 맞아 살수 대첩(612)의 승리를 거두었으며, 당의 10만 대군을 안시성에서 물리쳐(645) 민족의 방파제 구실을 했어요.

그러나 666년 고구려의 최고 집권자였던 연개소문이 죽자 그의 아들들 사이에 다툼이 일어나 국력이 매우 약해졌어요. 결국 668년에 신라와 당의 연합군에게 멸망당했어요. 그 뒤 고구려 사람들은 발해(698~926)를 건국해 고구려를 계승했어요. 후고구려(901~918)와 고려(918~1392) 역시 고구려를 계승한 나라들이에요.

고구려 고분 벽화에 나온
고구려 무사의 모습

고구려 고분 벽화

고구려 시대의 무덤 벽화

고구려의 무덤은 주로 돌을 쌓아 시체를 보관할 묘실을 만들고 그 위에 흙을 덮어 만든 돌방흙무덤이에요. 벽화는 주로 무덤 내부의 네 벽과 천장 그리고 입구의 좌우 벽에 그려져 있습니다. 벽화에는 고구려 사람들의 모습이 생생하게 그려져 있는데, 손님맞이하기·씨름하기·사냥하기를 비롯하여 마구간·방앗간·부엌·고깃간·차고까지 마치 고구려 사람들의 모습을 사진으로 찍은 듯 자세히 그려 놓았답니다. 뿐만 아니라 불교의 상징인 연꽃도 보이고, '신선 사상'이 유행할 때는 신선이나 하늘을 나는 천사, 사신도도 그려 놓았어요. 고구려 고분 벽화는 기록이 별로 남아 있지 않은 고구려 역사를 연구하는 데 귀중한 자료가 되고 있어요.

고구려 고분 벽화는 차분하면서도 신비로움을 주는 놀라운 색채감과 구성으로, 31개의 고구려 벽화 무덤이 2004년 유네스코 세계문화유산에 등록되었습니다.

고구려 사람들은 왜 무덤에 벽화를 그렸나요?

고구려 사람들은 사람이 죽고 난 뒤에도 영혼은 살아 있다고 믿었어요. 그래서 현실의 풍요로운 세계가 죽은 뒤까지 이어져 영혼이 평안하게 지내기를 바라는 마음에서 무덤을 살아 있을 때의 집처럼 꾸미고 일상생활의 모습이나 영혼을 지켜 주는 수호신을 그렸던 것이지요. 따라서 우리는 벽화를 보고 고구려 사람들의 생활과 생각을 알 수 있답니다.

고구려 수산리 고분 벽화

5세기 후반에 고구려 무덤에 그린 벽화

수산리 고분은 평안남도 강서군 수산리에서 발견된 무덤입니다. 무덤 안에 있는 벽화의 가치를 인정받아 유네스코가 지정하는 세계문화유산으로 등록되었습니다.

이 벽화는 5세기 고구려 귀족의 생활 모습을 잘 보여 주고 있는데, 그중 서커스를 구경하고 있는 부부의 모습에서 고구려가 활발하게 다른 나라와 교류하였음을 알 수 있습니다. 서커스는 서역(오늘날 중앙아시아 지역)에서 유래한 것이기 때문이지요. 또한 여주인과 양산을 들고 있는 시녀를 섬세하고 사실감 있게 묘사한 점에서 그 시절 고구려 그림이 높은 수준에 이르렀음을 알 수 있어요.

한편 일본 아스카에 있는 다카마쓰 고분(7세기 말~8세기 초)에는 수산리 고분 벽화 속 여성과 비슷한 옷차림의 여성이 그려져 있고, 구도와 그림 기법도 수산리 고분과 상당히 비슷해요. 일본이 고구려의 영향을 받았음을 알 수 있는 부분입니다.

고구려 수산리 고분 벽화 묘주 부인상

일본 다카마쓰 고분 벽화

➡ 고구려 고분 벽화, 고분

고구려 연가 7년명 금동 여래 입상

6세기에 만들어진 고구려 대표 불상, 국보 제119호

경상남도 의령군에서 발견된 고구려 불상으로, 광배 뒷면에 '연가 7년(539년일 것으로 추정)'에 만들었다고 하는 글이 새겨져 있어요. 우리나라 불상 가운데 만들어진 시기를 알 수 있는 불상 중 가장 오래된 불상입니다.

고구려의 수도 평양에 동사라는 절이 있었는데, 그 절에 있는 스님들이 불법(불교의 진리)을 세상에 널리 퍼뜨리기 위해 만든 천 개의 불상 가운데 29번째 것이라고 해요.

양옆으로 활짝 벌어진 옷자락의 주름이 힘차고도 날카로우며, 두껍게 처리된 옷자락 역시 강인한 인상을 주고 있어, 6세기 고구려 불상의 특징을 잘 엿볼 수 있습니다.

> 금동으로 만든 석가여래 부처님이에요. 연가 7년이라는 글자가 새겨져 있지요. 입상이란 서 있는 부처님 상을 말한답니다.

앞 모습

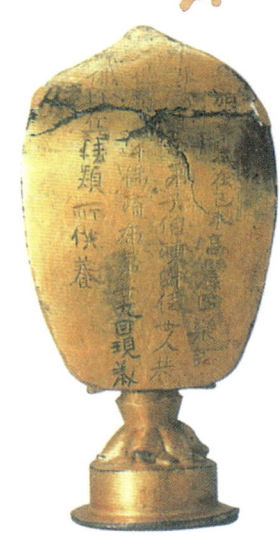

뒷 모습

고려 918~1392

신라 말에 왕건이 세운 나라

궁예를 쫓아내고 왕이 된 왕건은 918년에 고려를 세웠어요. 고려는 935년에 신라를 흡수했으며, 936년에는 후백제까지 멸망시켜 후삼국을 통일했어요. 고려청자, 팔만대장경, 금속 활자 등 빛나는 문화유산을 많이 남겼으며 활발한 무역 활동으로 고려라는 이름을 세계에 알리기도 했어요. 뿐만 아니라 거란(요)·여진(금)·몽골(원)·왜구와 홍건적의 침입을 모두 둘리쳤답니다. 고려의 수도는 송악(개성)이었고, 1392년 공양왕이 이성계에게 왕위를 넘겨주기까지 34대 475년간 지속되었어요.

고려의 영토

➜ 거란의 침입, 궁예, 몽골의 침입, 왕건, 태조 이성계, 홍건적, 후삼국 시대

고려사

조선 초에 세종의 명을 받아 만든 고려에 관한 역사책

《고려사》는 김종서·정인지·이선제·정창손이 세종의 명을 받아 편찬하기 시작해, 문종 1년(1451)에 완성했어요. 책의 구성은 왕의 업적을 적은 세가(世家) 46권, 천문·역법·지리·예절·음악·식화(경제)·병(군사)·형법을 포함한 12개 분야를 정리한 지(志) 39권, 연표 2권, 신하들의 업적을 평가한 열전 50권, 목록 2권, 이렇게 총 139권으로 되어 있답니다.

고려 청자

고려 시대 때 만든 푸른빛이 도는 자기

우리나라 사람들은 신라 시대까지 토기와 도기를 주로 썼어요. 그러다 고려 시대 때 중국에 송나라가 세워지면서 혼란스러운 틈을 이용하여 중국의 도자기 기술을 알게 되었고 이를 이용하여 자기를 만들게 되었습니다.

고려의 자기는 청자가 많았는데, 처음에는 비색 청자라고 부르는 순수한 푸른빛의 청자를 만들다가 12세기 중엽부터는 상감 기법을 이용해 구운 상감 청자를 더 많이 만들었어요.

고려 청자는 은은하면서도 맑은 비취색, 우아하고 유려한 선의 흐름을 지닌 형태, 세계 최초로 도자기에 산화동으로 붉은색을 표현해 낸 뛰어난 기술이 어우러져 독특한 아름다움을 만들어 냈답니다.

상감 기법은 무엇인가요?

그릇 표면에 무늬를 파낸 뒤 파인 곳에 색깔을 내는 다른 흙을 채워 넣고 구워 내는 방법이에요. 원래는 나전칠기나 금속 공예에 쓰이던 방법인데, 고려 장인들이 도자기에 응용한 것이지요.

고분

역사적인 자료가 되는 왕이나 귀족 등의 옛 무덤

옛날 사람들은 죽어도 영혼은 죽지 않고 무덤에 머문다고 생각했어요. 뿐만 아니라 살아 있을 때 누린 풍요로움이 죽은 뒤의 세상에서도 이어지기를 바랐답니다. 그래서 왕이나 귀족들은 많은 사람들을 동원해서 아주 큰 무덤을 만들었어요. 영혼이 머무는 무덤의 내부는 살아 있을 때의 집처럼 꾸미고 자신이 쓰던 물건을 함께 넣었으며, 때로는 벽화를 그려 넣기도 했어요. 그래서 오늘날 우리는 고분을 보고 옛사람들의 생각과 신앙, 그 밖의 여러 가지 생활 풍습과 문화를 알 수 있답니다.

고분은 주로 삼국 시대에 많이 만들었는데, 무덤들은 다음 세 가지 형태가 대표적이에요. 첫째, 돌을 쌓아 올려 만든 돌무지무덤, 둘째, 시신을 모시는 돌방을 만들고 돌방의 한쪽 벽에 외부로 통하는 출입구를 굴처럼 만든 굴식 돌방무덤, 셋째, 땅을 판 뒤 나무방(목곽)을 만들어 거기다 관을 넣고 그 위에 돌을 쌓은 뒤 흙으로 덮는 돌무지덧널무덤이 있답니다.

그러나 이렇게 큰 고분들은 통일 신라 시대에 불교식 장례법인 화장이 유행하면서부터 사라지기 시작했어요.

신라의 고분(경상북도 경주시 황남동)

➔ 고구려 고분 벽화, 굴식 돌방무덤, 돌무지덧널무덤, 돌무지무덤

고인돌

청동기 시대의 무덤

청동기 시대의 무덤이었을 것으로 추측되는 고인돌은 거대한 돌을 가지고 만들었어요. 규모가 큰 것은 덮개돌 하나만도 수십 톤에 이르는 것이 있고, 비파형 동검 같은 청동기 유물이 함께 묻혀 있기도 해요. 이것은 고인돌의 주인이 청동기를 썼으며, 수백 명의 사람들을 모을 수 있는 힘을 가진 지배자였음을 말해 줍니다.

고인돌은 세계적으로 약 7만 개가 있는데, 고인돌이 가장 많은 곳은 우리나라예요. 무려 4만 여 개가 있답니다. 고인돌은 주로 서해안 지방에 모여 있는데, 전라남도의 경우 1900여 군데에 1만 6000개가 넘는 고인돌이 있어요. 이에 유네스코는 2000년에 인천광역시 강화도와 전라북도 고창, 전라남도 화순 지역의 고인돌 무리를 세계문화유산으로 지정했어요.

책상을 닮았다고 해서 탁자식이라고도 해요. 덮개돌의 길이는 6.5m, 무게는 80톤이나 된답니다.

북방식 고인돌(인천 강화)

남방식 고인돌(전북 고창)

바둑판식 고인돌이라고도 해요. 덮개돌의 무게가 300톤이나 된답니다.

고인돌 만드는 순서

❶

❷

❸

❹

❺

➜ 청동검, 청동기 시대

고조선

단군왕검이 세운 우리나라 최초의 국가(기원전 2333~기원전 108)

고조선은 청동기 문화를 바탕으로 세운 우리나라 최초의 국가예요. 기원전 4세기 무렵 북방의 철기 문화를 받아들이면서 보다 큰 세력을 이루었으며, 왕이라는 칭호도 쓰게 되었어요. 그리고 요령 지방을 중심으로 만주와 한반도 북부까지 세력을 뻗쳐 중국 연나라와 경쟁할 정도로 강한 나라가 되었답니다.

기원전 2세기쯤 고조선에는 커다란 변화가 생겼어요. 중국 연나라에서 전쟁을 피해 고조선으로 넘어왔던 위만이 서쪽 지방에서 세력을 키워 고조선의 준왕을 몰아내고 왕이 된 것이지요(기원전 194). 이를 계기로 고조선에는 철기 문화가 더욱 퍼졌어요.

고조선의 세력 범위

또한 고조선은 한반도 남부 지방에 있던 진의 여러 나라와 중국의 한나라 사이에서 중계 무역을 하면서 부강해졌어요. 고조선이 한에 맞서는 세력으로 커지자 한나라는 큰 군대를 보내 수도인 왕검성을 공격했어요. 고조선은 1년이나 버티며 잘 싸웠지만 지도층 사이에 다툼이 일어나 왕검성이 함락되고 멸망했답니다(기원전 108). 이후 한은 고조선 땅에 낙랑, 진번, 임둔, 현도 등 네 개의 군(한사군)을 두어 다스렸어요

단군왕검이 세운 조선을 후세 사람들은 이성계가 세운 조선과 구별하여 고조선이라 불러요.

➜ 단군왕검

고종 1852~1919

조선 제26대 왕(재위 1863~1907)

흥선 대원군의 둘째 아들이었던 고종은 철종이 아들 없이 죽자 1863년에 열두 살의 나이로 왕위에 올랐어요.

고종이 왕위에 오르자 10년 동안 아버지인 흥선 대원군이 고종 대신 권력을 잡고 개혁 정치를 펼쳤어요. 고종이 스물두 살이 되던 1873년, 고종은 직접 정치를 한다고 선언했어요. 그러나 실은 고종의 부인인 명성 황후를 중심으로 한 민씨 세력이 정권을 잡았어요. 그 후 조선은 서양, 일본과 무역이나 교류를 하지 않던 정책을 바꾸게 돼요. 운요호 사건을 계기로 1876년 일본과 강화도 조약을 맺고 서양 문물을 받아들이는 개화 정책을 추

고종

진하게 된 것이지요. 이 과정에서 개화 정책이 잘못된 것이라고 반대하는 사람들이 많아졌어요. 여기에 민씨 세력과 흥선 대원군 사이의 갈등, 일본의 침투에 대한 국민의 반발이 얽히면서 여러 사건이 일어났어요.

1894년에는 동학 농민 운동이 일어났는데 이를 계기로 청일 전쟁이 일어났고, 일본이 청나라를 이겼어요. 일본은 갑오개혁을 강요하며 일본이 쉽게 우리나라를 침략할 수 있는 여건을 만들었어요. 그 후 러시아·프랑스·독일의 압박에 일본이 굴복해 국제 위신이 떨어지자, 조선은 러시아와 친하게 지내서 일본을 막고자 했어요. 그러자 일본은 명성 황후를 죽이는 만행을 저질러요(을미사변, 1895). 고종은 1896년에 러시아 공사관으로 처소를 옮기고, 러시아의 힘을 빌려 일본 세력을 물리칠 방법을 찾았어요.

고종은 1897년에 러시아 공사관에서 돌아와, 나라 이름을 대한제국이라 하고 황제가 되었어요. 그리고 자주 국가의 모습을 갖추고 개혁을 추진했어요. 그러나 러일 전쟁에서 이긴 일본이 조선의 외교권을 빼앗았어요. 그래서 고종은 헤이그에서 열리는 만국 평화회의에 이준을 비롯해 특사를 파견해 일본의 침략을 세계에 알리고자 했지만 실패하고 말았어요.

이 사건으로 1907년 고종은 일본의 협박을 받고 황제 자리에서 물러나 덕수궁에서 지내게 되었어요. 1919년 1월 21일 일본인에게 고종이 독살된 것으로 전해지자 장례식을 계기로 3·1 운동이 일어났어요.

➜ 갑오개혁, 개화 정책, 동학 농민 운동, 러일 전쟁, 명성 황후, 3·1 운동, 운요호 사건, 청일 전쟁, 흥선 대원군

고창 전투 930

고창(경상북도 안동) 지역에서 일어난 고려와 후백제의 전투

고려가 공산(대구 팔공산)에서 후백제에게 진 것(927)을 만회하려고 벌인 전투예요. 공산 전투에서 이긴 후백제는 고려가 경상도로 곧바로 가는 길을 막으려고 했어요. 결국 고려는 신라로 가기 위해 동쪽으로 훨씬 돌아가는 죽령 길을 택할 수밖에 없었어요. 이런 가운데 929년에 견훤이 신라와 고려의 교통로를 끊고 고창(안동)으로 밀려들자, 930년 1월 고려군은 죽령을 넘어 고창에서 후백제와 큰 전투를 벌였어요.

이 전투의 승리는 고려에게 돌아갔고, 견훤은 8000의 군사를 모두 잃고 목숨만 겨우 건져 도망쳤어요. 그 뒤 후백제는 점점 약해졌고, 고려는 후삼국 통일을 눈앞에 두게 되었답니다.

오늘날 안동의 차전놀이는 바로 이 전투에서 유래했다고 해요.

➜ 견훤, 공산 전투, 왕건

골뿌림법

고랑에 씨를 뿌리는 밭농사 방법

밭을 갈아서 두둑과 고랑을 만들고 씨를 고랑에 뿌리는 농사법이에요. 골뿌림법은 조선 중기 이후 널리 퍼졌어요. 골뿌림법으로 농사를 짓자 거두는 양이 훨씬 늘었답니다. 가뭄에도 씨앗의 싹을 틔우는 것이 쉽고, 잡초를 뽑기도 쉽고, 바람도 잘 통하고, 추위에도 강했기 때문이에요. 골뿌림법으로 농사를 짓기 전에는 고랑을 만들지 않고 평평한 밭에다 씨를 뿌렸지요.

두둑과 고랑은 어떻게 생겼어요?

밭에 가 보면 흙이 불룩하게 올라온 부분이 있는데, 거기가 두둑이고 두둑 사이 움푹한 곳은 고랑이랍니다. 두둑과 고랑을 합쳐서 이랑이라고 해요.

골품 제도

신라의 신분 제도

신라는 점차 힘을 키워 주변 부족과 나라를 정복해 나갔어요. 이때 신라에 항복해 온 부족장이나 나라의 지배층을 신라의 귀족으로 받아들였는데, 이 과정에서 부족의 크기에 따라 차등을 두었습니다. 이렇게 왕족을 대상으로 한 골제와 일반 귀족을 대상으로 한 두품제를 하나로 통합한 것이 골품 제도예요.

골제는 성골과 진골로 구성되며 대부분 왕족이에요. 성골과 진골을 구분한 기준은 지금까지도 확실하게 밝혀지지 않았어요.

두품제는 6두품에서 1두품까지 여섯 개의 등급으로 나뉘어요. 6두품·5두품·4두품은 관료가 될 수 있는 귀족이었고, 3두품·2두품·1두품은 평민이었어요.

골품 제도에 따라 오를 수 있는 관직의 등급이 달랐고 이에 따라 입을 수 있는 옷의 색깔도 달랐어요. 그뿐 아니라 결혼할 수 있는 대상, 가옥의 규모와 장식물, 방의 수, 여자들 속치마의 길이 등 일상생활의 차별도 있었습니다.

공민왕 1330~1374

고려 제31대 왕(재위 1351~1374)

충숙왕의 둘째 아들로 1341년에 원나라에 볼모로 가 원나라 위왕의 딸인 노국대장 공주와 결혼했어요. 원나라가 충정왕을 왕의 자리에서 쫓아내자 고려로 돌아와 왕이 되었어요(1351).

공민왕은 원이 쇠약해진 틈을 타 변발·호복과 같은 몽골 풍습을 없앴으며, 고려의 정치에 간섭하던 원의 정동행중서성(정동행성) 이문소를 폐지했어요. 이어 친원파인 기철 일파를 내쫓고, 쌍성총관부와 동녕부를 공격해 원에게 빼앗긴 땅을 되찾았답니다.

뿐만 아니라 그동안 인사 행정을 독차지하여 문제를 일으키던 정방을 없앴으며, 귀족들이 불법으로 차지한 땅과 노비를 원래의 상태로 돌아가게 하며 개혁 정치를 활발히 폈어요. 그러나 개혁 정치를 지지해 줄 세력이 약한 데다 홍건적과 왜구의 계속된 침입으로 나라가 어지러워 개혁은 큰 성과를 보지 못했어요. 게다가 1365년 노국대장 공주가 죽자 슬퍼하며 정치를 멀리하다가 살해되고 말았답니다. 공민왕은 그림도 잘 그렸다고 해요.

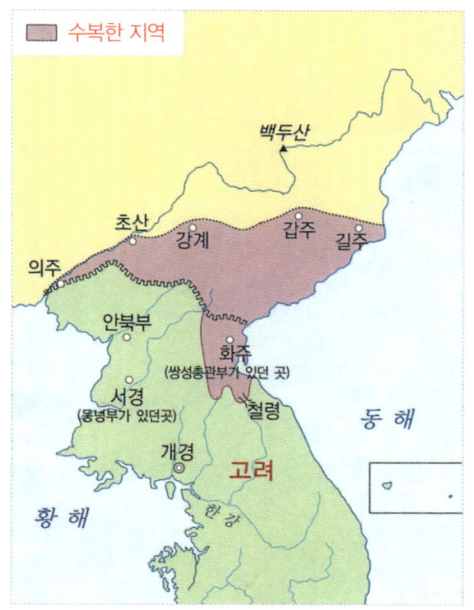

공민왕이 원으로부터 되찾은 영토

공산 전투 927

공산(대구 팔공산)에서 일어난 고려와 후백제 간의 전투

공산 전투는 후백제의 견훤이 신라를 공격하자 신라의 경애왕이 고려의 왕건에게 도와 달라고 하면서 시작되었어요. 그러나 왕건이 1만의 군사를 이끌고 전쟁에 나섰을 때는 이미 견훤이 경주를 손에 넣고 경애왕을 죽인 뒤였어요. 왕건은 문경·상주·선산을 거쳐 공산으로 공격해 들어왔지만, 후백제군에게 크게 패하여 군사를 거의 잃고 목숨도 위태로웠어요. 이때 신숭겸이 왕건의 옷을 입고 후백제군을 유인하여 왕건은 겨우 목숨을 구할 수 있었습니다.
하지만 이 전투로 왕건은 신라 사람들에게 깊은 신뢰감과 친근감을 주어, 나중에 후삼국을 통일하는 밑거름이 돼요. 또한 8명의 장수가 이곳에서 죽었다고 하여 나중에 지명이 팔공산으로 바뀌었다는 이야기도 전해지고 있어요.

➜ 견훤, 고창 전투, 왕건, 후백제

과거제

고려와 조선 시대에 관리를 뽑을 때 실시한 시험 제도

과거제는 시험을 보아 관리를 뽑는 제도예요. 원래 중국의 제도였지만 우리나라에서도 고려 광종 때부터 실시되었어요. 광종은 중국 후주에서 고려로 귀화한 쌍기의 의견을 받아들여(958), 과거 시험으로 유교 지식을 갖춘 새로운 관리들을 뽑았어요. 그래서 유교 지식이 없던 호족 출신 세력들을 정치적으로 약화시킬 수 있었어요.

고려 시대에 실시한 과거 시험에는 유학을 공부한 문신을 뽑는 문과, 국가를 위해 일할 승려를 뽑는 승과, 기술관을 뽑는 잡과가 있었어요. 그러나 조선 시대에는 승과가 없어지고, 대신 무신을 뽑는 무과가 생겼답니다.

곽재우 1552~1617

임진왜란 때의 의병장

임진왜란 때 경상남도 의령에서 의병을 일으킨 의병장입니다. 홍의(붉은 옷)를 입고 싸워 '홍의 장군'이란 별명을 얻었답니다. 정암진(의령 남강에 있는 나루터)에서 왜군과 싸워 경상 우도를 지켰고, 진주성 싸움에도 의병을 보내 승리하는 데 공을 세웠습니다. 정유재란 때도 의령에 침입한 왜군을 물리쳤습니다.

임진왜란이 끝나고 나서 여러 차례 선조 임금이 벼슬을 내렸으나 곧 물러났고, 광해군도 여러 번 벼슬을 주었으나 병을 핑계 삼아 끝내 벼슬을 받지 않았습니다.

곽재우 동상

'경상 우도'란 조선 시대에 경상도 서쪽 지역을 부르는 이름이었어.

➜ 임진왜란

관촉사 석조 미륵보살 입상

충청남도 논산군 은진면 관촉사에 있는 불상, 국보 제323호

우리나라에서 제일 큰 석조 불상이에요. 높이가 18.12m, 둘레 9.9m, 귀 길이 3.3m, 관 높이는 3.94m나 된답니다. 흔히 '은진미륵'이라고 해요. 고려 시대에는 통일 신라 때와는 달리 지방에 따라 불상의 모습이 다르고 개성 있는 불상이 많이 나타났어요. 그중 이 거대한 불상은 고려 시대에 충청도에서 유행하던 불상 양식을 잘 보여 주고 있답니다. 고려 광종 19년(968)에 만들기 시작해 38년이나 걸려 완성했다고 해요.

관촉사 석조 미륵보살 입상

통일 신라 때의 불상은 석굴암의 불상처럼 조화와 균형미를 지녔어요. 그러나 고려 때의 불상은 관촉사 석조 미륵보살 입상처럼 거대하고 몸과 머리의 비율이 맞지 않아 균형미가 떨어졌어요. 하지만 이런 불상들은 지방 세력의 강력한 힘과 지방에 따라 독특한 문화를 발전시켰던 고려 문화의 특징을 잘 보여 줍니다.

광개토 대왕 374~412

영토를 크게 넓혀 고구려를 동북아시아 최강의 위치에 올려 놓은 고구려 제19대 왕(재위 391~412)

이름은 담덕이고, 18세의 어린 나이에 왕위에 올랐어요. 고조선이 중국 한나라에 빼앗겼던 요동을 500여 년 만에 되찾았으며, 396년에는 몸소 수군을 거느리고 백제를 정벌하여 58개 성을 차지했답니다. 또한 400년에는 신라 내물왕의 요청으로 5만의 지원군을 보내 신라에 침입한 왜를 쫓아내는 등 후연·거란·부여·말갈·동부여·동예·신라·가야·백제·왜와 벌인 크고 작은 전쟁에서 모두 이겼어요.

광개토 대왕은 39세의 아까운 나이에 세상을 떠났지만 고구려·백제·신라의 왕 중 영토를 가장 크게 넓힌 왕이에요. '광개토'는 영토를 크게 넓혔다는 뜻이지요. 우리나라 최초로 '영락'(永樂)이라는 연호를 썼는데, 그 연호를 따 영락 대왕이라고도 해요.

6.39m로 한국 최대 크기인 광개토 대왕릉비와 탁본

광주 학생 항일 운동 1929

광주 학생들의 시위를 계기로 일어난 항일 운동

전라남도 나주에서 광주까지 통학하는 기차에서 일본인 중학생이 조선인 여학생의 댕기를 잡아당기면서 놀리자, 일본인 학생들과 조선인 학생들 사이에 싸움이 일어났어요. 싸움이 커지자 일본은 조선인 학생들만 구속했답니다. 그러자 조선의 학생들은 일제의 차별과 식민지 교육에 대항해 전국 곳곳에서 항일 운동을 일으켰어요.

전국의 거의 모든 학교가 참가한 이 운동에는 194개 학교와 5만 4000여 학생이 참여했는데, 이 일로 많은 학생들이 퇴학을 당했어요. 광주 학생 항일 운동은 1919년 3·1 운동 뒤에 일어난 가장 큰 독립운동으로, 우리 학생들의 강한 독립 정신을 보여 준 사건이에요.

광주 학생 항일 운동을 기념한 '학생의 날'

광주 학생 항일 운동이 일어났던 11월 3일을 1953년부터 '학생의 날'로 정해 기념하고 있어요. 2006년부터는 '학생 독립운동 기념일'로 격이 높아졌어요.

구석기 시대

뗀석기(돌을 깨서 만든 도구)를 주로 사용하던 시기

인류의 역사는 도구를 만드는 기술에 따라 구석기 시대, 신석기 시대, 청동기 시대, 철기 시대 등으로 구분돼요. 구석기는 돌을 깨뜨리거나 떼어 내 도구를 만들어 쓰던 시대입니다.

우리나라에서 구석기 시대가 시작된 것은 약 70만 년 전이에요. 구석기 시대 사람들의 흔적은 공주 석장리(충청남도), 상원 검은모루 동굴(평안남도), 제주 빌레못 동굴 등 여러 곳에 남아 있답니다. 이렇게 구석기 시대 사람들의 흔적이 주로 동굴에서 발견되는 까닭은, 먹을 것을 찾아 끊임없이 이동해야 했던 그 시대 사람들에게 가장 좋은 집이 동굴이었기 때문이에요.

국제 연합(유엔)

제2차 세계 대전 후 만든 국제 기구

제1차 세계 대전 이후에 만들어진 국제 연맹을 이어 만든 것으로 유엔(UN: United Nations)이라고도 해요. 국제 연합은 전쟁 방지와 세계 평화와 안전의 유지, 군사비 줄이기, 국제 우호 관계 높이기, 경제·사회·문화·인도적 문제에 관한 국제 협력을 목적으로 만든 국제 기구로, 제2차 세계 대전이 끝난 뒤인 1945년 10월 24일에 공식 출범했어요.

주요 기관으로는 총회, 안전 보장 이사회, 신탁 통치 이사회, 경제 사회 이사회, 국제 사법 재판소, 사무국이 있어요. 남·북한은 1991년에 각자 독립된 국가 자격으로 유엔 회원국이 되었답니다. 2006년 10월 우리나라에서 처음으로 반기문 당시 외교통상부 장관이 유엔 사무총장으로 선출되었어요. 2021년 현재 국제 연합의 회원국은 193개국이에요

UN 회의 모습

국채 보상 운동 1907~1908

대한 제국 정부가 일본에 진 빚을 국민의 힘으로 갚아 나라의 주권을 지키고자 했던 운동

1907년 대한 제국 정부가 일본에게 진 빚은 총 1천 300만 원이었어요. 이러한 엄청난 빚은 조선의 경제 독립을 위협하는 것이었어요. 이에 1907년 2월 대구에서 서상돈, 김광제 등이 국채 보상 운동을 벌이자고 제안하면서 국채 보상 기성회를 만들었어요.

또한 1907년 〈대한매일신보〉에 '국채(나라 빚) 1천 300만 원은 바로 우리 대한 제국이 망하느냐 마느냐에 직접 연결되는 것으로 갚지 못하면 나라가 망할 것입니다. 그런데 현재 국고로는 갚을 도리가 없으므로 2천만 인민들이 3개월 동안 담배를 끊고 그 돈으로 국채를 갚아 나라의 위기를 구합시다.'라고 그 뜻을 밝혔어요. 이후 여러 신문의 보도로 국채 보상 운동이 알려지고 서울에서도 국채 보상 기성회가 설립되면서 전국으로 퍼져 나갔어요. 하지만 일제 통감부가 갖은 방법으로 국채 보상 운동을 방해하고 탄압하면서 아쉽게 중단되고 말았습니다.

굴식 돌방무덤

돌방으로 들어가는 길을 굴처럼 만들어 놓은 무덤

굴식 돌방무덤은 시신을 모신 관(널)이 있는 돌방(널방)을 사람이 사는 곳과 똑같이 생각해, 돌방으로 들어갈 수 있는 통로(널길)와 문을 만들어 사람이 드나들 수 있도록 만들어 놓은 형태예요. 이러한 무덤은 고구려나 백제에서는 4~5세기부터 나타났어요. 신라에서는 6세기 중엽부터 나타나 통일 신라 시대에 유행했고, 가야 고분에서도 찾아볼 수 있답니다.

출입구가 있어 도굴이 쉬웠기 때문에 남아 있는 유물은 거의 없지만, 돌방의 천장과 벽에 벽화가 그려져 있는 경우가 많아 그 시대의 생활 모습을 짐작할 수 있습니다.

대표적인 굴식 돌방무덤으로는 사신도가 그려져 있는 고구려의 강서 고분·무용총·쌍용총, 백제의 송산리 고분군·능산리 고분군 등이 있어요.

고구려 장천1호분의 돌방으로 들어가는 문

➜ 무용총,

궁예 ?~918

후고구려를 세운 왕(재위 901~918)

궁예는 신라 제47대 헌안왕, 또는 제48대 경문왕의 아들이었다고 해요. 어릴 때 왕실에서 쫓겨나 스님이 되었다가, 신라 말 전국 곳곳에서 농민 봉기가 일어나자 양길의 부하로 들어갔어요(892). 그 후 궁예는 세력을 키워 한반도의 중부 지방을 차지한 뒤, 송악(개성)에 수도를 정하고 스스로 왕이 되었어요(901). 그리고 자신을 고구려의 계승자라고 하며 나라 이름을 '후고구려'라고 했어요. 궁예는 904년에 나라 이름을 '마진'이라 고치고, 수도를 철원으로 옮겼으며(905), 911년에는 나라 이름을 다시 '태봉'으로 바꾸었어요.

그즈음 궁예는 철원을 중심으로 강원도·경기도·황해도와 평안도·충청도 일부를 지배하고, 바닷길을 따라 서해안을 공격해 진도와 나주까지 차지해 신라나 후백제보다 훨씬 큰 세력을 이루었어요.

그러나 세력이 커지자 궁예는 큰 궁궐을 짓고, 스스로를 미륵보살이라고 하며 부처와 같은 위엄을 갖추려고 했어요. 또한 자신을 지지했던 지방 세력들을 억누르고 왕권을 강화하고자 했고, 그 과정에서 마음에 들지 않는 신하들을 잔혹하게 죽였습니다. 이런 궁예의 행동에 결국 왕건을 비롯한 신하들이 반란을 일으켰고 궁예는 임금의 자리에서 쫓겨났어요. 그 뒤 왕건은 신하들의 추대로 왕이 되었고 나라 이름을 '고려'라고 바꾸었습니다.

➜ 왕건, 후삼국 시대

권율 1537~1599

임진왜란 때 행주 대첩을 이끈 명장

권율은 임진왜란이 일어났을 때 광주 목사(정3품 지방관)였는데, 전라도 지방으로 쳐들어오는 왜군을 금산군 이치(고개)에서 물리쳐 조선이 군사력을 다시 찾는 데 큰 공을 세웠어요. 그 공으로 전라도 순찰사가 되었답니다.

그 뒤 한양을 되찾으려고 수원 독산성에서 진을 치고 왜군이 올라오는 것을 막았고, 행주산성(경기도 고양)에서 왜군을 크게 무찔러 임진왜란을 승리로 이끌 수 있게 했어요.

권율은 행주 대첩에서 이긴 뒤 도원수가 되어 조선군 전체를 지휘했어요. 죽은 뒤에는 공을 인정받아 영의정 벼슬을 받았답니다. 임진왜란 때 가장 큰 공을 세운 인물을 꼽으라면 바다에서는 이순신 장군, 육지에서는 권율 장군이지요.

➜ 행주 대첩

귀주 대첩 1019

거란의 3차 침입 때 고려와 거란 사이에 벌어진 전투

1018년 소배압이 이끄는 거란의 10만 군대가 압록강을 건너 고려에 쳐들어왔어요. 고려는 강감찬과 강민첨을 지휘관으로 하여 20만 8300여 명의 방어군을 영주(안주)에 배치했어요. 강감찬은 그중 정예 기병 1만 2000명을 홍화진(압록강 유역 의주)에 숨겨 두고 쇠가죽으로 성 동쪽의 냇물을 막아 두었다가 적군이 강을 건널 때 터뜨렸답니다. 이에 거란군이 물벼락을 맞고 허둥대자 공격해서 크게 이겼어요.

처음 치른 전투부터 막대한 손실을 입은 거란군은 산간 지대를 택해, 고려군과 싸움을 최대한 피하면서 수도인 개경을 향해 밀고 내려왔어요. 그러나 고려군의 계속된 추격으로 사기가 떨어진 거란군은 추위와 굶주림까지 겪게 되자 서둘러 달아났어요. 이때 강감찬이 이끄는 고려군은 거란군을 귀주에서 기다리고 있다가 포위해서 공격했어요.

이 전투에서 거란군은 대부분 죽었고, 살아서 돌아간 사람은 겨우 수천 명뿐이었다고 해요. 이를 귀주 대첩이라고 합니다. 그 뒤 거란은 다시는 고려를 침략하지 못했고 서로 평화롭게 지냈어요.

귀주 대첩도

➔ 강감찬, 거란의 침입

근대화

봉건 사회에서 근대 자본주의 사회로 바뀌는 것

우리나라에서는 조선 후기부터 근대화의 움직임이 있었어요. 농업 생산력이 크게 늘어나고, 상업 자본이 형성되고, 양반 중심의 차별적인 신분 질서가 무너지고, 실학 사상이 일어났어요. 19세기 중엽에는 개화 사상가들이 나라를 열어 서양 강대국들의 발전된 문물을 받아들이자고 주장하기도 했어요.

19세기 말 갑신정변이나 독립 협회 등을 통해 근대화 운동이 일어나기도 했으나, 강대국들의 간섭과 일제의 침략으로 좌절되고 말았어요. 우리나라에서 본격적으로 근대화가 시작된 것은 1960년대였어요.

서양에서는 15~16세기에 르네상스, 종교 개혁, 지리상의 발견 등으로 근대화의 싹이 보이기 시작했고, 18~19세기 시민 혁명과 산업 혁명을 통해 근대화가 이루어졌지요.

근초고왕 ?~375

백제의 전성기를 연 제13대 왕(재위 346~375)

근초고왕은 마한을 정복해 비옥한 평야 지대를 차지하고 서남 해안의 바다를 장악했으며, 낙동강 유역의 가야에도 영향력을 끼쳤어요. 뿐만 아니라 3만의 군사를 이끌고 평양성을 공격해 고국원왕을 죽이고(371) 고구려군 5000명을 포로로 잡았습니다.

또한 중국의 동진과 가야, 왜와 외교 관계를 맺어 고구려를 견제했어요. 그리고 중국의 문화를 받아들여 나라를 발전시키고, 아직기와 왕인을 일본에 파견해 천자문과 논어를 전해 일본의 문화 발달에 큰 영향을 주는 등 왜와 외교 관계를 돈독히 했어요. 그 결과 백제는 중국의 요서 지방과 산둥 반도, 일본의 규슈 지방까지 세력을 뻗쳐 강력한 해상 왕국을 건설할 수 있었어요. 이것은 장보고의 해상 활동 시기보다 450년이나 앞선 시기였답니다.

이러한 발전에 자부심을 갖게 된 근초고왕은 이를 후세에 길이 전하고자 박사 고흥에게 백제의 역사를 다룬 《서기(書記)》를 쓰게 했어요. 그러나 지금은 남아 있지 않답니다.

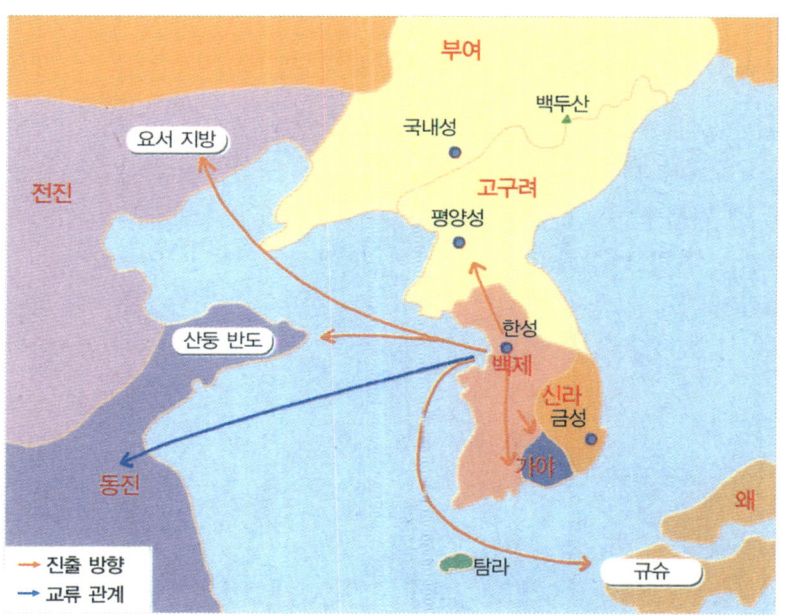

근초고왕 시기 백제의 발전

근초고왕이 왜 왕에게 하사한 칠지도예요.

➜ 백제, 소수림왕, 장보고

금동 미륵보살 반가 사유상

삼국 시대에 금동으로 만든 미륵보살상

금동 미륵보살 반가 사유상(半跏思惟像)이란, 반가부좌를 하고 생각에 잠겨 있는, 금동으로 만든 미륵보살이란 뜻이에요. 미륵보살은 먼 미래에 이 세상으로 와서 모든 악을 없애고, 그때까지 깨달음을 얻지 못한 사람들을 구원한다고 하는 미래의 부처님이에요.

삼국 시대는 불교가 널리 퍼져서 불상을 많이 만들었어요. 그중 최고 걸작으로 평가받는 것은 국보 제78호와 제83호 금동 미륵보살 반가 사유상인데, 국보 제83호 불상은 제78호 불상(6세기 중엽)보다 조금 뒤에 만든 것이고 조각이 더욱 세련되었다는 평가를 받아요.

일본 고류지(광륭사)의 목조 미륵보살 반가 사유상(7세기 초)과 재료만 다를 뿐 쌍둥이처럼 닮아 삼국과 일본이 문화 교류를 활발히 했음을 말해 주고 있습니다. 특히 고류지 반가 사유상의 재료가 일본에서는 자라지 않는 적송(붉은 소나무)이어서 우리나라에서 만들어 일본으로 가져갔을 것으로 추측하고 있습니다.

금동 미륵보살 반가 사유상
(국보 제78호)

금동 미륵보살 반가 사유상
(국보 제83호)

목조 미륵보살 반가 사유상
(일본 고류지)

기와

집의 지붕을 장식하는 재료

기와 지붕은 암키와와 수키와로 이어 덮고 처마 끝에 와서 끝막음을 하는데 이 끝막음을 하는 기와를 막새 또는 와당이라고 해요. 와당에는 각종 무늬를 새겨 모양을 냈는데, 기와의 무늬와 제작 방법은 나라마다 조금씩 달랐어요. 고구려의 기와는 연꽃무늬를 새긴 것이 많고 가장자리의 선이나 무늬가 힘차고 날카로운 맛을 지니고 있는데, 백제의 기와는 넓고 부드러웠어요. 신라의 기와는 소박한 맛을 지녔는데, 통일 신라로 가면 점차 연꽃이 두 겹으로 겹치면서 화려해지고 그 무늬도 도깨비·사자·보상화·사람 얼굴 등으로 다양해져요. 고려 시대의 경우 기와의 질은 떨어지지만 뱀눈·봉황·풀과 꽃무늬 등 다양한 장식을 한 것들이 만들어졌고, 조선 시대에는 좀 더 소박해지고 단순해졌어요.

한편 지붕의 용마루 양 끝은 치미(망새)라고 하는 특수 기와를 얹어 건물을 웅장하게 보이도록 했어요. 치미는 재앙을 쫓는 구실도 했는데, 새 꼬리 모양의 치미에는 하늘의 신과 땅의 인간을 연결하는 존재인 새를 통해 건강과 평안을 기원하는 마음이 담겨 있어요.

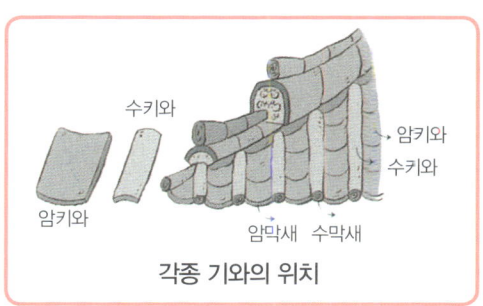

각종 기와의 위치

황룡사 치미(높이 1.8m)

고구려 기와

백제 기와

신라 기와

신라 기와

기원전

예수가 태어나기 이전 시기

'기원'은 연대를 계산하는 데 기준이 되는 해예요. 서양의 연대 기록 방법인 '서기'는 예수가 태어난 해를 기준으로 시작해요. 그래서 예수가 태어나기 전의 연도는 연도 앞에 '기원전'을 붙이고 예수가 태어난 뒤의 해에는 '기원후', 또는 '서기'를 붙인답니다. 영어로는 기원전을 B.C. 기원후는 A.D.라고 쓰지요.

B.C.와 A.D.는 어떤 단어의 약자인가요?

B.C.는 Before Christ의 약자예요. 예수가 태어나기 이전을 뜻하지요.
A.D는 Anno Domini의 약자예요. 이것은 라틴어로 '예수 그리스도의 해'란 뜻이에요.
서기(西紀)라는 말은 '서양의 연대 기록 방법'이란 뜻이에요. 우리나라에서는 1962년부터 서기를 연대 표기 방법으로 쓰고 있어요.

김구 1876~1949

대한민국 임시 정부 주석을 지낸 독립운동가·정치가

1893년에 동학 교도가 되어 동학 농민 운동을 지휘하다가, 일본군에 쫓겨 만주로 피신해 의병이 되었어요. 이듬해에 귀국해 일본인에게 죽은 명성 황후의 원수를 갚고자 일본군 중위를 죽이고 붙잡혔어요. 사형을 당할 뻔했지만 고종이 특별히 형벌을 줄여 주었어요. 1910년 데라우치 총독 암살 미수 사건에 관련되어 다시 6년 동안 감옥에 갇혔다가 1919년 3·1 운동 뒤 상하이로 가서 대한민국 임시 정부에 참여했어요.

1931년에는 한인 애국단을 만들어 이봉창, 윤봉길 의사의 의거를 이끌었어요. 1940년 대한민국 임시 정부를 충칭으로 옮긴 뒤 주석으로 뽑히자, 한국 광복군 총사령부를 설치해 지청천을 사령관으로 임명했어요. 1941년 일본이 태평양 전쟁을 일으키자 대한민국의 이름으로 일본에 선전 포고를 하고 중국과 연합군을 만들어 중국 안에서 일본군과 싸우는 한편, 한반도에 있는 일본군을 쫓아내고자 광복군 낙하산 부대를 만들어 상륙 훈련을 했어요.

1945년에 광복이 되자 귀국해서 우리나라의 독립과 통일을 위해 노력했어요. 모스크바 3상 회의에서 결정한 신탁 통치를 반대하는 운동에 앞장섰으며, 1948년 남한만의 단독 선거를 실시한다는 국제 연합의 결의에 반대했어요. 그리고 남북 통일 정부를 세우고자 남북 협상을 제안한 후, 평양으로 가 북한 지도자와 회담을 열었지만 협상에 실패했어요. 1949년 6월 26일에 자신의 집인 경교장에서 육군 소위 안두희에게 암살당했어요. 호는 백범이며 저서로는 《백범일지》가 있습니다.

➜ 대한민국 임시 정부, 신탁 통치 반대 운동, 한국 광복군, 한인 애국단

김시민 1554~1592

임진왜란 때 진주 대첩을 이끈 장수

김시민은 24세에 무과에 합격해 관직에 나갔어요. 임진왜란이 일어나기 바로 전 해에는 진주 판관이었는데, 임진왜란이 일어났을 때 진주성을 고치고 무기를 갖춘 공로로 목사가 되었어요. 김시민은 임진왜란 때 사천·고성·진해에서 왜군을 물리쳤고, 금산에서도 왜군을 무찔렀답니다.

김시민은 진주성 싸움으로 유명해요. 왜냐하면 진주성을 포위한 2만 명의 왜군을 겨우 3800여 명의 군사로 일주일 동안 싸워 크게 이겼거든요. 하지만 전투 후 숨어 있던 적군의 총탄에 맞아 세상을 떠났어요. 진주성 싸움은 이순신 장군의 한산도 대첩, 권율 장군의 행주 대첩과 함께 임진왜란 3대 대첩 중 하나인 진주 대첩으로 기록되었습니다.

진주성 싸움과 논개는 어떤 관계가 있나요?

진주성 싸움은 1592년 10월의 1차 싸움과 1593년 6월의 2차 싸움이 있었어요. 1차에서는 김시민 장군이 왜군을 크게 무찔렀지만, 2차에서는 진주성이 왜군에게 점령되었어요. 왜군들은 2차 싸움에서 이긴 것을 축하하며 남강의 촉석루에서 잔치를 벌였는데, 이때 논개가 왜군의 장수를 안고 남강으로 떨어져 죽었습니다.

➜ 권율, 이순신, 임진왜란, 한산도 대첩, 행주 대첩

김유신 595~673

삼국 통일에 큰 공을 세운 신라의 장군

금관가야의 시조 김수로왕의 12대손으로, 금관가야가 멸망한 뒤 신라의 진골 신분을 얻었어요. 15세에 화랑이 되었고, 629년(진평왕 51)에 신라가 고구려를 공격할 때는 홀로 적진으로 달려가 적의 우두머리의 목을 베어 와 신라군이 크게 이기게 했어요. 642년(선덕 여왕 11)에는 백제의 가혜성 등 일곱 성을 공격해 이겼으며, 643년에는 매리포성(경상남도 거창)을 공격한 백제군을 무찔렀어요. 647년 1월 선덕 여왕을 쫓아내려고 상대등 비담과 염종이 난을 일으키자 이를 물리쳤어요. 654년에 진덕 여왕이 자식 없이 죽자, 김춘추(태종 무열왕)가 왕이 될 수 있게 도왔어요. 이후 김유신은 김춘추를 도와 삼국 통일을 위한 전쟁을 벌였어요. 660년에는 신라 정예군 5만 명을 이끌고 소정방이 이끈 당나라 군 13만과 연합하여 백제를 멸망시켰어요.

668년 신라와 당의 연합군이 고구려를 멸망시킬 때에는 나이가 많아 직접 전투에 나가지는 못했지만, 전투에 참가한 문무왕을 대신하여 국내 정치를 맡았습답니다. 신라가 삼국을 통일하는 데 큰 역할을 한 김유신은 673년(문무왕 13) 78세의 나이로 세상을 떠났으며, 죽은 뒤에 흥무대왕이라는 이름을 얻었어요.

➜ 김춘추, 나당 전쟁

김일성 1912~1994

북한의 전 국가 주석

1931년 중국 공산당에 입당했고 이후에는 항일 무장 투쟁을 했어요. 1936년에는 조국 광복회를 만들고 압록강 상류인 혜산진의 보천보를 공격했어요. 이후 일본군의 추격을 피해 연해주로 가서 소련군의 지휘관으로 활동했어요. 1945년 광복 때 자신의 유격대원들과 함께 원산으로 돌아왔고, 소련의 지원을 받아 북한 사회의 중심 세력이 되었습니다.

1948년 9월에 북한에는 조선 민주주의 인민 공화국 정부가 들어섰고 김일성이 수상으로 뽑혔어요. 1950년 인민군 최고사령관이 되어 6·25전쟁을 일으켰어요. 1960년대 초반부터는 주체 사상을 세우며 중국·소련과 다른 사회주의 자주 노선을 선언했어요. 1972년에 만든 조선 사회주의 헌법에 따라 국가 주석이 되었으며, 수령 중심의 권력 체제를 확립해 모든 권력을 잡았어요. 1994년에 남북 정상 회담을 하려 했으나 갑자기 심장 마비로 죽었어요.

김정호 1804~1864

대동여지도를 만든 조선의 지리학자

김정호는 평민 집안에서 태어났어요. 어려서부터 지도에 관심이 많았답니다. 비록 살림이 어려웠지만 정확한 지도와 지리책을 만드는 일에 평생을 바쳤어요. 김정호가 만든 지도로는 〈청구도〉·〈동여도〉·〈대동여지도〉가 있어요. 이 지도들은 우리나라 전체를 나타낸 지도예요. 이 지도들은 조선 후기에 발달했던 군현 지도, 방안 지도(경위선 표시 지도), 목판 지도, 절첩식 지도(접었다 폈다 할 수 있는 책자 형식의 지도), 휴대용 지도를 종합하고, 각각의 장점을 본받아서 만들었다고 합니다.

조선의 대표적인 지도이자 가장 뛰어난 〈대동여지도〉는 산맥과 하천, 포구, 도로들이 자세하게 표시되어 있답니다. 이밖에도 서울 지도인 〈수선전도〉를 만들었고, 지리책인 《동여도지》·《여도비지》·《대동지지》를 펴냈어요.

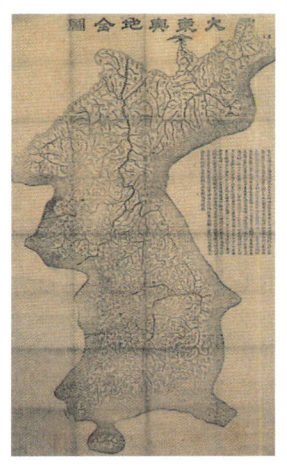

대동여지도

김정호가 만든 지도 중 〈대동여지도〉는 조선 시대에 만든 지도 중에 가장 정확하고 정밀한 실측 지도로 평가받고 있어요.

조선 시대에 만든 지도 중 가장 큰 지도는 무엇인가요?

가로 3m, 세로 7m 크기(3층 높이)의 〈대동여지도〉입니다. 이렇게 큰데도 보기 쉽고 가지고 다니기 쉬웠어요. 왜냐하면 우리나라를 남북으로 120리 간격으로 22단으로 나누고, 각 단은 다시 동서로 80리 간격으로 나누어 그린 뒤, 병풍처럼 접었다 폈다 할 수 있도록 만들었기 때문이에요.

김좌진 1889~1930

청산리 대첩을 이끈 독립군 총사령관

조선이 일본과 억지로 을사늑약을 맺은 뒤 충청남도 홍성에 호명 학교를 세우는 등 애국 계몽 운동을 벌였어요. 1911년 독립운동 자금 모금 혐의로 일본 경찰에 체포되어 2년 6개월 동안 감옥살이를 했어요. 1917년에 광복단을 조직했어요. 3·1 운동 때 만주로 망명해 무장 독립군인 북로 군정서를 조직하고 총사령관이 되어 독립군을 훈련시켰어요.

1920년 6월 홍범도 장군이 봉오동 전투에서 승리하자 일본군은 독립군 토벌 작전을 대대적으로 계획했어요. 이에 1920년 10월 김좌진과 홍범도 등이 이끄는 여러 독립군 부대들이 힘을 합쳐 청산리에서 일본군을 크게 무찔렀답니다. 청산리 대첩은 독립군이 일본군과 싸워 거둔 가장 큰 승리였어요.

➔ 애국 계몽 운동, 청산리 대첩

김춘추 602~661

백제를 멸망시키고 삼국 통일의 기반을 닦은 신라 제29대 왕(재위 654~661)

태종 무열왕 김춘추는 진지왕의 손자이자 선덕 여왕의 조카예요. 그러나 진지왕이 왕위에 오른 지 4년 만에 쫓겨나는 바람에 몰락한 왕족이 되어 많은 어려움을 겪었어요. 하지만 김유신의 누이 문희(문명 부인)와 결혼함으로써 김유신 장군이라는 든든한 응원군을 얻게 됩니다.

642년(선덕 여왕 11) 백제의 침입으로 대야성이 함락되고 김춘추의 사위였던 성주 김품석이 죽자, 고구려와 힘을 합해 백제를 치고자 연개소문을 만났으나 붙잡혔다가 탈출했어요. 그 뒤 당나라에 여러 차례 오가면서 나당 연합을 이루어 내 삼국 통일의 기초를 닦았어요.

654년에 진덕 여왕이 죽자 신하들의 추천으로 진골 출신으로서는 처음으로 왕이 되었어요. 그 뒤 왕자 법민(문무왕)과 김유신에게 5만의 군사를 주어 당나라 군대와 함께 백제를 멸망시켰으며(660), 661년 고구려를 정벌하러 군사를 일으켰으나 삼국 통일을 보지 못한 채 죽고 말았어요.

김춘추는 당의 율령 제도(나라를 다스리기 위해 필요한 법률과 명령)를 따라 관리들의 체계를 마련하고, 9서당이라는 군사 조직을 두어 나라의 틀을 굳건히 하고 왕의 권한을 강화했어요. 이를 바탕으로 신라는 정치적 황금기를 맞게 됩니다.

➜ 김유신, 삼국 통일, 연개소문

김홍도 1745~1806

풍속화로 유명한 조선 후기의 화가

중인 출신으로 조선 후기에 가장 뛰어난 화가였어요. 어려서부터 그림을 잘 그려 7, 8세부터 평론가이자 문인 화가인 강세황에게 그림을 배웠고, 스무 살도 되기 전에 도화서의 화원이 되었어요. 영조와 정조 임금의 초상화를 그리기도 했는데, 그림을 잘 그려 임금의 총애를 받아 충청도 연풍 현감을 지내기도 했어요. 풍속화, 산수화, 화조화, 인물화뿐 아니라 모든 방면에서 뛰어났는데, 무엇보다 서민들의 생활을 간략하면서도 짜임새 있는 원형 구도를 써서 익살스럽게 표현해 냈어요. 대표작으로는 〈마상청앵도〉·〈송하맹호도〉·〈군선도〉·〈주상관매도〉 등이 있고, 조선의 해학과 정취가 가득찬 《풍속화첩》 외에 여러 산수화첩을 남겼어요. 김득신, 신윤복을 비롯한 많은 화가들에게 영향을 끼쳤답니다.

서당

조선 시대의 화가 중 삼원은 누구인가요?

삼원은 풍속화의 대가인 단원 김홍도, 풍속화의 거장 혜원 신윤복, 조선의 천재 화가 오원 장승업을 부르는 말이에요. 이들은 호가 단원, 혜원, 오원으로 모두 원이라는 말이 붙어 삼원이라고 한답니다.

➜ 영조, 정조

나당 전쟁 670~676

신라와 당나라의 연합

고구려와 백제의 침략에 시달리던 신라는 당과 외교 관계를 맺으려 했고, 당은 고구려 침입에 실패한 뒤 다시 기회를 노리고 있었으므로 두 나라는 동맹을 맺게 된답니다(나당 연합, 648). 그리하여 660년 나당 연합군은 백제를 공격해 멸망시켰으며, 668년에는 고구려마저 멸망시켰어요. 그러나 당나라는 백제와 고구려가 멸망하면 대동강 이남의 땅을 신라에 준다는 약속을 어기고 백제와 고구려의 옛 땅에 군대를 주둔시키고 신라마저 지배하려 했어요. 따라서 신라와 당의 연합은 깨지고 전쟁을 하게 되었답니다(나당 전쟁, 670). 당나라 군대가 이 땅에서 완전히 물러간 것은 675년 매소성(경기도 연천) 전투에서 육군 20만 명이 신라에게 크게 패하고, 676년 기벌포(충청남도 서천군 장항읍) 전투에서 수군마저 패배하면서예요. 이렇게 신라는 7년간 계속된 전쟁을 통해 당나라군을 몰아내고 삼국 통일을 완성했습니다(676).

신라군은 참 순진하기도 해! 고구려만 멸망시키면 신라 넌 내 거야!

당 태종

➡ 나당 전쟁

나제 동맹

삼국 시대에 신라와 백제가 고구려의 남진을 막기 위해 맺은 동맹

신라와 백제가 처음으로 동맹을 맺은 것은 433년(고구려 장수왕 21, 신라 눌지왕 17, 백제 비유왕 7)이에요. 이것은 평양으로 수도를 옮기고 남쪽으로 뻗어 내려오던 고구려 장수왕의 남하 정책을 막기 위한 것이었어요.

장수왕은 백제를 공격해 개로왕을 죽이고 수도인 위례성을 점령했는데(475), 이에 큰 타격을 받은 백제는 웅진(충청남도 공주)으로 수도를 옮겼어요. 그런데 고구려의 남진은 신라에게도 위협이 되었으므로, 백제와 신라 두 나라는 493년(고구려 문자왕 2, 신라 소지왕 15, 백제 동성왕 15)에 서로 결혼 관계를 맺어 동맹을 더욱 굳건히 했어요. 이러한 동맹 덕분에 고구려의 남진은 더 이상 이루어지지 않았고, 551년에는 백제의 성왕과 신라의 진흥왕이 힘을 합쳐 고구려군을 물리친 뒤 한강 유역을 빼앗았어요. 하지만 신라가 한강 유역을 독차지하려고 해서 나제 동맹은 깨지고 맙니다.

고구려 장수왕 　　　신라 눌지왕　　백제 비유왕

➜ 장수왕, 진흥왕

남북 적십자 회담

이산가족 문제를 해결하고자 남북 적십자사가 연 회담

6·25 전쟁으로 가족들이 남과 북에 떨어져서 만날 수 없는 이산가족이 생겼어요. 남북적십자사는 1971년부터 이산가족들이 서로 살아 있는지, 어디에 사는지 알아봐 주는 일, 만나고 다녀갈 수 있도록 하는 일, 편지를 주고받는 일, 가족 재결합, 그 밖의 인도적인 문제를 해결하고자 서울과 평양에서 교대로 회담을 열었어요.

그러나 회담은 성과를 거두지 못하고 중단되었다가 제8차 본회담의 합의에 따라 1985년 분단 40년 만에 처음으로 남북한 이산가족 고향 방문단과 예술 공연단의 서울·평양 교환 방문이 이루어졌답니다.

이후 2000년 남북한 정상 회담을 통해 발표된 〈6·15 남북공동선언〉에 따라, 2000년 8월 제1차 이산가족방문단을 시작으로 2015년까지 20차례에 걸쳐 상봉이 이루어졌어요. 하지만 남북 관계가 나빠지면 중단되는 일이 반복되고 있습니다.

노비안검법 956

고려 광종 때 실시한 법으로, 노비가 아니었던 자를 본래의 신분으로 되돌리려는 법

고려 초에는 호족들이 막강한 세력을 갖고 왕권을 위협했어요. 게다가 후삼국 시기에 전쟁 포로가 되었거나 빚을 갚지 못한 사람들을 노비로 삼아 자신들의 경제·군사 기반으로 삼았습니다. 이에 고려 광종은 노비가 아니었던 자를 본래의 신분으로 되돌리는 노비안검법을 실시해 왕의 권한을 강화시킬 수 있었어요.

호족이란 어떤 사람들인가요?

신라 말 중앙 정부가 왕위 다툼으로 어지러운 가운데 새롭게 등장한 지방 세력들이에요. 많은 땅과 소, 말 등의 가축을 갖고 있었으며 마을 주변에 성을 쌓고 자신의 군대를 거느리면서 스스로 성주나 장군이라 했어요.
이들은 왕건을 도와 고려를 세우는 데 큰 공을 세웠으며 고려 초에도 그 세력이 매우 강했답니다.

➔ 고려

농사직설 1429

세종 때 우리나라에 맞는 농사 기술을 담아 만든 책

《농사직설》은 세종 때 만들어진 가장 오래된 농사 책이에요. 이 책이 나오기 전까지 농사 책은 중국 책밖에 없었어요. 그러나 중국 책은 중국의 땅과 기후에 알맞은 농사 기술을 소개하고 있었기 때문에, 우리나라에서는 그다지 도움이 되지 않았답니다. 그래서 세종 대왕은 우리나라에 알맞은 농사 관련 책을 만들도록 명령했어요. 이에 정초와 변효문은 경험 많은 농부들의 농사 방법과 기술을 듣고 《농사직설》을 만들었답니다.

➜ 세종

단군왕검

한민족의 시조이자 고조선을 세운 임금

단군왕검은 기원전 2333년 우리나라 최초의 국가인 고조선을 세운 인물이에요. 단군왕검은 하늘신의 아들 환웅과 웅녀(곰여자) 사이에서 태어났다고 전해지고 있어요. 이것은 신령스러운 하늘의 자손이라고 주장하는 청동기 시대의 새로운 지배층이 원래부터 이 땅에 살고 있던 곰을 숭배하는 부족과 함께 나라를 세웠음을 의미하는 이야기예요. 단군은 종교 지배자(제사장), 왕검은 정치 지배자를 뜻하는 말이므로 단군왕검은 제사와 정치를 모두 주관했음을 알 수 있어요.

《삼국유사》에는 고조선의 건국 과정이 어떻게 나와 있을까?

옛날 환인(하늘신)의 아들 환웅은 환인의 허락을 얻어 비·바람·구름을 다스리는 신과 3000명의 신하를 이끌고 태백산 신단수 아래로 내려왔어요. 그리고 인간을 널리 이롭게 하려고 인간 세상의 질병, 형벌, 생명, 선하고 악한 것 등 360여 가지 일을 맡아 다스렸답니다.
그러던 어느 날 곰과 호랑이가 인간이 되고자 환웅을 찾아왔어요. 나중에 곰은 여자(웅녀)가 되었고, 환웅은 '웅녀'와 결혼해 단군왕검을 낳았다고 해요. 단군은 자라서 나라를 세웠는데, 나라 이름을 '조선'이라 하고 수도를 태백산의 '아사달'로 정했답니다.

➔ 청동기 시대

단발령 1895

상투와 머리카락을 자르라고 내린 명령

명성 황후가 일제에게 죽임을 당한 뒤 일본의 힘을 등에 업은 세력이 정권을 잡고, 오로지 일본처럼 되는 것이 개혁이라고 주장했어요. 그래서 실시한 개혁 중 하나가 단발령이에요. 고종이 먼저 상투를 자르고 관리들에게 가위를 들고 거리나 성문에 나가서 강제로 남자들의 상투를 자르게 했어요.

부모에게서 물려받은 몸을 소중히 여기는 것이 효도의 시작이라고 생각하고 있던 우리나라 사람들은 '내 목을 자를 수는 있으나 내 머리카락은 자를 수 없다.'라며 단발령에 거세게 반발했어요. 더욱이 단발령을 일본이 뒤에서 조정한다고 생각한 백성들은 거세게 반발하여 의병을 조직하여 대항했어요(을미의병). 이후 단발령은 여러 혼란 속에서 취소되었답니다.

➔ 고종, 명성 황후, 을미사변

당 618~907

수(隋)나라에 이은 중국의 통일 왕조

618년에 이연이 건국해 907년 흐량 주전충에게 멸망되기까지 290년 동안 있었던 중국의 왕조예요. 중앙아시아까지 차지하는 대제국을 건설해 중국의 통일 제국으로는 한나라에 이어 제2의 전성기를 이루었어요.

당나라는 태종이 임금이 되면서 크게 발전했고 당의 도읍인 장안은 정치와 문화의 중심지로써 중앙아시아, 서아시아, 유럽 사람들까지 왕래하는 국제적인 도시가 되었어요. 특히 율령 제도를 비롯한 당의 여러 가지 사회 제도는 우리나라와 동아시아 여러 나라에 많은 영향을 주었습니다.

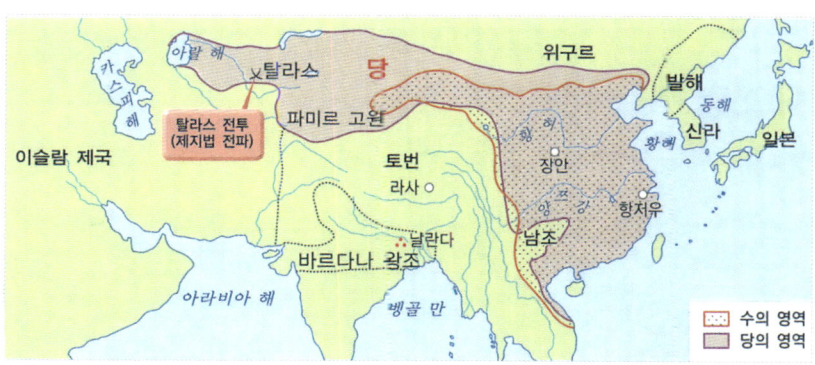

당의 영역

대조영 ?~719

발해의 시조, 고왕(高王, 재위 698~719)

대조영은 고구려가 멸망한 뒤, 당나라에 의해 요하 서쪽 당나라 영주 지방에 강제로 옮겨가 살던 10만여 명의 고구려 유민 중 한 사람이었어요. 696년 거란족의 반란으로 영주가 혼란에 빠지자, 대조영은 말갈족 추장 걸사비우와 함께 그 지역에 잡혀 와 있던 고구려 유민과 말갈족을 각각 이끌고 랴오허강을 건너 동쪽으로 갔어요.

그러나 걸사비우가 당나라 군대와의 전투에서 죽자, 대조영은 남은 말갈족을 모아 동쪽으로 계속 이동하며 쫓아오는 당나라 군대를 천문령에서 싸워 이겼어요. 698년 마침내 대조영은 만주 동모산(지린성 둔화현)에 도읍을 정하고 나라 이름을 진(震), 연호를 천통이라고 했어요.

대조영은 그 뒤로 만주의 동쪽으로 세력을 빠르게 넓혀 갔어요. 이 지역에 살던 옛 고구려 사람들과 말갈의 부족들이 속속 모여들었기 때문이에요. 713년부터는 발해라는 나라 이름을 썼답니다.

➜ 거란, 고구려, 당, 발해

대종교

1909년 나철이 만든, 단군을 모시는 종교

처음에는 단군교라 하였다가 나중에 대종교로 이름을 바꾸었어요. 나철은 을사조약 후 을사오적을 처단하려는 활동을 하다 감옥살이를 했어요. 그 뒤 대종교를 만들었어요. 일제는 자신들의 식민 지배가 옳다고 주장하기 위해 우리 민족과 일본이 한 뿌리임을 주장하고 있었어요. 이것이 틀렸다고 주장하기 위해 나철은 우리 민족의 뿌리인 단군을 모시는 대종교를 만들었어요.

대종교는 특히 국권을 빼앗긴 후 만주와 연해주 지방에 옮겨 가 살던 우리 동포들의 정신적 기둥이 되었어요. 청산리 대첩을 승리로 이끈 북로 군정서군도 대종교 계열의 민족주의자들이 조직했답니다. 따라서 대종교는 비록 종교로 출발했지만 항일 독립운동에 큰 공헌을 했다고 볼 수 있어요.

➜ 단군왕검, 을사늑약

대한민국 임시 정부

1919년 3·1 운동 뒤 중국 상하이에서 임시로 만든 정부

3·1 운동 이후 독립운동을 이끌 조직이 필요해지면서 무려 7개의 임시 정부가 생겨났고 독립을 위한 힘을 하나로 모으기 위해 통합 정부를 수립하려고 노력합니다. 그리고 1919년 9월, 중국 상하이에 여러 임시 정부를 통합한 대한민국 임시 정부가 수립되었어요. 이승만을 초대 대통령으로 선출하고 그 뒤 몇 차례 헌법을 바꾸며 변화했어요. 1940년에 김구가 주석이 되어 광복이 될 때까지 임시 정부를 이끌었어요.

대한민국 임시 정부는 국내와 연결되는 비밀 연락망을 조직해 대한민국 임시 정부의 소식을 전하는 데 힘쓰고, 독립 자금을 전달받기도 했어요.

또한 일본의 침략 사실과 한국 역사의 우수성을 설명하기 위해 박은식이 쓴 《한국독립운동지혈사》를 펴냈어요. 〈독립신문〉을 발행해 임시 정부의 소식을 알리고 대한민국의 자주성과 우수한 민족 문화를 인식시켜 독립 의식을 드높였어요.

1919년에 파리 강화 회의에 김규식을 대표로 파견하기도 했으며, 세계 각지에 외교관을 파견해 대한민국의 독립에 대한 간절한 희망을 호소했어요. 특히 대

대한민국 임시 정부 중요 인물들

한민국 임시 정부의 김구는 한인 애국단을 조직하고 이봉창과 윤봉길의 의거를 지원했어요.

1940년에는 한국 광복군을 창설했는데, 1941년 태평양 전쟁이 일어나자 일본과 독일에 각각 선전 포고를 하고 연합군으로 군대를 파견했어요. 1945년에는 미군과 연합해 국내로 들어가 일본과 싸우려는 계획을 진행하던 중 8·15 광복을 맞았어요.

그러나 광복 후 일본군의 무장을 해제시키려 우리나라에 들어와 있던 미군은 대한민국 임시 정부를 정부로 인정하지 않았어요. 그래서 대한민국 임시 정부의 주요 간부들은 개인 자격으로 귀국할 수밖에 없었고, 임시 정부의 내각과 정책은 계승되지 못했어요. 그러나 임시 정부의 이념은 1948년 대한민국 헌법에 반영되었어요. 또한 대한민국 헌법 전문은 '우리 대한민국은 3·1 운동으로 건립된 대한민국 임시 정부의 법통과……' 라고 하여 임시 정부가 대한민국 독립의 바탕이 되고 대한민국 건국의 정신과 사상의 기반이 되었음을 분명히 나타냈어요.

➔ 김구, 독립신문, 3·1 운동, 이승만, 한국 광복군

대한민국 정부 수립

1948년 8월 15일에 대한민국 정부가 세워진 일

우리나라는 1945년에 일본 식민 통치에서 해방이 되었지만, 북위 38도선을 경계로 남쪽과 북쪽을 각각 미군과 소련군이 점령해 지배함으로써 국토가 둘로 나뉘었어요. 그 뒤 3년 동안 점령국인 미·소의 대립과 남북 지도자들 간의 갈등으로 통일 정부는 세워지지 못했고, 남과 북에 별도의 분단 국가가 세워졌어요.

38도선 이남 지역에는 1948년 5월 10일 총선거가 실시되었고, 그 결과 구성된 국회는 헌법을 만들어 발표했어요(7월 17일). 이 헌법에 따라 1948년 8월 15일 새 정부 수립이 선포됨으로써 3년 동안의 미군정이 끝나고 대한민국이 출범하게 되었어요. 대한민국은 역사상 우리 국토에 우리 민족의 손으로 세운 최초의 민주 공화국이에요.

대한 제국 1897~1910

조선 말기부터 한일 강제 병합 전까지의 우리나라의 이름

러시아 공사관에 머물러 있던(아관파천) 고종이 경운궁(덕수궁)으로 돌아온 뒤 나라 이름을 조선에서 '대한 제국'으로, 연호를 '광무'로 정하고 환구단에서 황제 즉위식을 함으로써 성립되었어요. 이로써 우리나라가 자주독립 국가임을 국내와 세계에 알린 것이지요.

대한 제국은 한반도를 둘러싸고 일본과 러시아가 서로 경쟁하는 것을 이용해 자주 국가로서 필요한 여러 가지 개혁을 추진했어요. 전기·전차·전화·전신 사업과 철도를 놓는 일에 적극 나섰어요. 그리고 상공업을 발달시키려고 회사를 설립하고, 상공 학교·의학교·외국어 학교를 세웠어요. 또, 외국의 침략에 맞설 수 있는 근대식 군대를 갖추려고 노력했어요.

그러나 민중의 개혁 요구를 받아들이지 않았고, 오히려 독립 협회를 해산시켰어요. 또 황제의 권한을 강조하며 옛날로 돌아가려는 모습을 보이기도 했어요. 뿐만 아니라 외국의 침략도 제대로 막아내지 못했어요.

1905년에는 러일 전쟁에서 이긴 일본이 고종 황제와 일부 대신들의 반대를 힘으로 누르고 우리 외교권을 빼앗는, 이른바 을사늑약을 강제로 맺었어요. 1910년 8월 일제에게 국권을 빼앗겨 대한 제국은 막을 내리게 되었어요.

대한 제국의 '제국'은 무슨 뜻인가요?

'제국'은 황제의 나라라는 뜻이에요. 고종이 왕이 아닌 황제라는 칭호를 쓴 것은 왕을 중국이나 러시아의 황제와 같은 위치더 올려놓아야 비슷한 나라가 될 수 있다고 생각했기 때문이에요.

➜ 고종, 러일 전쟁, 을사늑약

덕수궁

조선 시대의 궁궐, 사적 제124호

덕수궁은 원래 성종(재위 1469~1494)의 형인 월산 대군의 집이었습니다. 임진왜란 때 피란 갔다 돌아온 선조가 월산 대군이 살던 집을 행궁(왕이 임시로 머무는 궁궐)으로 쓰면서 궁궐이 되었어요. 광해군은 이곳을 경운궁이라고 부르고 살았어요. 을미사변으로 러시아 공사관에 머물던 고종이 경운궁으로 돌아와 대한 제국을 선포하면서 대한 제국의 정궁이 되었어요. 덕수궁은 서울에서 맨 처음 생긴 서양식 건물인 석조전이 있는 곳으로도 유명합니다.

> **덕수궁이란 이름은 어떻게 붙여졌나요?**
> 조선의 마지막 임금인 순종은 왕이 되자 창덕궁에서 살고, 아버지인 고종은 경운궁에서 살았는데, 순종은 고종의 장수를 비는 뜻으로 경운궁의 이름을 덕수궁으로 바꾸었답니다.

➔ 고종, 임진왜란

독도 분쟁

독도를 둘러싼 우리나라와 일본의 영토 다툼

독도는 울릉도에서 남동쪽으로 90km 떨어진 바다 위에 있는 우리나라에서 가장 동쪽에 있는 섬이에요. 동도와 서도를 비롯해 89개의 작은 바위섬으로 이루어진 화산섬으로, 면적은 $0.816km^2$예요. 옛날 이름은 삼봉도·가지도·우산도였고, 1881년부터는 독섬(돌섬), 곧 독도라 불렀어요.

처음에 울릉도와 독도는 우산국이라는 독립된 나라였지만 신라에 정복된 이후 (512, 지증왕 13) 우리나라의 영토로 이어져 내려왔어요. 그러나 조선 시대에 일본 어부들이 자주 이 지역에서 불법으로 고기를 잡아가자, 숙종 때에는 안용복이 일본에 건너가 우리나라의 영토임을 확인시켰어요. 이후 정부는 울릉도에 관청을 두어 독도를 다스리게 했어요.

그러나 일본은 러일 전쟁 중에 독도의 이름을 다케시마로 바꾸고 일본 시마네현에 집어넣었어요(1905). 그 뒤 일제가 패망하자 연합군 최고사령부는 SCAPIN(연합군 최고 상부지령) 677호로 독도가 일본 영토로부터 분리되었음을 선언해 우리나라 영토임을 인정했어요.

우리나라와 일본이 독도 문제로 다시 다투기 시작한 것은 대한민국 정부가 수립된 후인 1952년부터예요. 우리 정부가 '인접 해양의 주권에 관한 대통령 선언'을 발표하며 독도가 우리 땅임을 분명히 하자 일본 정부도 독도가 일본 땅임을 주장했어요. 이에 우리나라 정부는 1954년 8월 독도에 등대를 세웠고, 1982년에는 독도 주변을 천연 기념물 제336호로 지정했어요. 또한 1997년에는 독도에 부두와 진입로를 갖춘 선착장을 갖추었어요. 독도는 현재 대한민국 국군이 주둔하여 지키고 있으며 10월 25일을 독도의 날로 정해 기념하고 있습니다.

➜ 러일 전쟁

독립문

조선의 자주독립을 다짐하기 위해 세운 문, 사적 제32호

독립문은 독립 협회가 1896년 조선의 자주독립을 선언하려고 세웠어요. 그래서 청나라 사신을 맞이하던 영은문이 있던 자리에 세웠답니다. 독립문은 프랑스의 개선문을 본떠서 만들었는데, 공사에 들어간 비용은 주로 모금 운동으로 마련했다고 해요. 화강암으로 만들었으며 가운데에 무지개 모양의 홍예문이 있고 왼쪽에 꼭대기로 올라가는 돌층계가 있습니다.

독립문에는 조선 왕조의 상징인 오얏꽃 무늬가 새겨져 있고, 한글과 한자로 된 '독립문'이라는 글씨와 태극기가 새겨져 있답니다.

그런데 현재의 독립문은 1979년에 원래 있던 곳에서 70m 떨어진 곳(서울특별시 서대문구 현저동)으로 옮겨 다시 세운 것이고, 예전 자리에는 독립문지라는 표지판을 묻어 놓았어요.

→ 독립 협회

독립신문 1896~1899

우리나라 최초의 민간 신문

미국에서 귀국한 서재필이 조선 정부의 지원을 받아 1896년 4월 7일 창간했어요. 독립신문은 창간사에서 백성을 위해 무슨 일이든 대신 말해 주고, 정부가 하는 일을 백성에게 전하고 백성들의 상태를 정부에 알릴 것이며, 부정부패한 관리들을 고발하겠다고 했어요.

독립신문은 많은 사람이 읽을 수 있도록 한글로 만들었어요. 처음에는 4면 가운데 3면을 한글로, 나머지 1면은 영문으로 만들다 나중에는 국문판과 영문판을 따로 만들었습니다. 또, 신문의 중요성을 일반에 널리 알려 그 뒤에 여러 민간 신문이 창간되는 계기가 되었어요. 4월 7일을 '신문의 날'로 정한 것도 독립신문이 창간된 날에서 유래된 것이에요.

→ 독립 협회, 서재필

독립 협회 1896~1898

개화파 지식인들이 만든 우리나라 최초의 근대적인 사회 정치 단체

국민을 일깨워 정치 활동에 참여시킴으로써 나라의 자주독립을 지키고, 국민들의 권리를 세우며, 개혁으로 나라를 부강하게 하려 했어요.

〈독립신문〉을 펴내 백성을 계몽하고, 백성의 성금을 모아 독립문을 세웠으며, 토론회와 연설회를 자주 열어 백성들의 자주독립 의식을 일깨웠어요. 또, 다른 나라가 우리나라의 지하 자원 개발권과 철도 부설권을 빼앗는 것을 반대하는 운동도 벌였어요. 1897년에는 러시아 공사관에 머물러 있던 고종이 우리나라 궁궐로 돌아올 것을 호소하는 여론을 불러일으켰어요.

또 1898년에는 만민 공동회를 개최해 외세에 의존하는 왕실을 비판하고, 국민이 직접 정치에 참여하는 민주 정치를 주장했어요. 그러나 이들의 주장이 점점 강해지자, 위협을 느낀 일부 관료들이 독립 협회의 간부들을 체포하고, 독립 협회를 해산시켰어요.

➔ 독립문, 독립신문, 만민 공동회

돈의문

조선 시대 한양 4대 성문 중 서문

조선 시대 한양의 사대문 가운데 서쪽에 있던 큰 문이에요. 서대문(西大門)이라고도 했어요. 1396년에 처음 세웠고, 뒤에 몇 차례 고쳤어요. 돈의문은 원래 지금의 사직동에서 독립문으로 넘어가는 고개에 있었어요. 그러나 1915년 일제가 도로 확장 공사를 하면서 철거해 지금은 볼 수 없게 되었어요. 돈의(敦義)는 의(義)를 북돋운다(敦)는 뜻이에요.

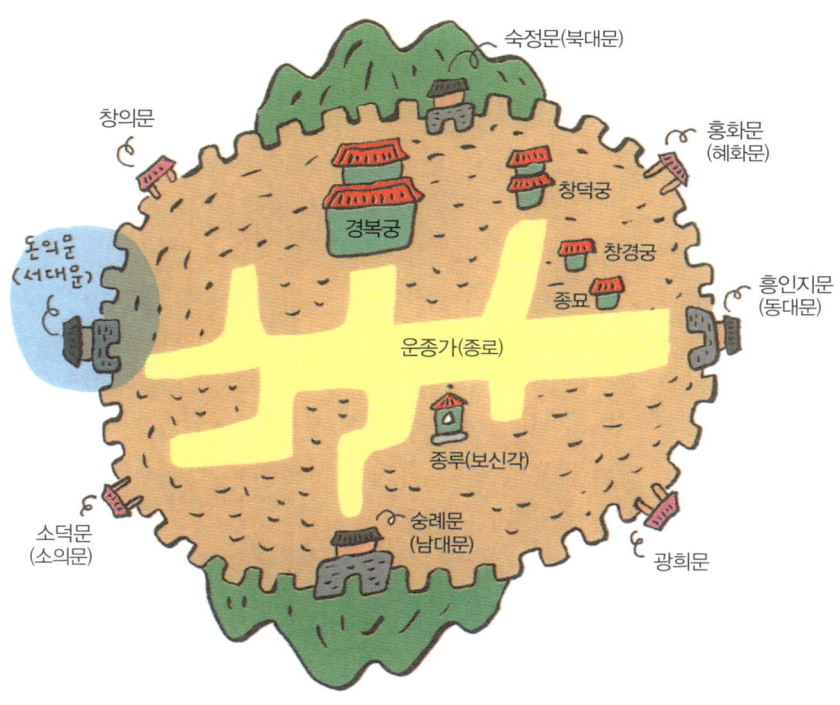

조선 시대 한양의 사대문은 무엇인가요?

사대문은 한양(지금의 서울)에 있던 4개의 큰 문이랍니다. 한양의 사대문은 유교에서 사람이 마땅히 갖추어야 할 다섯 가지 덕목인 인의예지신(仁義禮智信)에서 이름을 따왔어요. 동쪽에 있는 문은 흥인지문(동대문), 서쪽에 있는 문은 돈의문(서대문), 남쪽에 있는 문은 숭례문(남대문), 북쪽에 있는 문은 숙정문(북대문)이에요.

돌무지덧널무덤

4세기 전반~6세기 초 신라의 대표적 무덤 양식

돌무지덧널무덤은 땅에 직사각형의 구덩이를 파고 관(널)을 넣은 뒤 판자로 덧널을 짜 방(널방)을 만들어요. 혹은 덧널이 땅 위에 있는 것도 있습니다. 덧널 위에 돌을 쌓고 다시 그 위에 흙을 덮어 마무리를 한답니다. 이와 같은 무덤은 고구려나 백제의 굴식 돌방무덤과는 달리 널방으로 들어가는 길이 없어 추가로 매장을 하기가 어려웠어요. 한 번 들어가면 나올 수 없으므로 벽화를 그릴 수도 없었죠. 대신 도굴도 어려워 유물들이 많이 남아 있어요.

황남대총, 천마총이 대표적인 돌무지덧널무덤으로, 이들 무덤에서는 금관, 금제 허리띠를 비롯해 각종 호화로운 유물들이 나왔답니다.

돌무지덧널무덤 단면도

➔ 고분, 굴식 돌방무덤, 천마총

돌무지무덤

고구려의 전통적인 무덤 형식으로, 돌을 쌓아 올려 만든 무덤

돌무지무덤은 고구려 건국 초부터 만들었어요. 돌각담 무덤 또는 적석총이라고도 한답니다.

돌무지무덤은 처음에는 강가 모랫바닥에 냇돌을 네모지게 깔고 널(관)을 놓은 뒤 다시 냇돌을 덮는 정도의 간단한 구조였으나, 고구려 중기(3, 4세기)에 오면 돌무지무덤에 3단, 5단, 7단식으로 층수가 늘면서 마치 계단식 피라미드와 같은 모양의 무덤이 만들어져요. 뿐만 아니라 중국계 돌방무덤의 영향을 받아 돌무지무덤의 중심부에 널길이 딸린 돌방(굴식 돌방)을 만들게 된답니다. 장군총, 태왕릉과 같은 것이 대표적이에요. 돌무지 돌방무덤이라고도 부릅니다. 그러나 이들 돌무지 돌방무덤은 5세기 전반에 고구려가 평양으로 수도를 옮긴 뒤부터는 차츰 줄어들고 대신 돌방을 흙으로 덮는 흙무지 돌방무덤이 많이 나타나요.

한편, 서울 석촌동 고분군처럼 한강 유역에서도 돌무지무덤이 나오는데, 이것은 초기 백제의 지배 세력이 고구려의 영향을 받아 만든 것이라고 볼 수 있어요.

고구려의 돌무지무덤들(중국 지린성 지안현)

➜ 고분, 장군총

동의보감

조선 시대에 편찬된 우리나라 제일의 한의학 책, 국보 제319호

《동의보감》은 선조 때 어의였던 허준이 편찬한 의학 백과사전이에요. 총 25권 25책으로 되어 있는데, 중국과 우리나라의 모든 의학책과 허준 자신의 경험을 종합해서 만들었답니다. 중국과 일본에도 소개되었고, 지금까지 우리나라 제일의 한의학 책으로 인정받고 있어요. 2009년 7월 유네스코 세계 기록 유산으로 등재되었습니다.

➜ 허준

동학

1860년 최제우가 세운 민족 종교

19세기 중엽 조선은 매우 불안했어요. 외척의 세도 정치로 정치가 불안했고, 나쁜 양반과 관리들이 백성들의 재산을 빼앗고 못살게 굴어, 살기가 매우 어려웠어요. 또한 일본을 비롯한 외국의 간섭도 날로 심해졌어요. 백성들의 정신을 지탱해 주었던 유교·불교는 제 구실을 못했고, 새로 들어온 서학(천주교와 서양 문물)의 세력이 날로 커져 갔어요. 이때 최제우는 백성들을 위한 새로운 종교가 필요하다고 생각했어요. 그래서 도를 닦다가 '한울님'의 계시를 받아 '동학'을 열게 되었답니다.

동학은 유교·불교·도교의 교리를 바탕으로 천주교의 영향도 받았으며, '사람이 곧 하늘'이라는 인내천 사상을 기본 사상으로 삼았어요.

동학은 생긴 지 얼마 되지 않아 경주를 중심으로 경상도 일대에 널리 퍼졌어요. 그리고 충청도, 전라도에도 퍼져 나갔답니다. 그러자 나라에서는 백성들의 마음을 어지럽힌다면서 동학을 금지했어요. 뿐만 아니라 1864년에는 교주인 최제우를 붙잡아 처형했답니다.

최제우의 가르침은 제2대 교주인 최시형에게 이어졌고, 최시형은 동학을 체계적으로 정리하고 전파하는 데 힘썼어요. 1894년에는 동학 농민 운동이 일어났는데, 이때 최시형을 비롯한 많은 동학 교도들이 잡혀 죽었어요. 그 뒤 제3대 교주가 된 손병희는 천도교로 이름을 바꾸고 동학의 가르침을 이어 나갔어요. 동학이라는 이름은 서학(천주교)에 맞서 동쪽 나라인 우리나라의 종교라는 뜻이었어요.

➜ 동학 농민 운동, 최제우

동학 농민 운동 1894

동학교도와 농민들이 일으킨 대규모 농민 운동

강화도 조약 이후 외국의 경제적 침략으로 고통을 겪던 농민들은 잘못된 정치를 바로잡고 외국의 침략에 대항해 나라를 지키려고 동학 농민 운동을 일으켰어요.

동학 농민 운동은 1894년 1월에 고부 농민 봉기로 시작되었어요. 고부 농민 봉기는 전봉준의 지휘 아래 전라도 고부에서 군수 조병갑의 횡포에 저항하며 시작되었어요. 그 뒤 동학 농민군은 황토현 전투에서 관군을 무찌르고 전주를 점령했답니다. 그러자 정부는 청나라에 도움을 요청했고, 일본군도 이에 질세라 끼어들어 조선에 들어왔어요.

동학 농민군은 외국의 군대가 들어오는 것을 막기 위해 관군과 휴전을 했어요. 농민군은 정부로부터 동학 농민군들이 집으로 돌아가도 붙들어 가지 않을 것과, 부패한 정치를 바로잡겠다는 약속을 받고 전주성에서 물러났어요.

흩어진 동학 농민군들은 그동안의 잘못된 정치를 바로잡고, 외국의 침략에 반대하는 농민들의 생각을 반영한 개혁안을 만들어 정부에 요구하는 한편, 각 지방에서 집강소라는 개혁 기구를 만들어 새로운 사회를 만들어 보려고 노력했어요.

농민군이 해산한 뒤 정부는 일본군에게 일본으로 돌아가라고 했어요. 그러나 일본은 우리 궁궐을 침범하고 청일 전쟁을 일으켰어요. 이에 동학 농민군은 일본을 몰아내고 개혁을 완수하기 위해 다시 일어났어요. 그러나 우수한 근대식 무기와 장비로 무장한 일본군에게 공주 우금치에서 크게 패하고 말았어요. 결국 동학 농민 운동은 지도자였던 전봉준이 체포되어 처형되면서 실패로 끝났어요.

그러나 동학 농민 운동은 그 뒤에도 정치에 영향을 끼쳐 갑오개혁이 일어났고, 일제 침략에 저항하는 정신은 항일 의병 투쟁과 3·1 운동으로 계승되었어요.

집강소란 무엇인가요?
동학 농민군이 전라도 지방에 설치한 자치적 개혁 기구예요. 1명의 집강과 몇 명의 의사원이 행정 사무를 맡아보았어요.

동학 농민군이 내놓은 정치 개혁 요구(일부)
- 탐관오리의 죄를 조사하여 벌줄 것
- 노비 문서를 불태워 없앨 것
- 천민의 대우를 개선하고 백정이 쓰는 패랭이를 없앨 것
- 젊은 과부의 재혼을 허락할 것
- 불법으로 거두어들이는 세금을 없앨 것
- 신분 차별 없이 관리를 뽑을 것
- 일본인과 내통한 자를 엄중하게 처벌할 것
- 농민이 진 빚을 모두 무효로 할 것
- 토지는 골고루 나누어 경작할 것

➜ 갑오개혁, 전봉준, 청일 전쟁

뗀석기

구석기 시대의 도구

뗀석기는 돌을 깨뜨리거나 떼어 내어 만든 도구예요. 처음에 사람들은 뾰족한 돌을 찾아 다녔지만, 점차 돌을 깨뜨리면 뾰족해진다는 것을 알게 되었어요. 뗀석기 가운데 가장 대표적인 것은 주먹 도끼인데, 1978년 경기도 연천군 전곡리에서 수십만 년 전에 썼던 주먹 도끼(날이 양쪽에 다 있는 도끼)가 발견되어 전 세계 사람들이 깜짝 놀랐답니다. 왜냐하면 그동안 아시아에는 외날도끼만 있고 양날 도끼는 아프리카나 유럽에서만 썼다고 알려졌기 때문이에요.

주먹 도끼는 찍는 날과 자르는 날을 다 가지고 있어 구석기 시대의 '맥가이버 칼'이라고 할 수 있답니다.

뗀석기 만드는 방법

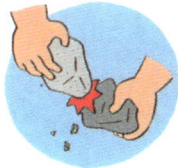
직접 떼기

모루 떼기

원통형 망치 떼기

눌러 떼기

뗀석기 종류와 쓰임새

찍개
나무를 자르거나 사냥할 때 써요. 뗀석기 중 인류가 가장 먼저 쓴 것이지요.

주먹 도끼
주먹으로 쥐고 쓸 수 있는 도구로, 짐승을 사냥하거나 털과 가죽을 가를 때 써요.

긁개
사냥한 짐승의 가죽을 벗겨 손질하는 데 써요.

러일 전쟁 1904~1905

한반도와 만주의 지배권을 두고 러시아와 일본이 벌인 전쟁

청일 전쟁에서 승리한 일본은 우리나라를 본격적으로 지배하려고 했으나 만주와 한반도를 두고 러시아와 충돌하게 돼요. 러시아와 일본은 여러 차례 협상을 했지만 결론을 얻지 못했고 결국 1904년 일본의 기습으로 전쟁이 시작되었습니다.

일본은 한반도를 거쳐 만주로 진격하여 러시아군을 격파했고 인천과 랴오둥 반도의 뤼순에서 러시아 함정을 격침했어요. 러시아는 자국에서 대규모 민중 봉기가 일어나 일본과의 전쟁에 온 힘을 다할 수가 없었어요. 결국 일본과 러시아는 1905년 포츠머스 조약을 맺고 전쟁을 끝냈어요.

일본은 이 전쟁에서 이겨 강대국들에게 우리나라에 대한 지배권을 인정받았을 뿐 아니라 만주로도 진출할 수 있었어요. 그 뒤 일본은 우리나라와 강제로 을사늑약을 맺어 우리나라의 외교권을 빼앗았습니다(1905).

➔ 을사늑약

만민 공동회 1898

우리 역사상 최초로 열린 근대적인 민중 집회

독립 협회는 국민의 힘으로 러시아와 다른 나라의 침략을 막고 자주독립을 이루고자 뜻을 모으고 1898년에 종로에서 집회를 열었는데, 1만여 명의 국민들이 참가해 러시아의 군사 교관과 재정 고문이 우리 정치에서 물러날 것을 요구했어요. 이 집회를 만민 공동회라고 하는데, 이 집회를 지켜 본 러시아는 다른 나라의 반응을 살핀 뒤, 자신들의 요구를 거두었어요. 이로써 대한 제국은 외국 세력을 물리치고 자주독립을 강화하게 되었답니다.

만민 공동회에 참여한 국민들은 외국에 의존하는 왕실을 비판하고, 근대적인 의회 정치를 하자며 고종 황제에게 개혁을 건의하기도 했어요.

그러자 개혁을 반대하던 관료들은 위협을 느끼고 고종 황제에게 만민 공동회를 주최했던 독립 협회가 황제 제도를 폐지하려 한다고 모함했어요. 놀란 고종은 독립 협회 간부들을 체포하고 독립 협회 해산령을 내렸어요. 그러자 이 소식을 들은 서울 사람들은 다시 만민 공동회를 열어 항의 시위를 벌였답니다. 그러나 개혁을 반대하던 세력들은 보부상들로 조직된 황국 협회를 앞세워 만민 공동회를 탄압했어요.

➔ 고종, 독립 협회

만주 사변 1931

일본이 중국 침략을 위해 만주에서 일으킨 전쟁

일본군은 1931년 중국 선양 류탸오후에서 남만주 철도를 폭파하고 이를 중국이 일으킨 것으로 몰아, 만주를 침략하기 시작했어요. 일본군은 1932년 초까지 만주 전역을 거의 점령하고, 일본의 꼭두각시 국가인 만주국을 세웠어요. 그리고 청나라의 마지막 황제였던 푸이를 황제로 앉혔어요. 그 뒤로도 일본은 1937년에는 중일 전쟁을, 1941년에는 태평양 전쟁을 일으켰답니다.

명 1368~1644

몽골족이 세운 원나라를 무너뜨리고 한족 출신인 주원장이 세운 나라

홍건적의 난에 참여했던 주원장이 1368년 금릉(난징)에서 왕위에 오르며 나라 이름을 '명'으로 지었어요. 이어 원나라를 북쪽으로 몰아내고 중국을 지배했어요. 3대 황제인 영락제 때에는 베이징(북경)으로 도입을 옮기고 영토를 넓혔어요. 이후 명나라는 아시아의 최강자가 되어 전성기를 이루었습니다.

명나라 때에는 관제가 정비되고, 상업과 무역이 발달했으며 은이 화폐로 사용되었지요. 또한 양명학이 발달했고 소설, 희곡 등 서민 문화가 발달했답니다. 명나라는 임진왜란이 일어났을 때 우리나라에 군대를 파견하기도 했어요. 명나라는 이자성의 난으로 무너지게 되고 이후 중국은 만주족이 세운 청나라가 지배하게 되었어요.

중국에 명나라가 있었던 때 우리나라는 고려 말부터 조선 중기까지 시기예요.

➜ 홍건적

명량 대첩 1597

이순신 장군이 명량에서 일본 수군을 크게 물리친 싸움

명량은 전라남도 해남과 진도 사이에 있는 물길이 아주 센 좁은 바다예요. 임진왜란 때 이순신 장군이 이끄는 조선 수군은 이곳에서 쇠사슬과 명량의 물길을 이용한 작전으로 왜군을 크게 물리쳤습니다.

조선 수군은 전함 12척과 군사 120여 명뿐이었는데, 왜군은 전함이 133척, 군사는 3만여 명이나 되었어요. 이 싸움에서 왜군은 전함 31척이 파괴되어 가라앉고 군사 8000여 명이 죽거나 다쳤답니다. 그러나 조선 수군은 단 한 척의 전함도 파괴되지 않았고, 2명이 죽고 3명이 다쳤을 뿐이었어요. 이 싸움에서 이긴 조선은 왜군을 몰아내고 바다를 지킬 수 있었답니다.

➜ 이순신, 임진왜란

명성 황후 1851~1895

조선 고종의 왕비

성은 민씨로, 9세 때 고아가 되어 어렵게 자랐어요. 흥선 대원군 부인의 추천으로 16세에 고종의 왕비가 되었어요. 그러나 나중에 시아버지인 흥선 대원군과 대립하며 정치 전면에 나서게 됩니다.

흥선 대원군이 경복궁을 다시 지으면서 백성들의 불만이 커지는 등 대원군의 잘못이 계속되자, 왕비 민씨는 최익현으로 하여금 대원군이 물러나도록 주장하게 하여 뜻을 이루었어요(1873). 그 뒤 대원군의 통상 수교 거부 정책을 폐지하고, 일본과 외교를 맺는 강화도 조약을 체결했어요.

그러나 1882년 임오군란이 일어나자, 대원군이 다시 정권을 잡았어요. 왕비는 잠시 피신해 있다가 청나라 군대에 의해 군란이 진압되자 대원군을 몰아내고 정권을 다시 잡았어요.

1884년에 개화파가 갑신정변을 일으키자, 왕비는 청나라를 불러들여 3일 만에 개화파 정부를 무너뜨렸어요. 그러나 1894년에 일본의 간섭으로 갑오개혁을 하게 되자, 이번에는 러시아의 도움을 빌어 일본 세력을 내쫓으려고 했어요. 이에 주한 일본 공사 미우라 고로가 1895년 10월 일본 자객을 경복궁에 몰래 들여보내 왕비를 죽이고 시신을 불태웠어요. 이 사건을 바로 을미사변이라고 합니다. 1897년 조선이 대한 제국으로 이름을 바꾼 뒤 왕비 민씨를 '명성 황후'라 부르게 되었어요. 명성 황후의 무덤은 홍릉이에요.

임오군란은 어떤 사건인가요?
구식 군대의 군인들이 정부가 신식 군대인 별기군과 자신들을 차별 대우하며 월급도 미루며 주지 않자 불만을 품고 일으킨 난이에요.

➜ 강화도 조약, 고종, 흥선 대원군

몽골의 침입

1231년부터 1270년까지 일곱 차례에 걸쳐 몽골이 고려에 쳐들어온 일

13세기 초에 등장한 칭기즈 칸은 몽골족을 통일하고 중국에서 유럽 일부 지역에까지 이르는 대제국을 건설했어요. 이 과정에서 고려도 몽골의 침입을 받게 되었어요(1231). 몽골의 침입은 1270년 강화를 맺을 때까지 일곱 차례나 계속되었는데, 고려는 백성들과 관군이 하나가 되어 몽골군에 맞서 싸웠어요.

1차 침입 때는 귀주성에서 박서가 이끄는 군대가 몽골군에 맞서 끝까지 성을 지켰고, 충주 지방에서도 관노비와 백성들이 끝까지 싸워 성을 지켰어요. 또한 권력을 잡고 있던 최씨 무신 정권은 수도를 강화도로 옮겨 바다에 약한 몽골군에 대비했어요(1232).

1232년 몽골이 다시 쳐들어왔지만(2차 침입) 처인성에서 김윤후와 처인 부곡민이 몽골군 사령관 살리타를 죽이자, 몽골군은 돌아갔어요. 그 뒤 몽골은 금나라를 정복한 뒤 고려 정벌에 다시 나서 다섯 차례나 더 고려에 침입했어요. 하지만 고려를 끝내 함락시키지 못하고 1270년에 강화를 맺는답니다. 그동안 고려에서는 수많은 사람이 다치거나 죽고 논밭이 황폐해졌으며, 대구 부인사에 있던 초조대장경의 판목과 경주의 황룡사 구층 목탑 같은 수많은 문화재가 불타는 피해를 입었어요. 그러나 백성들은 끝까지 몽골에 저항했으며, 부처의 힘으로 몽골을 물리치고자 팔만대장경을 만들기도 했답니다.

➜ 몽골 제국, 충주성 전투, 칭기즈 칸, 팔만대장경

몽골 제국 1206~1368

13세기 초 칭기즈 칸이 세운 제국

1206년 칭기즈 칸이 몽골족을 통일하고 세운 나라예요. 금나라를 멸망시키고 중앙아시아를 정복한 뒤, 유럽까지 진출해 세계에서 가장 큰 제국을 건설했어요. 한자로 적으면 몽고(蒙古)예요. '몽골'은 용감한 사람이라는 뜻이에요.

칭기즈 칸이 죽은 뒤 몽골 제국은 킵차크한국, 오고타이한국, 차가타이한국, 일한국이 독립해 나갔으며, 몽골 본토와 중국을 지배하게 된 쿠빌라이는 나라 이름을 원(元)이라 바꾸고 대도(베이징)를 수도로 정했어요. 그리고 1279년에는 송을 멸망시켜 북방 유목 민족 최초로 중국 전체를 지배하게 되었답니다.

몽골 제국은 세계 최대의 제국을 건설한 데다 외래 문화에 개방적이어서 동서 문화 교류에 크게 공헌했어요. 그러나 몽골 제국은 우리나라까지 차지하려고 1231년부터 1270년까지 일곱 차례나 침입해 왔어요. 그리고 1270년에 강화를 맺은 뒤에는 80여 년 동안 고려의 정치에 간섭했답니다. 원은 1368년 명나라에 의해 멸망되었으며, 이후 몽골족은 몽골 고원으로 쫓겨나 부족 단위로 흩어져 살게 되었어요.

여기서 한국이란 '한' 즉 칸(군주)이 다스리는 지역이라는 뜻이야. '한(汗)'은 칸의 한자식 표현이지.

➜ 명, 송, 칭기즈 칸

몽촌 토성

초기 백제의 토성, 사적 제297호

몽촌 토성은 한강의 지류인 성내천 남쪽에 있는 초기 백제의 성이에요. 북쪽의 풍납 토성이 평지의 강가에 만들어진 것과는 달리, 몽촌 토성은 해발 45m 내외의 언덕을 이용하여 흙으로 성벽을 쌓고 나무 울타리를 세웠어요. 또한 성의 바깥에는 하천을 파서 물이 흐르게 하여 적의 침입을 막았답니다.

성이 세워진 시기는 풍납 토성보다 조금 늦은 3세기 초로 여겨지며, 성 안에 살았던 사람들의 수는 8000~1만 명 가량이었을 것으로 생각됩니다. 많은 학자들이 몽촌 토성을 풍납 토성과 함께 백제 초기의 도읍지인 위례성일 것으로 추측하고 있어요.

몽촌 토성

➜ 풍납 토성

무구 정광 대다라니경

세계에서 가장 오래된 목판 인쇄물, 국보 제126호

'무구정광(無垢淨光)'이란 더럽혀짐 없는 깨끗한 빛이라는 뜻이고, '다라니경(陀羅尼經)'은 부처님의 말씀을 요약한 경전이라는 뜻이에요. 《무구 정광 대다라니경》은 1966년 불국사 3층 석탑(석가탑) 2층에서 발견되었어요. 그때까지 세계에서 가장 오래된 목판 인쇄물로 알려져 있던 일본의 백만탑다라니경(770년경)보다 20여 년이나 앞서 인쇄된 것으로, 세계에서 가장 오래된 목판 인쇄물이랍니다. 현재는 국립중앙박물관에 보관되어 있습니다.

무구 정광 대다라니경

너비 8cm, 전체 길이 약 620cm의 닥나무 종이에 씌어 있어요. 탑을 잘 보존하고 공양하면 복을 얻고 부처가 될 수 있다는 내용이 담겨 있답니다.

무령왕릉

백제 무령왕과 왕비의 무덤, 사적 제13호

1971년 충청남도 공주 송산리에서 우연히 발견된 무령왕릉은 도굴의 피해를 전혀 입지 않아서 고분의 주인과 만든 연대를 분명하게 알 수 있어, 삼국 시대 고분 연구의 기준이 되고 있어요.

무령왕은 백제의 부흥을 꾀했던 임금답게 무덤도 웅장하고 화려해서 108종 2096개나 되는 유물들이 쏟아져 나왔답니다. 그리고 그중 12개가 국보로 지정되었어요. 무령왕릉은 다른 백제 무덤들과 달리 당시 중국에서 무덤을 만들던 방식인 벽돌무덤이에요. 안에서 중국 도자기와 중국 양나라의 돈이었던 오수

전이 나왔으며, 관은 일본 소나무인 금송으로 만들어졌어요. 이를 통해 무령왕 때 백제가 중국, 일본과 활발히 교류했음을 알 수 있습니다.

무령왕은 어떤 사람이었나요?

무령왕(재위 501~523)은 백제 제25대 왕이에요. 왕이 자란 시기는 백제가 고구려의 공격으로 위례성(한강 유역)을 잃고(475), 급히 도읍을 웅진(충청남도 공주)으로 옮긴 때였어요. 그래서 사회가 혼란하고 왕의 권위가 약했는데 무령왕은 왕이 된 뒤 귀족들의 반란을 진압하고 왕권을 강화했어요. 또 고구려의 침입을 막아 내고 중국의 문화를 받아들여 백제를 다시 발전시키기 위한 기틀을 다졌답니다.

왕비 신발

왕의 금제 장식

무령왕릉 내부

무용총

중국 지린성 지안현 퉁거우에 있는 고구려 무덤

무용총은 광개토 대왕릉비의 북서쪽 약 1km 지점에 있으며, 5세기 말에서 6세기 초에 만든 것으로 추측하고 있어요.

밑변 15m, 높이 3m 내외의 굴식 돌방무덤으로, 벽과 천장에는 사냥하는 장면, 춤추는 장면, 손님을 접대하는 무덤 주인의 실내 생활, 나무, 신선, 상상의 동물 등이 그려져 있답니다. 그중 널방 동벽에는 남녀가 대열을 짓고 노래에 맞추어 춤을 추는 모습이 그려져 있는데, 이 그림 때문에 무용총이란 이름이 붙었어요. 춤무덤이라고도 한답니다.

무용총 무용도

무용총 수렵도

➔ 고구려 고분 벽화, 굴식 돌방무덤

문무왕 626~681

삼국 통일을 완성한 신라의 제30대 왕(재위 661~681)

이름은 김법민이고, 태종 무열왕과 문명 왕후(김유신의 누이동생)의 맏아들이에요. 태자 시절인 660년 나당 연합군이 백제를 공격할 때, 김유신과 함께 5만 군대를 거느리고 전쟁에 나가 백제를 멸망시켰어요.

661년에 태종 무열왕이 죽자 왕이 되었고, 이듬해 당나라와 연합해 고구려를 공격했지만 이기지 못했어요. 그 뒤 복신·도침 등이 백제를 되찾고자 하는 움직임을 막았으며, 668년에는 다시 나당 연합군을 만들어 고구려를 멸망시켰어요.

그러나 당나라가 고구려의 옛 땅은 물론 백제의 옛 땅까지도 뺏으려 하자, 문무왕은 김유신에게 당나라 세력을 몰아내라고 명령했어요. 뿐만 아니라 고구려 출신 사람들이 옛 백제 땅에서 나라를 세우도록 한 뒤 당과 싸우게 하는 등 여러 방법으로 당나라에 대항했답니다

그리하여 마침내 676년, 문무왕은 당의 세력을 완전히 몰아내고 대동강에서 원산만 이남에 이르는 땅을 차지해 삼국 통일을 이루었어요. 그 뒤 문무왕은 넓어진 영토와 늘어난 인구를 잘 다스리기 위해 애썼으며, 당의 문화를 받아들이는 데도 힘썼답니다.

문무 대왕릉(경상북도 경주시 양북면 앞바다)

문무왕은 죽어서도 나라를 지키겠다고 자신의 무덤을 동해 바닷가에 만들었어요.

➔ 김유신, 김춘추, 나당 전쟁

문익점 1329~1398

목화씨를 숨겨온 고려의 학자

1360년(공민왕 9) 문과에 합격했고, 1363년(공민왕 12) 원나라에 사신으로 갔어요. 원나라에서 목화를 발견하고 귀국할 때, 목화씨를 얻어 왔어요. 그러나 문익점이 심은 목화씨는 모두 죽고 장인인 정천익이 심은 목화씨에서만 겨우 한 그루가 자라났답니다.

그 뒤 목화의 씨를 빼는 기구인 씨아와 목화솜에서 실을 뽑는 물레가 만들어져 무명을 짤 수 있었어요. 목화 재배는 전국으로 퍼져 나갔고 우리 조상들은 무명(면)으로 옷을 해 입고 목화솜 이불을 덮을 수 있게 되었어요.

문익점은 죽은 뒤 조선 세종 때 영의정이라는 벼슬과 강성군이라는 시호를 받았어요. 호는 삼우당이에요.

문화재

조상들이 남긴 문화유산 중에서 보존할 만한 가치가 있는 것

문화재는 유형 문화재·무형 문화재·기념물·민속 자료로 분류할 수 있답니다.

구분	뜻
유형 문화재	성곽·탑·건축물·책·옛 문서·그림·조각처럼 일정한 형태가 있는 것으로, 역사상 또는 예술상 가치가 큰 것
무형 문화재	연극·음악·무용·공예 기술처럼 일정한 형태가 없는 것으로, 역사상 또는 예술상 가치가 큰 것
기념물	조개더미·고분·성터·궁터·절터처럼 사적지, 명승지와 동물·식물·광물·동굴 중 가치가 큰 것
민속 자료	의식주·생업·신앙·연중 행사에 관한 풍속, 그 밖의 습관과 옷·집 등 민족의 생활 모습을 이해하는 데 필요한 것

종류와 가치에 따라 국보·보물·사적·명승·천연 기념물·중요 무형 문화재·중요 민속 자료로 지정되기도 하지요.

구분	뜻
국보	보물에 해당하는 문화재 중 가치가 매우 큰 것 (예 : 숭례문, 훈민정음)
보물	유형 문화재 중 중요한 것 (예 : 흥인지문, 대동여지도)
사적	기념물 중 유적·제사·신앙·정치·국방·산업·토목·교육·분묘·비로서 중요한 것 (예 : 수원 화성, 경주 포석정터)
명승	기념물 중 경승지로 중요한 것 (예 : 강원도 강릉시 청학동 대관령의 소금강)
천연 기념물	기념물 중 동물(서식지·번식지·도래지 포함), 식물(자생지 포함), 지질·광물로서 중요한 것 (예 : 달성의 측백수림, 노랑부리백로)
중요 무형 문화재	무형 문화재 중 중요한 것 (예 : 종묘 제례악, 양주 별산대놀이)
중요 민속 자료	의식주·생산·생업·교통·운수·통신·교역·사회 생활·신앙·민속·예능·오락·유희로서 중요한 것 (예 : 덕온 공주 당의, 안동 하회 마을)

국보와 보물은 어떤 차이가 있나요?

국보는 보물로 지정될 가치가 있는 것 중에 제작 연대가 오래되고 시대를 대표하거나, 드물고 우수하며 특별하거나, 역사적 인물과 관련이 있는 것을 국가에서 지정한 문화재입니다.
보물은 국보처럼 시대를 대표하거나 특별한 것이 아니더라도 또 역사적 인물과 관련이 없더라도, 유형 문화재 중에서 역사·학술·예술·기술 가치가 국보 다음으로 큰 것을 국가에서 지정한 문화재입니다.

미소 공동 위원회

모스크바 3상 회의에 따라 한국 문제를 해결하려고 만든 미국과 소련의 대표자 회의

제2차 세계 대전이 끝나고, 1945년 12월에 모스크바에서 미국, 영국, 소련의 세 나라 외무 장관이 한국 문제에 대해 회의를 열었어요(모스크바 3상 회의). 이 회의에서 한국에 임시 민주주의 정부를 수립하는 데 생기는 여러 문제를 해결하고자 만든 것이 미소 공동 위원회예요.

1946년과 1947년에 두 차례 열렸지만, 한국 임시 정부 수립에 어떤 단체를 참여시킬 것인가 하는 문제를 놓고 미국과 소련이 대립하다 아무런 결실 없이 끝나고 말았어요. 그러자 미국은 한국의 독립 문제를 국제 연합으로 넘겼답니다.

미소 공동 위원회

➜ 국제 연합

민무늬 토기

청동기 시대에 쓴 무늬가 없는 토기

청동기 시대 사람들은 큰 강가나 바닷가에서 살았던 신석기 시대 사람들과 달리 야산이나 구릉 지대에서 살았어요. 따라서 밑이 뾰족한 빗살무늬 토기보다는 밑바닥이 평평한 토기를 쓰게 되었는데, 그중에서도 민무늬 토기를 많이 만들어 썼어요. 민무늬 토기란 무늬가 없는 토기라는 뜻으로, 3000년 전부터 만주와 한반도에서 널리 쓰기 시작했어요.

청동기 시대에는 토기 굽는 기술도 더 발전했을 텐데, 왜 더 예쁘게 안 만들고 무늬를 없앴을까요?

신석기 시대에 빗살무늬를 새겨 넣은 건, 토기가 갈라지는 것을 막으려는 이유도 있었어. 청동기 시대에는 밀폐된 가마에서 높은 온도로 단단히 구워 낼 수 있었기 때문에 무늬를 새길 필요가 없었던 거지.

민영환 1861~1905

을사늑약의 부당함을 알리며 목숨을 끊은 순국지사

명성 황후의 조카로 1905년에 을사늑약이 체결되자 여러 관리들을 이끌고 이를 반대했어요. 일본 헌병들이 이를 강제로 해산시키자, 다시 상소를 하기로 의논했어요. 하지만 더 이상 돌이킬 수 없다고 생각하고 죽음으로 저항해 국민을 깨우칠 것을 결심하고, 스스로 목숨을 끊었답니다. 민영환의 자결 소식을 들은 많은 인사들이 뒤이어 목숨을 끊었고, 전국 곳곳에서 의병이 일어났습니다.

➜ 을사늑약

민족 대표 33인

3·1 운동 때 독립 선언서에 서명한 33명의 민족 대표

민족 대표는 천도교, 기독교, 불교 등 종교별로 대표자를 선정했어요. 손병희, 이승훈, 한용운을 비롯한 민족 대표들은 1919년 3월 1일 낮 12시에 태화관에서 독립 선언서를 발표하고 대한 독립 만세를 외쳤어요.

불교계 대표 한용운
천도교 대표 손병희
크리스트교 대표 이승훈

➜ 3·1 운동

민족 자결주의

각 민족은 자신의 정치 운명을 스스로 결정할 권리가 있다는 주장

민족 자결권은 식민지가 되어 억압받는 민족이 다른 나라의 지배에서 벗어나 독립 국가를 세울 수 있는 권리를 말해요. 그래서 독립운동이 올바르다고 주장할 수 있는 근거가 되었어요. 민족 자결주의는 미국의 윌슨 대통령이 주장한 것으로, 제1차 세계 대전이 끝나고 전쟁 뒷마무리를 하려고 연합군 국가 대표들이 모였던 파리 평화 회의에서 수용했어요. 우리나라에서 3·1 운동이 일어나는 데도 큰 영향을 끼쳤답니다.

민족 자결주의의 영향으로 우리나라뿐 아니라 많은 식민지 국가들이 독립을 이룰 수 있었어요.

→ 3·1운동

민화

조선 후기에 일반 백성들이 그린 그림

민화는 대부분 그림에 소질은 있지만 정식 그림 교육을 받지 못한 평민이나 천민들이 그렸습니다. 민화를 그리는 화가들은 꽃·새·물고기·까치·십장생·산수·풍속·옛이야기·책거리·생활 용품·무속처럼 자연과 생활에서 흔히 볼 수 있는 것들을 그렸어요.

민화 속에는 복을 빌며 출세를 바라는 마음이 들어 있답니다. 그림의 구성이 파격적이고 대상물을 익살스럽게 표현하거나 특징을 과장해서 그리는 것이 특징이에요.

책거리

호랑이와 까치

박연 1378~1458

조선 초기의 문신·음악가

박연은 세종 때 국악을 발전시키는 데 크게 이바지했어요. 세종의 명령을 받고 고려 때부터 전해 오던 아악(궁중 음악)을 정리했고, 아악의 악보도 편찬했답니다. 또한 편경과 편종을 새롭게 만들어 정확한 음률로 아악을 연주할 수 있게 했어요. 뿐만 아니라 종묘 제례악에 쓸 악기를 만들어 제례악을 완성하기도 했답니다.

박연은 고구려의 왕산악, 신라의 우륵과 함께 우리나라 3대 악성이지요.

➜ 세종, 종묘

박영효 1861~1939

변절한 개화파 정치가

철종의 딸 영혜 옹주와 결혼해 임금의 사위가 되었으며 갑신정변과 갑오개혁을 주도하였어요. 하지만 국권을 빼앗긴 뒤 일제에게서 후작 작위를 받았고, 1939년에는 일제의 지배 기구인 조선 총독부의 여러 관직을 거치며 일본에 협조하는 친일파로 변절했습니다.

➡ 갑신정변, 갑오개혁, 조선 총독부

박정희 1917~1979

군인·정치가로 대한민국의 제 5·6·7·8·9대 대통령

해방되기 전까지 만주국 장교로 활동한 박정희는 해방 후 국내로 들어와 육군 대위가 되었고, 6·25 전쟁 후에는 장군으로 승진했어요. 1961년 5·16 군사 정변을 일으켜 1963년 제5대 대통령이 되었어요. 1967년 대통령에 다시 당선된 뒤 대통령에 세 번 당선되는 것을 금지하는 헌법 조항을 폐지하고 1971년 제7대 대통령이 되었어요. 또한 '한·일 국교 정상화'와 '베트남 파병 문제'를 국민의 반대에도 불구하고 강행했답니다.

1972년 10월에는 국회를 해산시켰으며, 정당 활동을 금지하고 전국에 계엄령을 선포했어요. 그리고 국민들이 직접 대통령을 뽑는 것이 아니라 통일 주체 국민 회의 의원들만 모여 대통령을 뽑는 '유신 헌법'을 제정하고, 이 헌법에 따라 제8대 대통령이 되었어요. 이런 유신 체제는 박정희가 영원히 대통령을 할 수 있게 하는 체제였어요. 뿐만 아니라 대통령에게 막강한 권한을 줌으로써 박정희에게 독재의 길을 열어 주었답니다. 따라서 이 체제 아래 민주주의는 크게 후퇴했어요.

한편 박정희는 새마을 운동을 일으켰고, 경제 개발 계획을 실시해 국민들이 가난에서 벗어나도록 이끌었어요. 그러나 부자는 더 부자가 되었지만 가난한 사람은 여전히 가난했어요. 또 아무리 억눌러도 유신 체제에 반대하는 민주화 운동이 계속되자 긴급 조치를 발표해 더 심하게 탄압했어요.
유신 체제에 저항하는 '부마 민주 항쟁'이 절정을 이루던 때인 1979년 10월 26일, 측근이던 중앙정보부장 김재규가 쏜 총탄에 맞고 죽었어요(10·26 사태).

➜ 새마을 운동, 5·16 군사정변, 10·26 사태

박지원 1737~1805

조선 정조 때의 실학자·소설가로 북학파의 거장

박지원의 사상은 박제가, 유득공에게 영향을 미쳐 북학파를 이루었어요. 북학 사상으로 알려진 그의 주장은 청의 발달한 문물을 적극 받아들여 조선의 문물 제도를 개혁해야 한다는 것이었어요.

박지원은 청나라를 여행하고 쓴 기행문인 《열하일기》에서 청나라의 생활 풍습을 소개하고 조선의 문물 제도를 개혁할 것을 주장했어요. 또한 〈양반전〉·〈허생전〉 같은 소설을 써서, 양반들의 부패한 생활을 비판했답니다.

뿐만 아니라 서양의 근대 과학 기술에도 관심이 많아 홍대용과 함께 지동설을 주장하기도 했어요. 저서로는 《연암집》·《과농소초》와 한문 소설인 〈허생전〉·〈호질〉·〈양반전〉이 있답니다.

➜ 북학파, 실학

박혁거세 기원전 69~기원후 4

신라를 세운 사람(재위 기원전 57~기원후 4)

《삼국유사》에 따르면 한반도의 남동쪽에 있던 진한 땅 중 경주 지방에는 모두 여섯 개의 마을이 있었다고 해요. 이 여섯 마을의 촌장이 덕이 있는 사람을 찾아 임금으로 모시기로 한 뒤, 나정이라는 우물가에서 알을 발견했어요. 촌장들이 알을 건드리자 껍질이 갈라지면서 사내아이가 나왔고 촌장들은 하늘에서 임금을 보내 주었다고 생각하면서 세상을 밝게 한다는 뜻으로 혁거세라고 이름 지었답니다. 혁거세는 무럭무럭 자라서 기원전 57년에 나라를 세우고 서라벌이라 이름 지었어요. 서라벌은 지증왕 때인 503년에 신라로 이름을 바꾸었어요.

박혁거세는 왕이 된 뒤 6부를 돌며 백성들에게 농사와 누에 치는 것을 적극 장려하여 백성들이 넉넉하게 살 수 있도록 이끌었어요(기원전 41). 또한, 수도에 금성을 쌓고(기원전 37) 궁궐을 지어(기원전 31) 나라의 기틀을 마련했답니다. 박혁거세는 61년 동안 나라를 잘 다스리다가 기원후 4년에 73세로 세상을 떠났어요.

박혁거세와 그 부인에게는 신비한 이야기가 전해져 내려온답니다. 박혁거세는 신비한 알에서 태어났고, 그 알이 박처럼 커서 성을 박(朴)이라고 했대요. 또 부인인 알영은 기원전 53년 경주 사량리의 알영이라는 우물에 용이 나타났을 때, 그 용의 갈빗대에서 태어났다고 합니다.

이러한 이야기들은 신라가 하늘 신의 후손임을 주장하는 부족(알, 말로 상징), 즉 북쪽에서 새로 이사 온 기마 민족과 이미 경상도 지역에 뿌리내리고 있던 땅신 부족(우물, 닭으로 상징)이 힘을 합쳐 세운 나라라는 것을 나타내기 위한 것입니다.

고구려의 시조 주몽과 신라의 시조 박혁거세는 모두 알에서 태어났다고 전해 오는데, 알에서 태어났다는 것은 그들이 하늘이 낸 위대한 인물이라는 것을 강조하기 위함이랍니다.

➜ 신라

반달 돌칼

청동기 시대에 곡식을 거둘 때 사용한 간석기

반달 돌칼은 신석기 시대 후기부터 쓰기 시작하여 청동기 시대에 가장 많이 사용한 농사 도구예요. '칼'이라는 말 때문에 물건을 베거나 자르는 데 쓰는 도구라고 생각하기 쉽지만 사실은 이삭을 따는 도구랍니다. 위쪽 부분의 구멍은 손목에 걸거나 손가락에 쥐고 쓸 수 있도록 끈을 꿰는 부분이고, 날은 아래쪽에 있어요.

초기에는 둥근 날이, 후기에는 삼각형 날이 쓰였어요. 청동기 시대의 유적에서는 이러한 반달 돌칼이 많이 나오고 있어, 농사를 활발히 지었다는 것을 짐작할 수 있게 한답니다.

➜ 청동기 시대

발해 698~926

대조영이 고구려의 옛 땅에 세운 나라

발해는 고구려가 멸망한 지 30년 뒤, 대조영이 고구려 유민과 말갈족을 이끌고 세운 나라예요. 처음에는 나라 이름을 진(震)이라 했지만 713년부터는 발해라는 이름을 썼어요. 고구려를 계승했으며 한때는 해동성국(바다 건너 동쪽의 융성한 나라라는 뜻)으로 칭송될 정도로 동북아시아의 강대국으로 우뚝 섰어요.

발해가 가장 발달했던 때는 9세기 전반 선왕 때예요. 그때 발해의 영역은 북쪽으로 헤이룽강, 동쪽으로 연해주, 서쪽으로 요동, 남쪽으로는 영흥 지방까지 이르러, 고구려의 옛 땅을 대부분 되찾았답니다. 그러나 9세기 후반부터 쇠약해져 926년에 거란에게 멸망당했어요. 발해가 신라와 함께 있었던 시기를 '남북국 시대'라고도 한답니다.

동모산에서 건국했지만 곧 상경 용천부(헤이룽장성 닝안현)로 도읍을 옮겼어요.

➜ 거란, 고구려, 대조영

발해 석등

상경 흥륭사 터에 있는 발해의 불교 문화재

발해 석등은 옛 발해의 수도였던 상경 제1절 터(중국 헤이룽장성 닝안현)에서 나온 것으로, 높이 약 6.3m의 거대한 현무암 석등(돌로 만든 등)이에요. 이 석등은 거대하지만 안정감 있고 균형 잡힌 모습을 하고 있어 발해 미술의 멋을 보여 주고 있어요. 또한 석등의 팔각 구조와 배흘림 기법처럼 만든 배부른 기둥, 화사석에서 연상되는 팔각 정자의 모습은 고구려의 건축 양식을 계승한 것이에요.

석등에 조각되어 있는 연꽃 무늬가 강하고 힘찬 것 또한 고구려 미술의 특징이어서, 발해가 고구려 문화를 잇고 있음을 잘 보여 준답니다.

➜ 발해

백제 기원전 18~기원후 660

삼국 시대에 한반도 서남 지역에서 발전한 나라

백제는 기원전 18년에 온조가 한강 유역의 위례성에 도읍을 정하고 세운 나라예요. 처음에는 나라 이름을 십제(十濟)라 했으나 세력이 커지면서 백제로 고쳤답니다. 백제의 초기 지배층은 고구려 계통의 이주민이었고, 기름진 평야 지대라는 좋은 자연 환경을 가지고 있어 다른 나라보다 빨리 발전할 수 있었어요.

백제가 실제 나라의 틀을 마련한 것은 고이왕(재위 234~285) 때로, 한강 주변을 통합하고 율령(법률)을 발표해 정치 체제를 다듬었어요. 근초고왕(재위 346~375)은 이를 바탕으로 마한 지역을 통합하고, 중국 요서 지방과 산둥 반도, 일본 규슈까지 진출해 해상 왕국을 이루었답니다. 뿐만 아니라 서해를 통해 중국

문화를 받아들여 세련되고 우아한 문화를 만들어 냈으며, 이것을 일본에 전해 일본의 고대 문화가 만들어지는 데 큰 영향을 끼쳤어요.

그러나 5세기에 고구려 장수왕의 공격으로 위례성이 함락되고(475) 웅진(충청남도 공주)으로 도읍을 옮겼으며, 성왕 때 다시 사비(충청남도 부여)로 수도를 옮겨(538) 나라를 부흥시키려 했어요. 나라 이름도 한때 남부여라 했답니다. 성왕은 또 신라와 힘을 합쳐 고구려에게 빼앗긴 한강 하류 지역을 되찾았지만(551), 곧 신라에게 되찾은 지역을 빼앗기고 말아요. 게다가 약속을 어긴 신라군을 공격하다 관산성에서 죽고 만답니다.

그 뒤 무왕과 의자왕 때 백제는 다시 한 번 부활을 꿈꾸지만 660년 당나라 소정방이 이끄는 13만 대군과 김유신이 이끄는 5만 군대의 공격에 밀려 사비성이 무너지고 말았어요. 이로써 백제는 31왕, 678년 만에 멸망했답니다. 의자왕이 항복한 뒤 흑치상지·복신·도침이 백제를 되찾으려는 운동을 일으켰지만 모두 실패하고, 백제는 당나라가 설치한 웅진 도독부에 의해 잠시 다스려지다 신라의 영토가 되었어요.

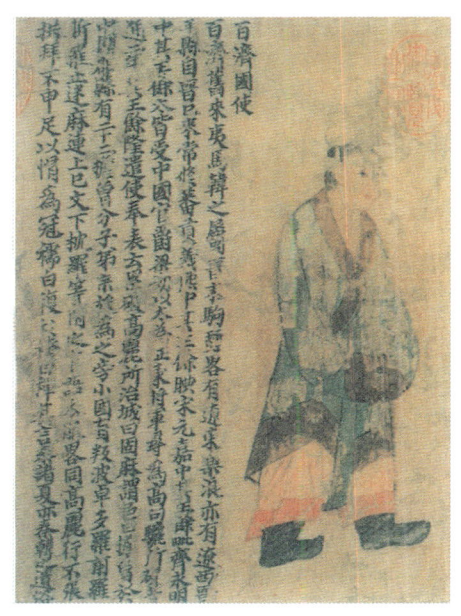

백제 사신도

➜ 근초고왕, 당, 온조, 의자왕, 장수왕

백제 금동 대향로

7세기 초에 만들어진 백제의 향로, 국보 제287호

1993년 백제 왕실 무덤 지역인 부여 능산리 고분 근처 절터에서 발굴되었어요. 향로에 조각된 봉황이나 용으로 보아 백제 왕실이 국가적 종교 의식을 치를 때 사용하던 것이 아닐까 짐작하고 있답니다.

중국의 향로 형식을 바탕으로 하였지만 높이 61.8cm, 무게 11.85kg이나 되는 큰 향로로 더욱 정교하게 만들어졌으며, 동북아시아에서 출토된 향로 중 가장 아름다운 걸작으로 평가받고 있어요.

용으로 된 받침 부분과 연꽃이 새겨진 아랫부분, 신선이 살고 있다는 봉래산으로 이루어진 뚜껑, 산꼭대기에 내려앉은 봉황으로 구성되어 있는데, 연꽃은 불교에서 깨달음을 상징하는 것이고, 신선은 도교에서 이야기되는 것이어서 백제인의 정신 세계를 짐작하게 하는 귀중한 문화유산입니다.

신선들이 산다는 크고 작은 산봉우리(박산)들이 조각되어 있어 박산향로라고도 해요. 연기는 봉황의 가슴과 뚜껑에 뚫려 있는 12개의 구멍으로 피어 오르도록 만들어졌어요.

법흥왕 ?~540

율령을 반포하고 불교를 승인한 신라 제23대 왕

법흥왕은 왕위에 오른 뒤 군사에 관한 일을 담당하는 부서인 병부를 새롭게 만들어 왕 밑에 둠으로써 왕의 권한을 강화시키고, 나라를 다스리는 법률 체계인 율령과 관리들의 공복(공식 복장)을 정해 국가의 질서를 체계적으로 만들었어요.

또한 불교를 공식적으로 인정해 백성들의 마음을 하나로 모으고자 했는데, 이 과정에서 이차돈이 순교하게 돼요(527). 531년에는 귀족 대표로 하여금 '상대등'이라는 벼슬을 맡게 하여 나랏일을 관리하게 함으로써 귀족 세력과 타협하고 왕권을 안정시켰어요.

이러한 나라 안의 안정을 바탕으로 법흥왕은 금관가야를 정복하고 낙동강 유역까지 진출했으며(532), 건원(建元)이라는 독자적인 연호를 썼답니다(536).

벽란도

예성강 하류에 있던 고려 시대의 국제 무역항

벽란도는 고려의 수도인 개경에 가깝고 물이 깊어 배가 자유로이 드나들 수 있었으므로 무역항으로 크게 발전했어요. 고려 중기부터 송나라 상인은 물론 일본과 멀리 아라비아 상인들까지 드나들었답니다. 우리나라가 '코리아(Corea)'라는 이름으로 서양에 알려지게 된 것도 이때예요.

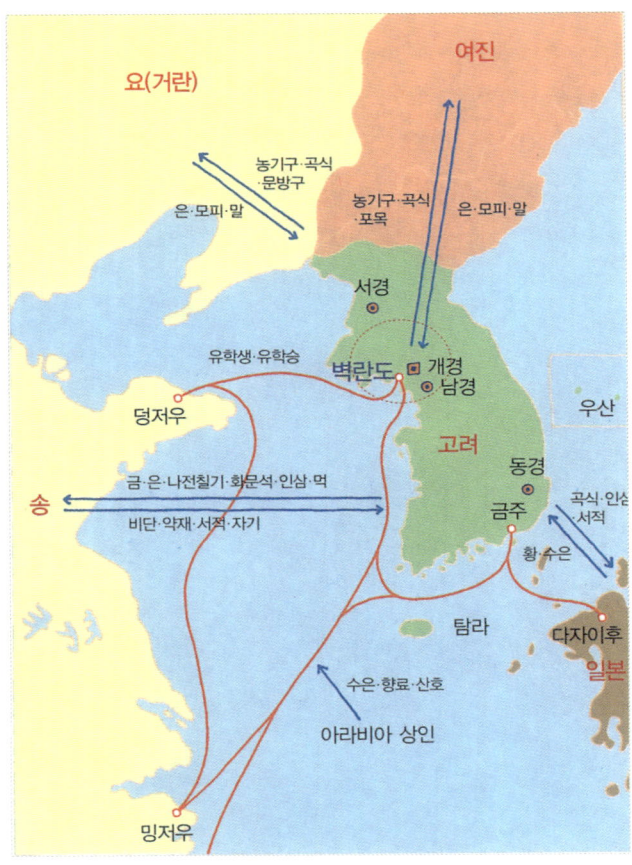

고려의 무역 활동

별기군

조선 고종 18년(1881)에 만든 최초의 신식 군대

조선은 강화도 조약 이후 근대 문물을 받아들이기 위해 개화 정책을 추진했어요. 특히 외세의 침입을 막기 위한 신무기 도입과 군대 개혁에 관심이 많았던 고종은 1881년 우리나라 최초의 신식 군대인 별기군을 창설했어요.

별기군은 일본인 군사 교관이 일본에서 들여온 새로운 무기로 훈련시켰어요. 구식 군인들보다 나은 대우를 받았고, 그때 사람들은 이들을 왜별기라고 비꼬아 불렀어요. 구식 군인들에 대한 차별 대우는 1882년에 구식 군인들의 난(임오군란)이 일어나는 원인이 되었어요.

➔ 강화도 조약, 고종, 명성 황후

병인양요 1866

흥선 대원군의 천주교 탄압을 구실로 삼아 프랑스가 강화도에 침범한 사건

병인양요란 병인년(1866)에 서양인들이 쳐들어와 나라를 어지럽게 만든 일을 말해요. 1866년 초에 흥선 대원군은 천주교를 금지하며 프랑스 신부와 조선인 천주교 신자 8000여 명을 처형했어요(병인박해). 이때 프랑스 선교사 12명 중 9명이 잡혀 처형되었어요. 살아남은 프랑스 선교사인 리델은 중국으로 탈출해 프랑스 함대 사령관 로즈 제독에게 이 소식을 알렸어요. 로즈 제독은 군함 일곱 척에 해군 600명을 태우고 강화도 갑곶에 상륙해 강화성을 점령했어요. 프랑스군은 프랑스인 선교사를 죽인 책임자를 엄벌하고 통상 조약을 체결하라며 조선 정부를 위협했어요.

하지만 프랑스군은 문수산성을 정찰하려다 한성근 부대의 공격을 받아 27명이 죽거나 다치게 돼요. 또 강화도 남쪽의 삼랑성(정족산성)을 공격하려다 미리 숨어서 기다리던 양헌수 부대의 공격을 받아 6명이 죽고 수십 명이 다친 채 간신히 갑곶으로 도망갔어요. 프랑스군의 사기는 크게 떨어졌고, 로즈 제독도 조선을 침략하는 것이 무모하다는 것을 깨닫고 물러갔어요. 이때 프랑스군은 외규장각에 보관되어 있던 조선의 많은 책과 금은보화를 훔쳐 갔어요.

이 싸움은 우리나라 역사상 처음으로 서양 제국주의 침략 세력을 물리쳤다는 점에서 역사적 의미가 크다고 할 수 있어요. 그 뒤 대원군은 척화비까지 세우며 통상 수교 거부 정책을 강화했어요.

외규장각 서적은 지금 어디에 있나요?

프랑스군은 철수할 때 강화도 외규장각에 보관되어 있던 345권의 귀중한 서적과 은괴 19상자 등을 훔쳐 갔어요. 이때 훔쳐 간 여러 책들은 프랑스 국립 도서관에 보관되어 있어요. 우리나라는 프랑스에 병인양요 때 가져간 도서를 반환해 줄 것을 지속적으로 요구했어요. 결국 2011년 외규장각 서적은 프랑스에서 5년마다 빌려 오는 형식으로 우리나라에 돌아왔어요.

➜ 척화비, 천주교, 흥선 대원군

병자호란 1636.12~1637.1

청나라가 조선을 침략해 일으킨 전쟁

임진왜란 후 중국에서는 누르하치가 여진을 하나로 통합해 후금을 세워 명나라를 위협했고 이에 명은 후금을 물리치기 위해 조선에 군사 지원을 요청했습니다. 하지만 광해군은 명과 후금 사이에서 신중하게 중립 외교를 하며 전쟁에 휘말리지 않으려고 했지요.

그러나 광해군이 쫓겨나고 인조가 왕이 되면서 조선은 명을 가까이 하고 후금을 멀리했어요. 이에 후금은 조선에 쳐들어왔고 조선과 후금이 형제 관계를 맺는다는 조건으로 물러갔습니다(정묘호란, 1627). 그 뒤에 후금은 나라 이름을 청으로 고치고 형제의 관계를 임금과 신하의 관계로 바꾸자고 했어요. 조선이 거절하자 청나라는 조선을 침입해 병자호란이 일어났어요.

병자호란 때 청나라는 10만 대군을 몰고 쳐들어왔고, 한양은 청나라 군대에게 점령당했어요. 인조 임금은 신하들과 함께 남한산성으로 들어가 45일 동안이나 싸웠으나 결국 삼전도에서 항복하게 되었어요. 싸움이 끝나고 나서 소현 세자와 봉림 대군은 인질로 청나라에 잡혀갔어요. 또한, 청나라를 반대했던 신하들과 백성들도 잡혀갔답니다. 병자호란 뒤 조선은 명나라와 외교 관계를 끊고 청나라를 황제의 나라로 섬기게 되었어요. 뿐만 아니라 두 차례에 걸친 청나라의 침입으로 피해가 매우 컸답니다. 특히 청나라에 인질로 끌려갔다 돌아와서 왕이 된 봉림 대군(효종)은 청을 치려고 계획했지만 뜻을 이루지는 못했어요.

➜ 명, 북벌론, 청

봉수 제도

횃불(봉 烽)과 연기(수 燧)로 나라의 위급한 일을 알리던 통신 방법

옛날에는 나라에 위급한 일이 생겼을 때, 멀리서도 볼 수 있는 높은 산에 올라 낮에는 연기로, 밤에는 횃불로 알렸어요. 이런 통신 방법은 매우 오래된 것으로 삼국 시대부터 있었는데, 조선 세종 때에는 제도로 잘 갖추어지고 발전했어요. 위급한 정도는 횃불의 수를 보고 알 수 있었어요. 평상시에는 횃불을 한 개, 적이 나타나면 두 개, 적이 국경에 접근하면 세 개, 국경을 넘어오면 네 개, 전투가 벌어지면 다섯 개를 올렸다고 해요.

횃불을 밝히려고 높은 산에 설치한 시설을 봉수대라고 해요. 조선 시대에는 전국에 670여 개의 봉수대가 있었는데, 서울 남산에 있는 봉수대가 종점이었어요. 봉수 제도는 전신과 전화 같은 근대적인 통신 방법이 쓰이면서 1894년 갑오개혁 때 폐지되었어요.

날씨가 안 좋을 때는 어떻게 하나요?
안개·구름·비·바람으로 횃불이나 연기를 볼 수 없을 때에는 직접 다음 봉수대까지 달려가서 위급한 상황을 알렸대요.

봉오동 전투 1920

홍범도 장군이 이끄는 독립군이 일본군을 크게 무찌른 전투

1920년에 홍범도 장군이 이끄는 대한 독립군이 두만강을 넘어 일본군 초소를 공격했어요. 이 소식을 들은 일본군은 반격에 나섰어요. 그 가운데 일본군 1개 대대는 독립군을 추격해 봉오동까지 다가왔어요. 이 보고를 받은 홍범도 장군은 봉오동의 주민을 대피시키고 포위망을 짠 다음, 일본군을 유인해 오도록 했어요. 일본군이 봉오동 골짜기의 독립군 포위망 속으로 들어오자 독립군은 3면에서 한꺼번에 총을 쏘았어요. 일본군은 세 시간쯤 반격하다가 많은 희생자를 내고 후퇴했답니다.

이 싸움에서 일본군은 150여 명이 죽고, 300여 명이 다쳤지만, 독립군은 4명이 죽고, 2명이 다치는 정도였어요. 기세가 오른 독립군은 이후 벌어진 청산리 전투에서 크게 승리했습니다. 이로써 독립군뿐만 아니라 독립운동가와 동포들의 사기가 크게 높아졌고, 독립군의 세력이 더욱 강해졌어요. 이 싸움에서 진 것에 충격을 받은 일본군은 대규모의 독립군 공격 계획을 세우게 되지요.

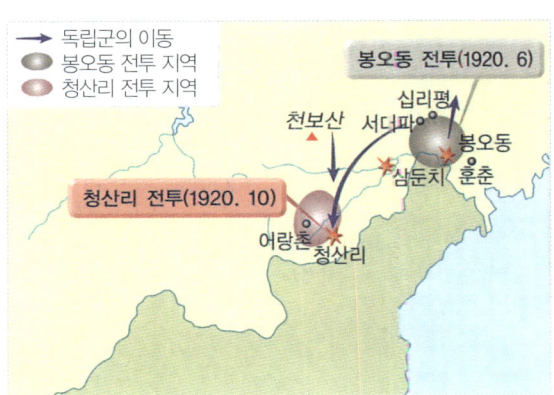

➜ 홍범도

부소산성

충청남도 부여에 있는 백제 시대의 산성, 사적 제5호

부소산성은 백마강 남쪽 부소산을 감싸고 쌓은 산성으로 사비성이라고도 해요. 사비성(부여)은 538년 백제 성왕이 웅진(공주)에서 도읍을 옮긴 후 백제가 멸망할 때까지 123년 동안 백제의 도읍이었던 곳으로, 약 1만 가구가 살았다고 해요. 백제 왕실은 왕궁을 보호하기 위해 부소산 정상을 중심으로 다시 한 번 부소산성을 쌓았으며, 궁궐 밖 백성들이 사는 곳에도 반달 모양으로 나성을 쌓았어요.(부소산성 동문~금강 변).

부소산성은 평상시에는 왕과 귀족들이 백마강과 부소산의 아름다운 경치를 바라보며 즐기는 곳이었지만, 전쟁이 일어나면 최후의 방어를 하던 곳이었어요. 지금도 산성 안에는 영일루, 사비루, 고란사, 낙화암 등과 함께 군사들이 묵던 건물터와 식량을 보관하던 창고 자리가 남아 있답니다.

나성이란 무엇인가요?

백성들이 사는 마을을 둘러싸는 외성이에요. 처음에 도성은 왕궁 혹은 관청을 포함한 왕성(내성) 뿐이었으나, 삼국 시대 후기부터는 백성이 사는 마을까지도 둘러싸는 나성(외성)이 만들어졌어요. 고구려의 평양성·백제의 사비성·신라의 금성·고려의 개경이 모두 내성과 외성의 이중 구조로 되어 있었답니다.

부여 기원전 3세기~기원후 494

예맥족이 북만주 지역을 중심으로 세웠던 나라

부여는 기원전 3세기 즈음에 쑹화강 근처의 넓은 평야 지대(중국 지린성 일대)에서 일어났으며 농사와 목축이 발달했어요. 부여라는 이름은 사슴, 또는 넓은 벌판이라는 뜻이랍니다.

2세기 무렵 부여는 한나라와 무역을 하는 한편 한나라와 주변 집단 사이에서 중계 무역을 해 만주 지역에서 가장 부강한 나라가 되었어요. 그래서 3세기 쯤에는 사방 2000리나 되는 땅에 8만여 가구의 사람들이 살았답니다. 그러나

285년 선비족 모용외가 쳐들어온 후 346년에 전연(선비족이 세운 나라)이 또 공격해 오자 매우 약해졌어요. 그 뒤 부여는 국력을 되찾지 못하고 결국 494년 부여 왕실이 고구려에 항복함으로써 완전히 멸망하게 돼요.

부여는 왕이 있긴 했지만, 마가(말), 우가(소), 저가(돼지), 구가(개)와 같이 가축의 이름을 관직으로 한 관리들이 자신들의 출신지를 하나씩 맡아 다스렸어요. 왕의 권한은 매우 약해 가뭄이나 장마로 농사가 제대로 되지 않으면 왕을 바꾸거나 죽이기도 했답니다. 흰옷을 즐겨 입었으며, 12월이면 '영고'라 하여 온 나라가 하늘에 제사를 지내며 며칠씩 춤추고 노래하며 즐겼어요. 또 지배층이 죽으면 신하와 아내, 종을 함께 묻는 순장이라는 장례 풍습이 있었어요.

고구려와 백제의 건국 신화를 보면 부여는 이 두 나라의 뿌리라고 할 수 있어요. 고구려를 세운 주몽은 부여 금와왕의 둘째 부인인 유화의 아들이고, 백제를 세운 온조왕은 주몽의 아들이기 때문이에요.

➜ 고구려, 백제

북벌론

조선 시대 효종과 숙종 때 일어났던, 청나라를 치자는 주장

북벌론은 17세기에 중국에서 명이 몰락하고 청이 들어서던 시기에, 청나라를 오랑캐의 나라로 보고, 청나라를 쳐 명나라의 원수와 병자호란 때 조선이 당한 치욕을 갚자는 주장이었어요. 특히 병자호란 때 인질로 잡혀갔다 돌아온 봉림 대군(효종)이 왕이 되자 실제로 그렇게 하려고 했어요.

효종은 청나라를 치려고 군사력을 크게 키웠고, 이완·송시열·송준길·김집이 중심이 되어 일을 크게 꾸미게 했어요. 또한 임경업은 명과 연합해 청나라를 칠 계획을 세우기도 했어요.

그러나 청나라가 명나라를 멸망시키고 중국을 통일한 데다 효종까지 죽자 실천할 수 없었어요. 이후 숙종 초 중국에서 청에 반대하는 반란이 일어나자 북벌론이 다시 대두되었지만, 청이 반란 세력을 진압하면서 북벌론은 자취를 감추게 되었습니다.

➜ 명, 병자호란, 청

북학파

청나라의 발달된 문물을 받아들이자고 주장한 학자들

18세기 조선에는 청나라를 오랑캐의 나라라며 무조건 배척하지 말고, 발달된 문물이나 제도를 받아들여야 한다는 사람들이 나타났어요. 이들은 주로 청나라의 수도인 베이징을 다녀왔던 학자들이었어요. 이들을 북학파라고 부른답니다. 대부분 조선 후기의 실학자들로 홍대용·박지원·박제가·이덕무·서유구가 대표적인 인물이에요.

이들은 무역을 활발하게 하고, 상업과 공업을 발전시켜 나라를 부강하게 만들어야 한다고 주장했어요. 이러한 북학파의 주장은 19세기 개화 사상에 큰 영향을 미쳤답니다.

➔ 개화 정책, 박지원, 청

분황사

원효 대사의 숨결이 살아 있는 신라의 절

분황사는 선덕 여왕 때인 634년에 세워졌으며 우리 민족이 낳은 위대한 고승 원효와 자장이 머물렀던 절이에요. 특히 원효는 분황사에 머물면서 《화엄경소》, 《금광명경소》 등 수많은 저술을 남겼지요.

분황사는 신라의 큰 절답게 많은 문화재를 가지고 있었으나 몽골의 침략과 임진왜란으로 대부분 유실되었고 지금은 분황사 석탑, 화쟁국사비편, 분황사 우물 등이 남아 있어요.

분황사 석탑은 돌을 벽돌 모양으로 다듬어 쌓아올린 모전석탑(벽돌 모양의 돌탑)으로, 현재 남아 있는 신라 석탑 중 가장 오래된 것이에요. 634년(선덕 여왕 3) 분황사 창건과 함께 만들어진 것으로 추측되는데, 임진왜란 때 크게 훼손되었어요. 원래는 9층이었다고 하나 지금은 3층만 남아 있어요. 국보 제30호로 지정되어 있습니다.

분황사 석탑

➜ 선덕 여왕

불국사

부처님의 나라를 현실로 표현한 신라의 절

《삼국유사》에 따르면 불국사는 신라 경덕왕 때인 751년에 김대성이 짓기 시작했다고 해요. 전생의 부모를 의해 석굴암을, 현생의 부모를 위해 불국사를 지었다고 합니다. 다만 김대성이 완성하지 못하고 죽자 이후 나라에서 완성했습니다. 신라 시대에는 대웅전, 극락전, 비로전을 비롯해 80여 개의 건물에 2000여 칸이나 있는 웅장한 모습이었어요.

불국사는 신라인들이 이상향으로 여기던 '불국토', 곧 부처님이 사는 곳을 이 땅에 만들고자 하는 바람을 담아 만들었어요. 대웅전은 석가모니 부처님이 살고 있는 현실 세계를, 극락전은 아미타 부처님이 계신 극락 세계를, 비로전은 큰 빛을 내비치어 중생을 구원한다는 비로자나 부처님이 계신 연화장 세계(부처님 나라)를 표현하고 있답니다.

절 안에는 금동 비로자나불(국보 제26호), 금동 아미타여래 좌상(국보 제27호), 석가탑(국보 제21호), 다보탑(국보 제20호), 청운교·백운교(국보 제23호) 같은 뛰어난 문화유산들이 많이 남아 있어, 1995년에 석굴암과 함께 세계 문화유산으로 지정되었습니다.

불국사 대웅전 앞에는 두 탑이 마주하고 있는데, 동쪽 탑은 석가탑, 서쪽 탑은 다보탑이에요. 여성적 온유함과 균형미를 지니고 있는 다보탑은 우리나라 10원짜리 동전의 모델이기도 하답니다. 반면 석가탑(불국사 3층 석탑)은 안정되면서도 장중한 남성적 아름다움을 보여 주고 있으며, 살짝 치켜 올라간 지붕돌의 모서리는 탑이 경쾌하게 날아오르는 듯한 느낌을 줍니다.

불국사

불교의 전래

불교가 전파되는 것. 우리나라에는 삼국 시대에 전해짐

불교는 석가모니가 말씀하신 것을 중심 교리로 삼는 종교예요. 신자들은 열심히 부처님 말씀을 듣고 수행해서 부처의 깨달음에 이르는 것을 목표로 삼는답니다. 우리나라를 비롯해 중국, 일본, 동남아시아에까지 널리 퍼진 세계 3대 종교 중 하나예요.

불교가 우리나라에 처음 전래된 것은 고구려 소수림왕 때 중국의 전진이란 나라에서 순도 스님이 불상과 경전을 가져오면서부터예요(372). 백제에는 침류왕 때 중국의 동진에서 마라난타라는 승려가 전했으며(384), 신라는 고구려를 통해 불교를 받아들였지만 귀족들의 반발로 인해 법흥왕 때인 527년이 되어서야 불교가 공식적으로 인정되었습니다.

이차돈의 순교비

신라는 귀족들의 반대로 쉽게 불교를 받아들이지 못하다가 이차돈의 죽음을 계기로 불교가 공식 인정되었답니다.

각 나라의 왕들은 앞장서서 불교를 장려했는데, 고구려 광개토 대왕은 평양에 절을 9개나 만들었으며, 신라 왕실은 자신들이 석가모니와 같은 왕족이라 하였어요. 진흥왕은 말년에 머리를 깎고 스님이 되기까지 했답니다.

이처럼 각 나라의 왕들이 불교를 적극 지원한 것은 불교가 왕의 권위를 높이는 데 도움이 된다고 생각했기 때문이에요. 왕들은 백성들이 왕을 부처로 여겨 믿고 따르도록 하고 싶었어요. 따라서 불교는 각기 다른 신앙을 가지고 있던 삼국의 백성들을 왕을 중심으로 하나로 뭉치게 했답니다. 뿐만 아니라 왕과 나라를 지키는 것은 불교의 진리를 지키는 것이 되므로, 불교를 믿는 백성들은 나라에 충성하는 마음을 갖게 됐어요.

붕당

조선 시대 사림들이 정치적인 입장이나 학맥에 따라 만든 집단

붕당은 조선 중기에 권력을 잡은 사림들이 같은 정치적인 입장과 학문 성향을 가진 사람들끼리 집단을 이루면서 생겼어요. 선조 때 동인과 서인으로 나뉘어졌고 이후 동인은 북인과 남인으로, 서인은 노론과 소론으로 갈라졌어요.
처음에는 상대 붕당의 비판을 인정하면서 합리적인 정책을 내세우고 바른 정치를 하려고 노력하여 정치 발전에 도움이 되었어요. 그러나 17세기 말부터는 점차 자기 붕당의 이익만을 추구하는 잘못된 모습을 보여 문제가 되었답니다. 영조와 정조는 붕당의 대립으로 인한 폐단을 없애기 위해 붕당에 관계없이 두루두루 인재를 등용하는 탕평책을 펴기도 했어요.

붕당(朋黨)의 뜻은 무엇인가요?
원래 붕(朋)이란 같은 스승 밑에서 함께 공부한 무리를 뜻하고, 당(黨)이란 이해관계를 중심으로 모인 집단을 가리키는 말이에요.

➜ 서원, 영조, 정조

빗살무늬 토기

신석기 시대의 대표 토기

먹을 것을 찾아 떠돌이 생활을 하던 인류는 신석기 시대에 농사를 짓게 되면서 한 곳에 머물러 살게 되었어요. 그래서 식량을 저장할 그릇이 필요하게 되었는데, 인류가 만든 최초의 그릇은 흙으로 만든 그릇(토기)이었어요. 토기를 만들고 나니 인류는 음식물을 끓여서 먹을 수 있게 되었고, 따끈한 국을 마실 수도 있게 되었으며, 남은 식량을 담아 땅속에 저장할 수 있게 되었어요.

빗살무늬 토기는 신석기 시대의 대표 토기로 우리나라뿐 아니라 시베리아나 중국의 발해만 가까이에서도 발견된답니다. 빗살무늬 토기에는 바깥쪽에 다양한 형태의 빗살무늬가 새겨져 있어요. 빗살무늬를 새긴 이유는 토기를 단단하게 만들기 위한 것으로 추측되고 있어요.

빗살무늬 토기
(서울 암사동 출토, 높이 40cm)

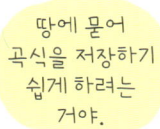

➡ 신석기 시대

4군 6진

조선 세종 때 여진족을 몰아내고 만든 군사 기지

조선 초기에는 한반도 북쪽에 살고 있는 여진의 여러 부족들이 종종 국경을 침범해서 백성들의 피해가 많았어요. 이에 세종은 최윤덕과 이천에게 여진족을 몰아내도록 한 뒤 압록강 상류의 군사적 요지에 여연·자성·무창·우예 4개 군을 세웠어요. 또한 김종서에게 동북쪽의 여진족을 몰아내게 한 뒤 두만강 하류에 종성·온성·회령·경원·경흥·부령 6개의 진을 세웠습니다.

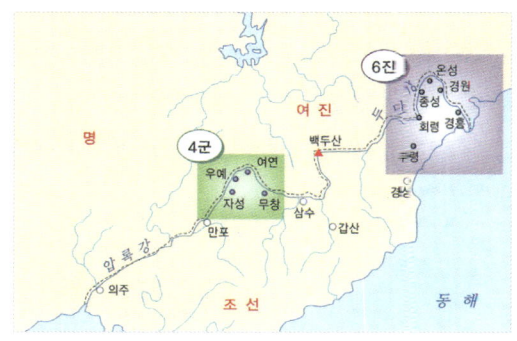

4군 6진

오늘날 압록강에서 두만강을 잇는 우리나라의 북쪽 국경선은 4군 6진이 설치되었던 세종 때 확정되었답니다.

➔ 세종, 여진

사명 대사 1544~1610

임진왜란 때 승병을 일으켜 왜군과 싸운 승병장

불교식 이름은 유정입니다. 사명 대사는 임진왜란이 일어나자 승병을 모아 스승인 서산 대사 밑에서 왜군과 싸웠답니다. 명나라 군사와 힘을 합쳐 평양을 되찾는 데 공을 세웠고, 권율과 함께 의령에서 왜군을 무찌르기도 했어요. 정유재란 때에는 울산에서 왜군을 무찌르는 데 공을 세웠지요. 전쟁이 끝난 뒤에는 일본에 건너가 조약을 맺고 조선인 포로 3500여 명을 데리고 돌아왔답니다.

> **승병이 무엇인가요?**
> 스님들로 이루어진 부대입니다. 임진왜란 때 스님들은 승병을 조직해 왜군에 맞서 싸웠답니다.

➜ 서산 대사, 임진왜란

사신도

동서남북을 지키는 네 가지 상징적인 동물을 그린 그림

사신도는 우주의 질서를 지키는 상징적인 동물, 즉 청룡(동쪽), 백호(서쪽), 주작(남쪽), 현무(북쪽)를 그린 그림이에요.

사신도는 도교의 영향을 받은 것으로, 백제의 고분에도 있긴 하지만 고구려의 고분에 특히 많아요. 그중 강서 고분(6세기 후반~7세기 전반)의 사신도는 고구려 고분 벽화의 걸작으로 꼽히고 있답니다.

고구려 벽화에 그려진 사신은 우주의 방위신이며 무덤 주인을 위한 수호신으로, 고구려 문화의 독창적인 모습을 보여 주고 있어요.

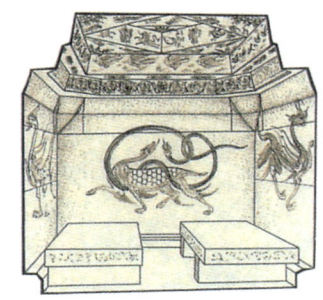

사신도가 그려진 고구려의 고분
(강서 고분 묘실의 투시도)

강서 고분의 사신도

청룡도

백호도

현무도

주작도

사신도란 청룡, 백호, 주작, 현무를 그린 그림이구나!

➔ 고구려 고분 벽화

사육신

조선 세조 때 단종을 다시 왕으로 세우려다 처형당한 여섯 충신

사육신은 성삼문·하위지·박팽년·이개·유성원·유응부 6명을 부르는 말이에요. 이들은 집현전 학사로 학문이 뛰어나 세종의 신임을 받았던 학자들이었어요. 그러나 단종의 숙부인 수양 대군이 1455년에 단종을 몰아내고 왕이 되자, 단종을 다시 왕위에 앉힐 것을 모의하다가 계획이 드러나 실패했어요. 이들은 체포되어 모진 고문을 받았지만 세조를 왕으로 모시는 것을 끝까지 거부하다가 처형당했답니다.

이들을 죽음으로써 단종에 대한 절개를 지킨 6명의 신하라고 해서 사육신(死六臣)이라 합니다. 사육신은 그 가족들까지 피해를 입어 남자는 모두 죽임을 당했고, 여자는 노비로 끌려갔어요. 그러나 사육신은 1691년 숙종의 명에 따라 관직을 돌려 받았습니다. 현재 서울 노량진의 묘소 아래 민절 서원을 세워 사육신의 신위를 모시고 제사를 지내고 있습니다.

사육신 묘(서울 노량진)

생육신은 어떤 사람들입니까?

수양 대군이 조카인 단종을 몰아내고 왕(세조)이 되자, 벼슬을 버리고 물러나 단종에게 절개를 지킨 여섯 명의 충신을 말합니다. 사육신처럼 죽지는 않았지만 살아서 끝까지 절개를 지킨 6명의 신하라고 해서 생육신(生六臣)이라고 해요. 생육신은 김시습, 원호, 이맹전, 조여, 성담수, 남효온입니다.

➜ 성삼문, 세조, 세종

4·19 혁명

학생과 시민들이 부정 선거를 저지른 이승만 정부를 무너뜨린 사건

12년 동안 장기 집권한 이승만과 자유당 정권을 무너뜨리고 제2공화국의 시작을 알린 사건이에요. 4·19 혁명은 이승만 정권의 독재와 탄압, 자유당의 부정부패에 분노한 시민들이 3·15 부정 선거를 계기로 일으켰어요.

4·19 혁명은 마산에서 시작되었어요. 제4대 정·부통령 선거가 치러진 3월 15일의 선거가 부정 선거였음이 밝혀지자 마산 등 여러 도시에서 이에 항의하는 시위가 일어났어요. 그런데 시위 때 행방불명되었던 마산 상고 학생 김주열이 4월 11일에 눈에 최루탄이 박혀 죽은 채 바다에서 발견되자, 전국의 학생들과 국민들이 분노했어요.

1960년 4월 19일 서울 시내 대학생들은 각 대학에서 총궐기 선언문을 낭독하고 중앙청으로 행진했어요. 이때 수많은 고등학생들도 시위에 참가했어요. 경찰은 대통령이 있는 경무대로 가는 길에 장애물을 세우고, 대통령과 면담하고 싶어 하는 학생들의 요구를 무시한 채 마구 총을 쏘아 댔어요. 그리하여 사상자가 늘자 시위대는 더욱 분노했어요.

시민들은 "3·15 부정 선거 다시 하라!", "1인 독재 물러가라!", "이대통령은 하야하라!" 하고 외쳤어요. 당황한 정부는 서울 지역에 계엄령을 선포하고 탱크를 앞세운 계엄군을 주둔시켰어요. 시위대 가운데 약 100여 명이 죽고 450여 명이 다치는 엄청난 희생이 있었어요.

25일 서울의 각 대학 교수 259명이 "대통령 이하 3부 요인들은 3·15 부정 선거와 4·19 사태의 책임을 지고 즉시 물러나는 동시에 정·부통령 선거를 다시 하라."는 내용의 시국 선언문을 읽고, 구속 학생을 즉시 석방하라고 요구하면서 시위에 나섰어요.

마침내 이승만은 대통령에서 물러났으며, 자유당 정권도 무너지고, 새로운 정부를 세우기 위한 과도 정부가 뒤를 이었어요.

➜ 이승만

살수 대첩 612

고구려의 을지문덕이 살수에서 수나라 군대를 크게 이긴 싸움

오랜 분열과 혼란을 거듭해 온 중국은 6세기 말 수나라에 의해 통일을 이루었어요(589). 수나라의 등장에 위협을 느낀 고구려는 수의 침입을 미리 막고 전략상 유리한 지역을 차지하기 위해 랴오허강을 건너 요서 지방을 공격했어요. 이에 598년(영양왕 9) 수나라 문제는 육군과 수군 30만 명을 이끌고 고구려에 침입했지만 고구려군의 반격과 질병·풍랑으로 물러갔어요.

그 뒤를 이어 황제에 오른 양제는 이번에는 직접 113만 명의 대군을 이끌고 요동성을 공격해 왔어요(612). 그러나 고구려군의 강력한 저항으로 뜻을 이루지 못하자, 별동대 30만 명을 뽑아 평양성을 치게 했어요. 을지문덕은 거짓 후퇴를 하며 수나라 군대를 평양성 30리 밖까지 끌어들였어요. 이로 인해 수나라 군대가 지쳐 물러나기 시작하자, 고구려군은 살수(청천강)에서 기다리고 있다가 미리 막아 두었던 강물을 일시에 터뜨려 적을 크게 무찔렀어요. 이때 수나라 군인 중 살아서 돌아간 자는 30만 명 중 겨우 2700명이었다고 해요. 무리한 고구려 원정으로 국민들의 불만이 쌓인 수나라는 내란이 일어나서 멸망하였어요(618).

➜ 고구려, 수

삼국사기

김부식이 지은 삼국 시대의 역사를 정리한 책

《삼국사기》는 삼국 시대의 역사를 정리한 책으로 고려 인종 때인 1145년에 김부식이 펴냈어요. 현재까지 전해 오는 우리나라 역사책 중에서 가장 오래된 것이에요.

《삼국사기》는 본기, 지, 연표, 열전 등으로 이루어져 있는데 삼국 중에서도 신라의 역사가 가장 자세하게 적혀 있어요. 또한 신라의 삼국 통일을 매우 높게 평가했는데, 이는 신라 계통의 경주 김씨였던 김부식이 신라를 삼국의 중심으로 보았기 때문이기도 했어요.

《삼국사기》는 본기(本紀) 28권, 지(志) 9권, 표(表) 3권, 열전(列傳) 10권으로 총 50권이에요.

➔ 삼국유사

삼국유사

일연이 지은 삼국 시대의 역사를 정리한 책

《삼국유사》는 삼국 시대의 역사를 정리한 책으로 고려 충렬왕 때 일연이 펴냈어요.

일연은 고구려·백제·신라에 관해 전해져 오던 이야기들(유사, 有事)을 모아 《삼국유사》를 썼는데, 이 책 속에는 삼국뿐 아니라 고조선이나 부여·삼한·가야·후백제·발해 등에 대한 이야기도 들어 있어요.

지금까지 전해지는 가장 오래된 역사책인 《삼국사기》(김부식 편찬, 1145)보다는 조금 늦게 편찬되었지만 《삼국사기》에서 볼 수 없는 고대의 역사와 전설, 전해 오는 이야기들을 많이 담고 있어, 옛날 우리 조상들의 생각과 생활 모습을 연구하는 데 꼭 필요한 아주 소중한 책이랍니다.

특히 고조선과 단군에 관한 내용은 우리가 반만 년의 긴 역사를 가진 자랑스러운 민족이라는 것을 알 수 있게 하는 중요한 증거가 되고 있어요.

➡ 고조선, 단군왕검, 삼국사기

삼별초

고려 최씨 무신 정권이 만든 특수 부대

1219년(고종 6) 최씨 무신 정권의 최우가 도성 안에 도둑을 막으려고 세운 야별초에서 비롯되었어요. 별초란 '용사들로 조직된 선발군'이라는 뜻이에요. 그 뒤 군인들의 수가 많아지자 이를 좌별초·우별초로 나누었고 여기에 몽골군과 싸우다 포로가 된 후 탈출했던 병사들로 이루어진 신의군을 합해 삼별초를 만들었어요.

삼별초는 최씨 무신 정권을 군사력으로 뒷받침하는 역할도 했지만, 몽골이 침입하자 앞장서서 몽골군을 괴롭혔어요. 뿐만 아니라 무신 정권이 무너지고 몽골과 강화를 맺자 정부를 비판하며 반란을 일으켰답니다(원종 11, 1270).

이들은 배중손을 중심으로 왕을 따로 추대하고 진도를 근거지로 삼아 몽골에 저항했어요. 그러나 고려·몽골의 연합군에 의해 진도가 함락되자 제주도로 들어가 항쟁을 계속했는데, 몽골군과 끝까지 싸우다 1273년에 모두 죽었어요.

➤ 몽골의 침입

3·1 운동

일제 강점기에 일어난 최대 규모의 독립운동

기미년(1919)에 일어나서 기미독립운동이라고도 해요. 1910년에 우리나라를 빼앗은 일본은 조선 총독부를 두고 헌병 경찰을 동원해 우리 민족을 탄압했어요.

1918년 제1차 세계 대전이 끝나자 미국의 윌슨 대통령은 '각 민족의 운명은 그 민족 스스로 결정한다'는 민족 자결주의 원칙을 주장했어요. 이것은 세계의 억압받는 민족에게 자극을 주었고 독립운동가들에게 용기를 불어넣었어요.

그런 가운데 1919년 1월 21일에 고종 황제가 갑자기 죽자, 일제가 독살한 것이라는 소문이 퍼져 백성들이 분노했어요. 게다가 도쿄 유학생들의 2·8 독립 선언 소식이 전해지면서 독립운동에 대한 민족의 열망은 더욱 높아졌어요. 민족 지도자들은 독립운동의 방향을 논의한 끝에 우리 민족의 완전한 자주독립

의지를 국내외에 분명히 밝히기로 했어요. 그래서 고종의 장례식 직전인 3월 1일을 거사일로 정하고, 독립 선언서를 만들어 비밀리에 각 지방에 나누어 주었어요.

마침내 3월 1일 정오, 서울에서는 민족 대표들이 태화관에서 독립을 선언했고 같은 시각에 학생과 시민들은 탑골 공원에 모여 독립 선언서를 낭독하고 태극기를 흔들면서 독립 만세 시위를 벌였어요. 이 운동은 전국 방방곡곡으로 퍼져 나가 4월 말까지 계속되었으며, 멀리 만주·연해주·미국까지 퍼졌어요.

그러나 일제는 우리 민족이 무력을 쓰지 않고 독립운동을 했는데도 수많은 사람을 죽이고 집을 불태우며 잔혹하게 탄압을 했어요. 특히 일제는 만세 시위에 참여했던 경기도 화성 제암리 사람들을 교회에 모아 놓고 무자비하게 학살했어요. 또한 이화 학당에 다니던 유관순도 고향인 충청남도 천안에서 만세 시위를 주도하다 체포되어 고문을 받다 죽었습니다.

3·1 운동은 200만여 명이나 참여했던 일제 강점기 최대 규모의 독립운동으로, 우리 민족의 목표가 완전한 자주독립이라는 것을 세계에 확인시켜 주었어요. 이를 계기로 우리 민족의 독립운동은 국내외에서 더욱 다양하게 일어났고, 대한민국 임시 정부가 수립되었어요. 또 비슷한 처지에 있던 다른 나라에도 영향을 주어 아시아 여러 지역에서 민족 운동이 일어났답니다.

➜ 고종, 대한민국 임시 정부, 민족 자결주의, 2·8 독립 선언

삼한

한반도 남부에 자리 잡고 있었던 초기 국가

삼한이란 마한, 진한, 변한을 합쳐서 이르는 말이에요. 마한은 한강 이남 서해 바닷가 쪽을 중심으로 자리 잡았고, 진한은 경상북도, 변한은 낙동강 유역을 중심으로 남해안에 자리 잡았어요.

마한은 54개의 작은 나라로 이루어져 있었으며, 진한이나 변한은 각 12개의 작은 나라들로 이루어져 있었어요. 마한은 목지국을 다스리던 지배자가 마한의 왕으로 행세했지만 결국 백제로 합쳐졌어요. 진한은 사로국을 중심으로 신라로, 변한은 가야로 성장했답니다. 삼한 지역에서는 일찍부터 벼농사가 발달했는데, 벽골제(전라북도 김제), 수산제(경상남도 밀양), 의림지(충청북도 제천), 공검지(경상북도 상주)와 같은 저수지를 만들고 농업을 장려했어요.

씨뿌리기가 끝난 5월과 추수가 끝난 10월에는 하늘에 제사를 지내며 축제를 벌였습니다. 또한 변한에서는 철이 많이 생산되어 마한과 낙랑(한의 군현), 일본까지 수출했으며, 철을 화폐로 쓰기도 했어요.

➔ 가야, 백제, 신라

새마을 운동

1970년대 정부의 주도로 이루어진 지역 사회 개발 운동

1970년 박정희 대통령이 근면, 자조, 협동 정신을 바탕으로 새마을 운동을 제안하면서 시작되었어요. 이 운동은 농촌에서 가난을 몰아내고 농민을 잘살게 하는 데 목표를 두고 있었어요. 초가집을 없애고, 산간벽지에까지 전기를 놓았으며, 버스가 다니도록 했어요. 또 좁은 길을 넓혔고 농가 소득을 높였어요. 이렇게 새마을 운동은 낙후된 농촌 환경을 개선하고 우리 경제를 발전시키는 데 도움이 되었고, 세계적으로도 농촌 개발의 좋은 사례로 평가받았어요. 하지만 겉으로 드러나는 성과에 치중했고 정부가 주도했다는 한계도 가지고 있습니다.

서산 대사 1520~1604

임진왜란 때 승병을 이끌고 왜군과 싸운 스님

불교식 이름은 휴정이에요. 임진왜란이 일어났을 때 73세의 노인이었는데도 승병 1500명을 모아 명나라 군대와 힘을 합쳐 한양을 다시 찾는 데 큰 공을 세웠어요. 서산 대사는 사명 대사의 스승으로도 알려져 있지요. 나중에 사명 대사에게 승병을 맡기고 묘향산에 들어가 여생을 보냈다고 합니다.

➜ 사명 대사, 임진왜란

서산 용현리 마애여래 삼존상

백제의 불상, 국보 제84호

6세기 말~7세기 초에 만들어진 서산 용현리 마애여래 삼존상은 백제 불상의 최고 걸작으로 꼽히고 있어요. '마애삼존불(磨崖三尊佛)'이란 바위나 절벽에 새긴 세 분의 부처님이라는 뜻이에요. 서산 용현리 마애여래 삼존상은 특히 불상이 입가에 머금은 웃음이 인자하고 온화하여 '백제의 미소'라고도 불린답니다. 사람들이 보는 각도나 마음 상태, 햇빛이 드는 시각에 따라 부처님의 모습이 다 다르게 보인다고 해요.

서산 용현리 마애여래 삼존상(충청남도 서산시 운산면)

서울 올림픽 대회 1988

1988년 우리나라에서 개최된 제24회 올림픽 대회

1984년 로스앤젤레스 올림픽에는 소련을 비롯한 사회주의권 국가들이 불참했어요. 하지만 서울 올림픽은 서방국과 사회주의 국가들이 모두 참여해 세계 160개국 1만 4000여 명의 선수들이 참가해 운동 기량을 겨룸으로써, 체제와 이념, 종교와 인종의 차이를 뛰어넘어 인류의 화합을 이루었다는 평가를 받고 있어요. 우리나라는 철저하게 올림픽을 준비해 대회 운영이 매우 성공적이었다는 평가를 받았으며, 올림픽 개최로 국제 사회에 대한민국이라는 이름을 알릴 수 있었어요. 우리나라는 이 대회를 계기로 소련, 중국을 포함해 사회주의 국가들과도 외교 관계를 맺게 되었답니다.

서원

조선 시대 사림들이 세운 사립 교육 기관

세상을 떠난 유학자 중 덕망이 높은 분에게 제사를 지내고 인재를 키우기 위해 조선 중기부터 사림들이 전국 곳곳에 세운 교육 기관이에요.

최초의 서원은 조선 중종 때인 1542년 주세붕이 안향을 기리면서 지방 양반의 자식들을 교육하려고 영주에 세운 백운동 서원입니다. 뒷날 이황의 건의에 따라 왕이 이 서원에 '소수 서원'이라는 현판을 내리고 토지, 노비, 서적을 주면서 세금을 내지 않아도 되는 특권까지 주었어요. 소수 서원과 같이 나라의 지원을 받은 서원을 '사액 서원'이라고 했답니다. 그 뒤로 전국 곳곳에 서원이 세워져 18세기에는 전국에 1천 개가 넘게 생겨났답니다.

그런데 점차 서원은 학문이나 공익보다는 지방 양반층의 이익만을 추구하게 됩니다. 게다가 서원에 딸린 토지는 세금을 내지 않았으며, 노비는 군대에 가는 것을 면제받았기 때문에, 백성들이 일부러 서원에 속한 노비가 되어 군인이 모자라게 되었어요. 또 서원에 딸린 토지가 많아져 나라의 수입이 줄었어요. 뿐만 아니라 서원이 붕당의 뿌리 역할을 하면서 당쟁을 격화시키고 권력을 휘두르는 근거지가 되기도 했답니다.

그래서 고종 때 흥선 대원군은 서원의 특권을 없애고, 큰 서원 47개만 남기고 모두 문을 닫게 했어요.

안향은 고려 말에 성리학을 우리나라에 소개한 분이에요.

➜ 이황, 흥선 대원군

서재필 1864~1951

갑신정변에 참여하고 독립신문을 펴낸 독립운동가

1884년 갑신정변에 참여했다가 실패하자 미국으로 건너가 의학 공부를 했어요. 1896년 귀국해 〈독립신문〉을 발간하고 독립 협회를 만들었어요. 국권을 빼앗긴 뒤에는 일본의 침략을 폭로하고 규탄하며 독립을 위해 애썼어요.

➔ 갑신정변, 독립신문, 독립 협회

서희 942~998

외교로 거란의 침입을 막아낸 고려의 문신

960년(광종 11)에 문과에 급제했으며, 972년에 송나라 사신으로 가서 외교 관계를 맺고 돌아왔어요.

993년(성종 12) 거란의 1차 침입 때 정부가 서경(평양) 이북을 떼어 주고 거란과 강화를 맺기로 하자, 서희는 반대하고 거란 장수 소손녕과 담판을 벌였어요. 거란이 침입한 목적이 고려와 송이 친하게 지내는 것을 막기 위한 것임을 알아차린 서희는 고려가 송과 관계를 끊는 대신 거란으로 가는 길목인 압록강 동쪽 280리 땅을 돌려받기로 하고 화해의 약속을 맺었어요.

그 뒤 서희는 이 지역에 있던 여진족을 쫓아내고 성을 쌓아 6주(방어 기지)를 설치하여, 압록강 동쪽(평안북도 일대)의 국토를 완전히 되찾았어요. 이를 강동 6주(압록강 동쪽의 6개 주라는 뜻)라고 한답니다.

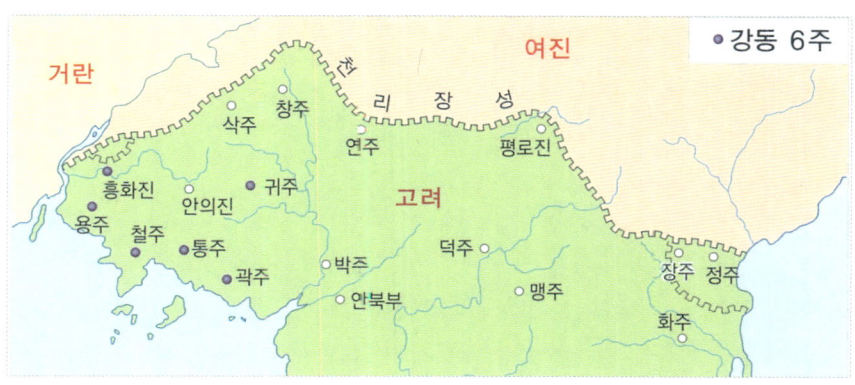

➜ 거란의 침입, 송, 여진

석굴암 751~774년 완공

신라 최고의 예술미와 건축 기술을 보여 주는 석굴 사원, 국보 제24호

경주 토함산에 있는 석굴암은 8세기 신라 불교 예술의 전성기에 이룩된 최고의 걸작으로, 김대성이 현생의 부모를 위해서는 불국사를, 전생의 부모를 위해서는 석굴암을 지었다고 전해지고 있어요. 원래는 석불사라고 불렸는데 임진왜란 때 큰 피해를 입은 뒤에는 불국사의 작은 암자라는 의미로 석불암이라고 했고, 일제 강점기부터는 석굴암이라 부르고 있어요.

토함산 중턱까지 돌들을 일일이 날라 인공 석굴을 만들고, 내부 공간에는 본존불인 석가여래 불상을 중심으로 벽에 관음보살상, 인왕상, 사천왕상 등 총 40구의 불상을 조각했어요. 그런데 그 기법들이 뛰어나 조각 하나하나가 동아시아 불교 조각 최고의 걸작품으로 꼽아도 손색이 없다고 해요.

석굴암 입구에는 직사각형의 방이 있고 이어지는 복도를 지나면 둥근 방이 나옵니다. 이 둥근 방의 천장은 360여 개의 돌을 아치형으로 쌓아 올린 후 정상에 크고 둥근 돌을 한 장 얹어 돔형으로 완성했어요. 특히 석굴암 본존불은 세계의 어떤 불상보다 뛰어난 아름다움을 자랑하며 신라인들의 뛰어난 조각 기술을 보여 줍니다. 또한 석굴암은 과학적 원리를 이용하여 자연스럽게 공기가 순환되도록 만들어 습기가 차지 않았는데, 일제 시대의 보수 공사 이후 원래의 기능을 잃어 지금은 에어컨으로 습기를 제거하고 있습니다. 석굴암은 1995년에 불국사와 함께 유네스코 세계 문화유산으로 지정되었어요.

석굴암 내부 모습

선덕 여왕 ?~647

신라 27대 왕이자 우리나라 최초의 여왕

진평왕의 맏딸로 태어나 왕이 아들 없이 죽자 왕위를 물려받았어요. 즉위하던 해(632)에 전국의 어려운 백성들을 구제했으며, 633년에는 1년 동안 세금을 면제해 주어 백성들의 지지를 얻었어요. 또한 인평이라는 독자적 연호를 썼으며, 분황사, 첨성대, 황룡사 구층 목탑과 같은 뛰어난 문화유산을 많이 남겼어요. 그러나 선덕 여왕 때는 신라가 다워 어려운 시기여서 642년 백제 의자왕에게 미후성 등 40여 성을 빼앗겼으며, 곧이어 백제와 고구려에게 당으로 가는 길목인 당항성(경기도 화성)마저 빼앗겼어요. 뿐만 아니라 낙동강 방면의 근거지인 대야성(경상남도 합천)이 백제에 함락되어 김춘추를 고구려에 보내 도움을 청하지만 실패하고 말아요.

결국 선덕 여왕은 김유신으로 하여금 백제에 빼앗긴 성을 되찾도록 지시하는 한편(643), 고구려·백제의 침입을 당에 호소하고 지원군을 부탁했어요. 그러나 신라의 구원 요청을 받은 당 태종은 여왕이 다스리기 때문에 두 나라의 침범을 받게 된 거라고 비아냥댔지요. 또한 신라의 최고 벼슬 상대등이었던 비담도 647년 여왕의 통치를 문제 삼아 난을 일으켰지만 김춘추와 김유신에 의해 진압되었지요. 선덕 여왕은 난을 진압하는 와중에 병을 얻어 세상을 떠났습니다.

➡ 김유신, 김춘추, 분황사, 첨성대, 황룡사

선사 시대

글로 역사를 기록하기 이전의 시대

사람들이 문자를 발명해 역사를 기록한 시기를 역사 시대라고 해요. 반면 문자가 없었던 시기를 선사 시대라고 합니다. 보통 석기 시대와 청동기 시대가 포함되지만 학자에 따라 철기 시대까지 포함하는 등 그 차이가 있습니다.

➜ 구석기 시대, 신석기 시대, 청동기 시대

설총

이두를 정리한 신라의 대문장가

설총의 아버지는 원효 대사, 어머니는 태종 무열왕의 딸인 요석 공주예요. 경주 설씨의 시조이기도 합니다.

어려서부터 재주가 뛰어나고 총명했던 설총은 일찍이 유학을 공부했고, 이두를 집대성하고 정리했어요. 이두는 한자의 소리와 뜻을 이용해 우리말을 적을 수 있게 만든 표기법이어요.

또한 설총은 그 시절 대학교라 할 수 있는 '국학'을 설립하는 데에도 중요한 역할을 했답니다. 글 짓는 솜씨도 뛰어나 강수, 최치원과 더불어 '신라 3대 문장가'의 한 사람으로 꼽혔다고 해요. 하지만 안타깝게도 그의 문장은 대부분 없어지고 《화왕계》만이 전해지고 있어요.

성균관

고려 말과 조선 시대의 최고 교육 기관

성균관은 오늘날의 국립 대학교와 같은 조선 시대의 교육 기관입니다. 성균관은 고려 말에 국자감을 성균관이라 고쳐 부르면서 시작되었습니다. 성균관은 1894년 갑오개혁으로 근대 교육 기관이 생길 때까지, 조선 시대 최고의 교육 기관이었어요.

성균관에서는 유학을 주로 가르쳤는데, 생원시나 진사시에 합격한 사람과 양반 자식들 중, 입학시험에 합격한 사람들이 들어갈 수 있었습니다. 성균관에는 유교의 시조 공자를 모신 사당인 대성전과 강의를 하는 곳인 명륜당 등이 있답니다.

성덕 대왕 신종

신라 시대에 만든 우리나라에서 가장 크고 가장 아름다운 범종, 국보 제29호

성덕 대왕 신종은 경덕왕이 아버지인 성덕왕의 명복을 빌기 위해 만들기 시작해 그 아들인 혜공왕 때 완성되었어요(770). 우리나라에서 가장 크고 아름다운 종으로, 뛰어난 균형미를 지녀 안정감이 있으며, 종을 장식한 화려한 비천상 무늬는 세련되고 정교합니다. 그래서 이후에 만들어진 종들은 모두 이 종을 기본으로 삼아 만들었다고 해요.

성덕 대왕 신종은 봉덕사에 있었기 때문에 봉덕사 종이라고도 하고, 종을 만들 때 어린아이를 희생시켜 만들어 '에밀레라(에미 탓으로)' 하는 소리가 난다고 하여 에밀레종이라고도 합니다. 성덕 대왕 신종은 종의 크기와 구조, 조각과 소리의 아름다움으로 높은 평가를 받고 있어요. 특히 성덕 대왕 신종의 종소리는 맥놀이 현상에 의해 웅장하면서도 여운이 긴 것이 특징입니다.

성삼문 1418~1456

조선 전기의 문신으로 사육신의 한 사람

세종 때 집현전 학사가 되어 여러 가지 책을 편찬하였고, 정음청에서 정인지, 신숙주, 최항, 백팽년 등과 함께 훈민정음을 만드는 데 큰 공을 세웠어요. 1455년 단종의 숙부인 수양 대군이 단종을 몰아내고 왕이 되자, 박팽년, 이개, 유성원, 하위지, 유응부와 함께 단종을 다시 왕위에 앉힐 것을 모의하다가 발각되어 처형당했습니다.

➜ 사육신, 세종, 집현전, 훈민정음

세기

예수 탄생의 해를 서기 1년으로 하고, 그 전후를 100년 단위로 계산하는 방법

서기 1년부터 100년까지를 1세기, 101년부터는 200년까지를 2세기라고 합니다. 21세기는 2001년부터 2100년까지입니다.

세도 정치

조선 후기 왕의 외척 세력이 나라의 권력을 잡고 펼친 정치

조선 후기 순조·헌종·철종의 3대 60여 년 동안의 정치를 일컫는 말로, 이 시기에는 왕실과 혼인 관계를 맺은 안동 김씨, 풍양 조씨 등의 외척 세력이 높은 관직을 독차지하고 국가 정책을 좌지우지했어요.

시작은 순조 때부터인데, 정조의 뒤를 이어 순조가 11살에 왕위에 오르면서 안동 김씨인 김조순이 왕의 장인이 되어 권력을 잡았어요. 그 다음 왕인 헌종도 여덟 살의 어린 나이에 왕위에 오르자, 이번에는 외할아버지인 조만영이 권력을 잡으면서 풍양 조씨가 세도 정치를 했어요. 그 뒤 헌종이 아들 없이 죽자 먼 친척인 철종이 왕위를 잇게 되었어요. 철종 때는 다시 안동 김씨인 김문근이 왕의 장인이 되어 세도 정치를 했답니다.

세도 정치에서 왕은 허수아비 같은 존재였으며, 세도가들을 비판하는 세력은 살아남을 수 없었어요. 따라서 정치 질서가 어지러워지고, 벼슬을 사고파는 일이 많았으며, 벼슬을 사서 관리가 된 사람들은 다시 백성들을 괴롭혀 농민들의 분노도 커졌어요. 이후 1863년 어린 고종이 왕이 되자 아버지인 흥선 대원군이 권력을 잡고 안동 김씨 세력을 몰아내면서 세도 정치는 끝나게 된답니다.

➜ 정조

세조 1417~1468

계유정난으로 임금이 되고 왕권을 강화시킨 조선 제7대 왕

세조는 세종 대왕의 둘째 아들이자 문종의 동생으로 왕이 되기 전에는 수양 대군이라 했어요. 문종이 죽고 세조의 조카인 단종이 왕이 되자, 자기를 반대하는 세력을 죽이고 동생인 안평 대군을 귀양 보낸 다음 단종을 몰아내고 권력을 잡았어요(계유정난, 1453). 하지만 성삼문을 비롯한 집현전 학사들이 단종의 복위를 계획했고, 동생인 금성 대군도 단종 복위 운동을 벌이는 등 세조에 반발하는 움직임이 계속 있었지요. 결국 세조는 사육신과 금성 대군뿐 아니라 어린 단종까지 죽였습니다.

이후 세조는 왕의 권한과 중앙 집권 체제를 강화하려고 여러 정책을 펼쳤으며, 국방력을 키우려고 군사 제도를 개혁했어요. 여진족을 몰아내고, 북쪽 땅을 개척하는 데에도 힘썼답니다. 또 토지 제도를 개혁해 왕실의 수입을 늘리려고 했어요. 뿐만 아니라 최항·느사신에게 명하여 조선의 기본 법전인 《경국대전》을 편찬하게 했답니다. 또 불교를 중요하게 생각해 《법화경》·《금강경》 같은 불경도 펴내도록 했어요.

➜ 경국대전, 세종

세종 1397~1450

훈민정음을 창제한 조선 제4대 왕(재위 1418~1450)

세종은 태종의 셋째 아들이었지만 왕이 되었어요. 세종은 정치·경제·문화 여러 면에서 훌륭한 업적을 많이 남겼답니다.

세종은 집현전을 세워 젊고 유능한 학자들을 모아 정치 자문·왕실 교육·서적 편찬을 맡게 했습니다. 집현전 학자들의 도움을 받아 1446년 세종은 훈민정음(한글)을 만들어 민족 문화를 크게 발전시켰어요.

과학 기술에 대한 업적도 매우 많이 남겼지요. 장영실을 등용해 측우기, 해시계(앙부일구), 물시계(자격루), 혼천의와 같은 천체 관측 기구를 만들게 했고, 달력도 만들게 했답니다.

또 《농사직설》과 같은 농사에 도움이 되는 책을 만들도록 해 대다수가 농민이었던 백성들이 볼 수 있게 했어요. 경인자·갑인자·병진자 같은 우수한 금속 활자를 만들게 해 인쇄 문화 발달에도 큰 공헌을 했지요.

처음에는 불교를 멀리했지만, 나중에는 불교를 장려해 불교 문화 발달에도 기여했어요. 음악에도 관심을 기울여 박연에게 아악을 정리하게 했어요.

뿐만 아니라 국방을 튼튼히 하는 데에도 힘을 썼어요. 여진족을 몰아내고 4군과 6진을 설치해, 조선의 북쪽 국경선이 압록강으로부터 두만강에 이르게 했습니다. 왜구의 소굴인 쓰시마 섬도 정벌하도록 했답니다.

➡ 갑인자, 농사직설, 박연, 4군 6진, 앙부일구, 자격루, 측우기, 훈민정음

소수림왕 ?~384

불교를 받아들이고 율령을 반포한 고구려 제17대 왕(재위 371~384)

고국원왕의 아들로, 371년 고국원왕이 백제의 근초고왕과 평양에서 싸우다 죽자 그 뒤를 이어 왕이 되었어요.

소수림왕은 중국의 전진이라는 나라의 제도와 문화를 받아들이려고 노력했어요. 그래서 372년 불교를 수입해 백성들의 마음을 하나로 모으고, 유교 교육 기관인 태학을 세워 인재를 길러 냈답니다. 또한 373년에는 나라를 다스리는 데 필요한 법률과 명령을 정리해 율령을 반포함으로써 나라의 틀을 다졌어요. 이러한 노력을 바탕으로 377년에는 평양을 침공한 백제의 3만 대군을 물리쳤으며, 백제의 북쪽 국경 지역을 공격하기까지 했답니다.

➡ 근초고왕, 불교의 전래

송 960~1279

당나라 이후 중국을 통일한 중국의 왕조

송은 한족 출신인 조광윤(태조)이 카이펑(개봉, 開封)을 도읍으로 삼아 세운 나라로(960), 당이 멸망한 뒤 약 50여 년 동안 혼란했던 중국을 다시 통일했어요.
송은 과거 제도를 실시해 관리를 뽑고, 문신을 중심으로 나라를 다스리면서 문화와 상업이 발달해 부유해졌어요. 또한 문학과 학문도 발전했고 성리학을 비롯한 송의 문화는 고려에 전해지기도 했습니다.
그러나 송은 금(여진족이 세운 나라)의 침입으로 화북 지방(중국 북부 지방)을 빼앗기고, 수도를 남쪽의 양쯔강 유역 임안(현재의 항저우)으로 옮기게 되었어요(1126). 이때부터 남송이라고 하며, 1279년 원이 침입해 멸망했답니다.

남송 시대(1127~1279)

➜ 거란, 여진

수 581~618

고구려를 침입한 중국의 왕조

수나라는 문제(양견)가 581년에 북주의 정제에게 왕위를 물려받아 새롭게 연 나라예요. 문제는 후량(587)과 진(陳)을 멸망시켜(589), 한나라가 망한 뒤로 분열되었던 중국을 370년 만에 통일했어요.

수나라는 문제·양제·공제의 3대 38년 만에 멸망한 짧은 왕조였지만 진·한에 이어 오랫동안 분열되었던 중국을 통일했을 뿐만 아니라 약 1700km에 이르는 대운하를 연결해 중국을 경제적으로도 통일했답니다.

그러나 우리나라와 관계는 별로 좋지 않았어요. 문제는 요서 지방을 공격해 들어온 고구려를 정벌하려 했지만 실패했고(598, 영양왕 9), 그 뒤를 이은 양제도 고구려에 세 차례에 걸쳐 대군을 파견했지만 실패했어요(611~614). 고구려 을지문덕 장군이 이끌었던 살수 대첩(612)은 바로 수나라 군대를 물리쳤던 전투였어요.

한편 수나라는 대운하 건설과 계속된 원정으로 백성들이 고통에 빠졌으며 반란이 끊이지 않다가, 마지막 왕인 공제가 이연에게 왕위를 넘김으로써 멸망하고 당나라가 새롭게 탄생하게 되었어요(618).

➜ 당, 살수 대첩

수로왕 ?~199

금관 가야의 시조(재위 42~199)

수로왕은 경상남도 김해 지방을 중심으로 번성했던 금관 가야의 시조이자 김해 김씨의 시조예요.

가야 지역의 주민들은 나라가 세워지기 전에는 촌락으로 나뉘어 살고 있었어요. 그러던 어느 날 아홉 족장과 백성들이 하늘의 명을 받아 구지봉에 올라가 하늘에 제사 지내며 춤추고 노래하자, 하늘에서 태양처럼 둥근 황금색 알 여섯 개가 내려왔다고 해요. 그중 수로는 알에서 제일 먼저 나왔는데, 열흘 만에 키가 무려 9척(약 2.7m)이나 자랐다고 해요. 주민들은 수로를 금관 가야의 왕으로 모셨으며 다른 남자 아이들은 각각 다섯 가야의 왕이 되었답니다(42).

수로는 왕이 된 뒤 하늘의 명을 받아 배를 타고 바다를 건너온 아유타국의 왕녀 허황옥을 왕비로 맞이했으며, 157년 동안 나라를 잘 다스리다 세상을 떠났습니다.

➔ 가야

수원 화성

과학 기술로 완성한 조선 성곽 건축의 꽃

수원 화성은 조선 시대 정조의 아버지인 사도 세자의 능을 수원 남쪽의 화산으로 옮기면서 쌓은 성이에요. 성을 쌓을 때 정약용이 거중기를 만들어 사용한 것으로 알려져 있어요.

동서양의 군사 시설 이론을 잘 섞어 만든 독특한 성으로 특히 방어 기능이 뛰어나답니다. 성벽은 약 6km 정도이고 성벽 안의 모든 건축물이 저마다 모양과 디자인이 달라요. 현재 팔달문(보물 제402호), 화서문(보물 제403호), 장안문, 공심돈과 같은 문화재가 있어요. 1997년에는 유네스코가 세계 문화유산으로 지정했어요.

수원 화성은 6·25 전쟁 때 크게 부서졌으나, 성의 구조를 자세히 밝혀 놓은 《화성성역 의궤》라는 책이 남아 있어, 이를 바탕으로 옛날 모습으로 다시 만들었답니다.

수원 화성 팔달문(경기도 수원)

➜ 정약용, 정조

숙정문

조선 시대 한양의 4대 성문 중 북문, 사적 제10호

처음에는 숙청문이라고 했어요. 숙정문은 북쪽에 있는 북문(북대문)으로 '인의 예지신' 중 지(知)의 의미를 담고 있어요. 현재 청와대 뒤쪽에 있습니다. 이 문은 1396년(태조 5)에 세워져, 4소문의 하나인 창의문과 함께 양주와 고양으로 다니는 통로로 썼어요. 그러나 잘 이용되지는 않았고, 풍수설과 음양설에 따라 가뭄이 들면 문을 열고 비가 많이 오면 닫았다고 합니다. 숙정(肅靖)은 엄숙하게(肅) 다스린다(靖)는 뜻이에요.

> **4소문은 무엇인가요?**
> 조선 시대 서울 도성의 4대문 사이에 나 있던 4개의 작은 성문으로, 홍화문(혜화문, 동북쪽)·광희문(동남쪽)·창의문(서북쪽)·소덕문(소의문, 서남쪽)을 말해요.

숭례문

조선 시대 한양의 4대 성문 중 정문, 국보 제1호

남쪽에 있어 남대문이라고도 합니다. 1395년(태조 4)에 세웠고, 1447년(세종 29), 1479년(성종 10)에 다시 고쳐 세웠습니다. 서울에 남아 있는 나무 건물 중 가장 오래된 것이며, 우리나라에 남아 있는 성문 중 규모가 가장 큰 것이었지만, 2008년 2월에 불에 타 소실되

었다가 2013년에 복구되었어요. 문의 위쪽 건물에 걸린 '崇禮門(숭례문)'이라는 현판은 태종의 첫째 아들이자 세종의 형인 양녕 대군이 썼다고 해요. 숭례(崇禮)는 예(禮)를 숭상한다(崇)는 뜻이에요.

승정원 일기

조선 시대에 승정원에서 기록한 일기, 국보 제303호

승정원은 왕의 비서실과 같은 관청이에요. 왕은 승정원을 통해서 신하들과 백성들에게 명령을 전달했답니다. 승정원 일기는 승정원에서 다루었던 문서나 사건, 행정 사무, 나라의 행사를 날마다 기록한 일기예요. 이 일기는 한 달에 한 권씩 썼지만 사건이 많을 때에는 한 달에 두 권 이상도 썼다고 해요.

조선 초기부터 썼지만 임진왜란 때 불에 타 없어지고, 인조 때인 1623년부터 1910년까지 약 288년간의 일기만 남아 있답니다. 승정원 일기는 조선 시대 역사를 연구하는 데 아주 귀중한 사료예요. 2001년에 유네스코에서 세계 기록유산으로 지정했어요.

유네스코 세계 기록 유산으로 등록된 우리나라 문화재는 《승정원 일기》,《직지심체요절》,《조선왕조실록》,《훈민정음》 등 16가지입니다.

시호

왕 또는 왕의 가족, 고위 관리, 공신, 뛰어난 유학자들에게 죽은 뒤 나라에서 붙여 주는 이름

옛날 사람들은 이름이 많았어요. 어렸을 때는 '아명'을 부르고, 성인이 되면 '자'나 '호'로 불렀어요. 그리고 죽은 뒤에 시호를 얻기도 했습니다.

신돌석 1878~1908

태백산 호랑이로 불렸던 평민 출신의 의병장

농민 출신으로 어려서부터 나라와 민족을 사랑하는 마음이 강했어요. 1905년에 을사늑약이 체결되자 경상북도 영해에서 의병을 일으켰어요. 울진군 평해면으로 가서 다시 3000여 명의 의병을 모으고 여러 차례 일본군과 싸웠어요. 경상도, 강원도와 동해의 해안선을 따라 기습전을 벌여 많은 일본군을 무찔렀어요.

1907년에 의병장 이인영을 중심으로 13도의 의병이 연합해 서울을 공격하기 위해 전국의 의병 부대가 양주로 모여들 때, 경상도 의병을 대표해 의병 천여 명을 이끌고 올라왔어요. 13도 연합 의병의 서울 공격 계획이 실행되지 못하자 영해로 돌아와 일본군을 무찔렀어요. 겨울이 되자 다음 해 봄에 다시 활동할 것을 약속하고 해산한 뒤 부하 김상렬의 집에 숨어 있다가 이들 형제에게 죽임을 당했어요.

평민 출신의 의병장으로는 가장 먼저 의병을 일으켰던 신돌석은 막강한 의병 세력으로 성장해, 일본군에게 큰 타격을 입혔어요. 그의 의병 부대는 군율이 엄격하고 일반 민중들을 해치지 않아 이르는 곳마다 환영을 받았어요.

➜ 을사늑약

신라 기원전 57~기원후 935

삼국을 통일하고 천년의 문화를 꽃피운 나라

신라는 기원전 1세기에 경상도 지방에서 일어나, 시조 혁거세로부터 경순왕에 이르기까지 56대에 걸쳐 992년 동안이나 이어진 나라예요. 고구려·백제와 더불어 삼국 시대를 이루었고, 7세기에는 백제(660)와 고구려(668)를 멸망시키고 삼국을 통일했어요.

'신라'라는 나라 이름을 사용하기 시작한 것은 503년(지증왕 4)부터이고 그 이전에는 사로, 서라벌이란 이름을 썼는데, 모두 마을을 뜻하는 사로(斯盧)라는 말에서 비롯됐어요.

신라는 삼국을 통일한 뒤 왕권이 강화되고 경제가 발전했으며, 문화의 황금기를 맞았어요. 불국사, 석굴암과 같은 세계 문화유산도 이때 만들어졌답니다. 그러나 8세기 후반부터 귀족들 사이에 왕위 다툼이 벌어져 나라가 혼란에 빠졌으며, 지방에서는 '호족'이라는 새로운 세력이 등장했어요. 뿐만 아니라 귀족들의 사치와 계속된 흉년, 전염병으로 마침내 농민들이 들고일어남으로써 후백제, 후고구려가 새롭게 생겨 후삼국으로 나누어지게 되었어요. 그러다가 935년 경순왕이 고려에 항복함으로써 신라 천년의 역사는 막을 내리게 된답니다.

말탄 사람 모양 토기

신라 금관
(경상북도 경주
천마총 출토)

➜ 김춘추, 박혁거세, 법흥왕, 불국사, 석굴암

신미양요 1871

미국이 제너럴셔먼호 사건을 구실로 강화도에 쳐들어온 사건

병인양요가 일어나기 직전인 1866년 7월에 제너럴셔먼호 사건이 일어났어요. 제너럴셔먼호 사건은 미국 상선인 제너럴셔먼호가 서해에서 대동강을 거슬러 올라와 통상을 요구하며 행패를 부리다 배가 불태워지고 선원들이 죽임을 당한 일이에요. 이 사건은 리델 신부를 통해 여러 나라에 알려졌어요. 미국은 베이징에 있는 미국 공사에게 그 사건의 책임을 묻고, 조선과 미국 간의 무역 조약을 맺으라고 지시했어요.

고종 8년(1871)인 신미년 4월에 미국의 아시아 함대 사령관 로저스는 군함 5척과 1230여 명의 병력을 이끌고 조선에 쳐들어왔어요. 조선 정부는 병인양요 때 프랑스군을 물리친 뒤, 서양 세력의 침입에 대비해 국방을 강화하고 강화도 연안의 경비를 튼튼히 하고 있었어요. 어재연이 이끄는 조선군은 광성보를 공격해 온 미군을 맞아 치열하게 싸웠지만 끝내 함락되고 말았어요.

하지만 광성보를 점령한 미군은 조선 군대와 백성들의 완강한 저항 때문에 오래 버티지 못하고 40일 만에 우리나라에서 물러가고 말았어요.

광성보 돈대(인천 강화)

광성보 전투 사망자 중 어재연 장군과 그의 동생 어재순은 고향으로 모셔졌고, 나머지 병사들은 일곱 개의 무덤에 함께 묻혔다고 해요.

→ 병인양요

신사 참배

일본 신을 모신 신사에 우리나라 국민을 강제로 참배하게 한 일

신사는 일본 고유의 종교인 신도에서 신을 모시는 곳이에요. 신사에는 일본 고유의 신뿐 아니라 일본 왕실의 조상과 국가에 큰 공을 세운 사람까지 신으로 모신답니다.

그런데 1930년대 이후 일제는 이런 신사를 우리나라 곳곳에 짓고 우리 국민에게도 참배를 강요했어요. 신사에 절을 한다는 것은 곧 일제에 충성을 맹세한다는 의미였기에, 신사 참배 강요는 국민들의 반발을 가져왔어요. 이후 1945년 해방이 되면서 대부분의 신사는 불타거나 파괴되었습니다.

일본 신사

신석기 시대

간석기(돌을 갈아서 만든 도구)를 주로 사용하던 시대

뗀석기 같은 구식 석기가 아니라 새로운 석기인 간석기(갈아서 만든 석기)를 쓰던 시대라는 뜻이에요. 우리나라에서는 약 1만여 년 전부터 시작되었어요.

신석기 시대의 가장 큰 변화는 사람들이 농사를 짓기 시작했다는 것이에요. 비록 조, 피 같은 간단한 것이었지만 사람들은 이제 먹을 것을 찾아 떠돌이 생활을 하지 않아도 되었어요. 한곳에 머물러 살 수 있게 되면서 움집을 지었고, 빗살무늬 토기에 음식을 저장하여 추운 겨울을 무사히 지낼 수 있게 되었습니다.

드디어 농사를 짓기 시작했어요.

우리는 돌을 갈아서 창도 만들고 화살촉도 만든답니다.

빗살무늬 토기를 만들어 곡식을 저장하기도 했죠.

➡ 뗀석기

신윤복 1758~?

단오풍정과 미인도를 그린 조선의 풍속 화가

신윤복은 도화서 화원인 신한평의 아들로 김홍도, 김득신과 함께 조선 3대 풍속화가로 꼽혀요. 섬세한 붓선과 아름다운 채색으로 매우 세련된 감각과 분위기를 살린 풍속화를 많이 그렸어요. 신윤복이 그린 〈혜원풍속화첩〉은 국보 제135호로 지정되었으며, 단오풍정·월하정인 등의 그림이 실려 있어요. 특히 조선 여인의 아름다움을 잘 표현한 미인도가 유명합니다.

신채호 1880~1936

일제 강점기의 독립운동가·사학자·언론인

호는 단재입니다. 을사늑약이 체결되고 나라가 위기에 빠지자, 을지문덕, 이순신과 같은 여러 장군의 영웅전을 써서 우리 민족의 우수성을 깨닫게 하고, 민족혼을 불러일으켜 독립 정신을 키우고자 했어요.

일본에 나라를 완전히 빼앗긴 뒤에는 중국에서 독립운동을 하면서 고구려의 옛 땅을 찾아다니며 우리 역사 연구에 힘써 《조선상고사》·《조선상고문화사》·《조선사연구초》를 썼어요. 일본군에 체포되어 뤼순 감옥에서 돌아가셨어요.

독립 투쟁을 하는 동안 '독립이란 누가 주는 것이 아니라 우리가 쟁취하는 것이다'라는 결론에 이르렀어요. 이와 같은 생각은 곧 역사 연구에도 그대로 반영되었어요. '역사는 곧 민족사'라면서 역사 연구를 통해 민족 의식을 일깨워 우리나라 근대 민족주의 역사학의 기초를 세웠어요.

➔ 을사늑약

신탁 통치 반대 운동

모스크바 3상 회의에서 결정된 한반도 신탁 통치안을 반대하던 국민 운동

1945년 12월 미국, 영국, 소련의 외무 장관은 모스크바에 모여 한반도의 문제를 어떻게 처리할지 논의했어요(모스크바 3상 회의). 모스크바 3상 회의의 내용은 다음과 같아요. 첫째, 조선을 독립 국가로 다시 건설하며 '임시 조선 민주주의 정부'를 만든다. 둘째, 이를 위해 미소 공동 위원회를 만들어 조선의 민주 정당과 사회단체와 협의하도록 한다. 셋째, 최고 5년을 기한으로 한반도를 네 나라가 신탁 통치하는 방안을 '임시 조선 민주주의 정부'와 협의한 뒤 미국·영국·소련·중국 네 나라에 제출하도록 한다는 것이었어요.

이 내용이 국내에는 신탁 통치(信託 統治) 결정으로 알려지자, 김구를 비롯한 대한민국 임시 정부 요인들은 즉시 독립해야 한다고 주장하며 신탁 통치에 반대하는 반탁 운동에 앞장섰어요. 반탁 운동은 독립 정부가 들어서기를 기대했던 국민들의 민족 감정을 자극해 폭넓은 지지를 얻었어요.

그러나 공산주의자들은 모스크바 3상 회의의 결정이 신탁 통치만을 뜻하는 것은 아니며 오히려 신탁 통치에 대한 부정적인 내용을 제외한다면 조선인이 한반도의 미래를 결정할 수 있는 길을 열어 놓은 것이라 보고, 태도를 바꾸어 모스크바 3상 회의의 결정을 지지(찬탁)했어요. 그래서 반탁 운동을 하는 사람들과 3상 회의 결정을 지지하는 사람들이 날카롭게 대립했어요.

1947년 6월 1일에는 이승만·김구가 반탁 성명을 발표하고 이를 미소 공동 위원회에 알렸어요. 전국 규모로 일어난 반탁 운동은 8월 말 미소 공동 위원회가 완전히 결렬될 때까지 맹렬하게 계속됐어요.

> 반탁 운동에 앞장섰던 이승만은 '찬탁 = 매국노, 반탁 = 애국자'라는 공식을 만들어서 "매국노(공산주의자)와 함께할 수 없다"는 주장을 펼쳤어요. 그렇게 함으로써 사람들이 '반탁 = 애국자 = 남한만의 단독 정부 수립'이라는 공식을 자연스럽게 받아들일 수 있는 분위기를 만들었답니다.

➔ 김구, 대한민국 임시 정부, 미소 공동 위원회, 이승만

실학

백성들이 잘살고 나라가 튼튼해지는 방법을 연구한 조선 후기의 학문

조선 후기에는 임진왜란과 병자호란으로 국토가 파괴되고, 정치가 어지러워 백성들의 생활이 매우 어려워졌어요. 그러나 유학자들은 이론과 학설만 따지면서 백성들의 실제 생활에는 도움을 주지 못했어요. 이때 일부 학자들은 백성들이 잘살도록 하고, 나라를 튼튼하게 하는 데 필요한 것이 무엇인가를 연구했답니다. 이들이 바로 실학자들이지요. 그리고 이들이 연구한 학문을 실학이라고 합니다.

실학자들 중에서 유형원, 이익, 정약용 같은 학자는 토지 제도와 농업 기술에 관해 연구했고, 박지원, 박제가, 홍대용, 유수원, 이덕무 같은 학자는 상공업과 기술에 관해 연구했습니다. 또한 우리의 역사·지리·언어·풍속에 관심을 가지고 연구한 실학자들도 있었어요.

그러나 실학자들의 주장은 권력을 잡고 있던 세력의 반대로 국가 정책에 그다지 반영되지 못했답니다. 실학자들의 주장은 나중에 개화 사상가의 개혁론으로 이어졌어요.

경세치용(經世致用)이란 무엇인가요?
학문은 세상을 다스리는 데 실질적인 이익을 줄 수 있어야 한다는 뜻입니다.

이용후생(利用厚生)이란 무엇인가요?
학문은 실제 쓰임에 이롭고 백성들의 생활을 풍족하게 하는 데 도움이 되어야 한다는 뜻입니다.

➜ 박지원, 정약용

10·26 사태

1979년 10월 26일에 김재규가 박정희 대통령을 죽인 사건

1979년, 박정희 정부의 오랜 독재에 저항하는 시위가 부산·마산 지역에서 대규모로 일어났어요(부마 민주 항쟁). 박정희 정부는 사태의 심각함을 깨닫고 군대를 동원해 시위를 진압했어요. 하지만 민주화 운동은 점점 확산되었고 이에 대한 대처 방안을 놓고 권력층 안에서 갈등이 벌어졌어요.

결국 1979년 10월 26일, 온건하게 대처해야 한다고 주장했던 김재규가 박정희 대통령을 총으로 쏘아 죽였고 유신 체제도 끝이 났습니다.

➜ 박정희

아관 파천 1896~1897

고종과 왕세자가 러시아 공사관에서 살았던 사건

아관 파천이란 왕이 러시아 공사관인 아관으로 사는 곳을 옮긴 일을 말해요. 일본에 의해 명성 황후가 무참히 살해된 뒤 고종은 항상 목숨에 위협을 느끼며 살았어요. 이때 러시아는 안전을 보장하겠다며 러시아 공사관으로 거처를 옮길 것을 권유했어요. 이에 고종과 왕세자는 러시아 공사관으로 거처를 옮겼습니다. 고종이 러시아 공사관에 머무는 동안 러시아는 우리나라 정치에 간섭했어요. 그뿐 아니라 러시아를 비롯한 미국, 일본 같은 나라들이 광산 채굴권, 철도 부설권, 삼림 채벌권 같은 막대한 이익을 얻을 수 있는 권리를 빼앗아 갔어요.

아이엠에프(IMF) 경제 위기 1997

1997년 말에 우리나라가 외환 위기에 빠지자 정부가 국제 통화 기금(IMF)의 도움을 받은 일

우리나라는 경제 개발을 하면서 외국 자본을 많이 빌려 썼어요. 1997년 말, 주변 국가들의 경제가 어려워지자 우리나라의 경제도 곧 어려워질 것이라고 생각한 외국인들은 우리나라에 투자했던 돈을 한꺼번에 찾아갔어요. 정부는 이러한 세계 경제의 흐름에 미처 대비하지 못했어요. 외환 시장이 불안하게 되어 환율이 오르자, 외국 자본이 한꺼번에 빠져나가고, 화폐 가치와 주가가 순식간에 떨어져 금융 기관이 망하게 되었어요. 이어서 망하는 기업이 줄줄이 나오고 실업자가 많아져 사회는 점점 더 불안해졌어요.

이러한 외환 위기를 극복하기 위해 우리나라는 IMF(International Monetary Fund) 등 국제 금융 기관으로부터 외화를 지원받아 고비를 넘겼어요. 더불어 1998년 김대중 정부는 외환 위기를 이겨 내고자 재벌 기업에 대해 강도 높은 개혁을 벌였어요. 그 과정에서 부실 대기업이 부도가 났고 금융 회사도 외국 자본에게 팔리거나 합쳐졌어요. 이 같은 구조 조정은 노동자들의 일터를 빼앗아 강한 반발을 불러 일으켰고, 정부도 높은 실업률을 극복해야 하는 부담을 떠안게 되었어요.

국민들은 외환 위기를 이겨 내고자 금 모으기 운동에 참여했어요. 금을 모아 외국에 팔아서 외화를 벌어들이자는 운동이었어요. 이런 노력 덕분에 2001년 8월에 IMF에게 빌린 돈을 모두 갚고 IMF 경제 위기를 끝낼 수 있었습니다.

안시성 싸움 645

고구려와 당나라가 안시성에서 벌인 전투

수나라가 망한 뒤 중국을 통일한 당나라의 태종은 세계 제국을 건설하려는 야심을 가지고 있었어요. 그래서 고구려와도 충돌하게 되었어요. 당시 고구려는 연개소문이 영류왕을 죽이고 보장왕을 세웠는데, 당은 이것을 구실로 고구려에 쳐들어왔습니다.

마침내 645년 당나라 태종은 10만 대군을 이끌고 고구려에 쳐들어와 랴오허 강 일대의 개모성·비사성·요동성·백암성을 차례로 함락시키고 전략적 요충지인 안시성으로 향했어요. 고구려에서는 안시성을 구하기 위해 고연수, 고혜진이 이끄는 고구려·말갈 연합군 15만 명이 출병하였으나 당나라 군대에 지고 말았어요.

결국 안시성에서 최후의 격전이 벌어지게 되는데, 당나라 군대는 성보다 높은 흙산을 만들어 성을 공격했어요. 그러나 안시성을 지키던 고구려군과 백성들은 오히려 당나라 군대가 만든 흙산을 공격하며 정상을 점령했답니다. 결국 겨울에 접어들면서 날씨가 추워지고 식량이 떨어진 당나라 군대는 물러났어요. 이때 당 태종은 안시성의 성주 양만춘에게 비단 100필을 주며 칭찬했다고 해요.

> **안시성 성주 양만춘은 어떤 인물인가요?**
>
> 나라에서 공식적으로 편찬한 역사책에는 이름이 전해지지 않고, 송준길의 《동춘당선생별집》과 박지원의 《열하일기》 등의 야사에만 나온답니다. 지혜와 용기가 뛰어났다고 하는데 연개소문이 정변을 일으켰을 때, 연개소문에게 복종하지 않고 끝까지 싸워 성주의 지위를 유지했다고 해요.

➜ 당, 연개소문

안악 3호분

4세기 중반에 만든 고구려 시대의 무덤

안악 3호분은 황해남도 안악군 용순면에 있는 고구려 시대의 무덤으로, 높이가 6m, 길이는 무려 33m에 이른답니다.

현무암과 석회암으로 만든 굴식 돌방무덤이지만 나무로 만든 집처럼 보이도록 기둥과 천장을 꾸몄어요. 벽과 천장에는 무덤 주인의 초상화와 호위 무사의 모습, 길이 10m에 달하는 행렬도와 부엌, 고깃간, 차고의 모습 등 다양한 벽화가 가득 그려져 있어, 1600년 전 고구려 사람들의 생활 모습을 생생하게 볼 수 있답니다. 고구려 사람들이 벽에 그림을 그렸던 이유는 죽어서도 살아 있을 때의 풍요로운 생활이 계속되기를 바라는 마음 때문이었어요.

무덤 주인의 초상화

행렬도

➜ 고구려 고분 벽화, 고분, 굴식 돌방무덤

안중근 1879~1910

이토 히로부미를 사살한 독립운동가

안중근은 을사늑약이 체결되자 학교를 세워 인재 양성에 힘썼어요. 그러나 애국 계몽 운동만으로는 나라를 지킬 수 없다고 판단하고, 1907년에 연해주로 망명해 의병 운동에 참가했어요. 그리고 1909년에 동지 11명과 조국의 독립을 위해 헌신할 것을 손가락을 끊어 혈서로 맹세했답니다. 그해 10월 우리나라 침략에 앞장섰던 이토 히로부미가 러시아 재무 장관과 회담을 하려고 만주 하얼빈에 온다는 소식을 듣고 그를 없앨 준비를 했어요.

1909년 10월 26일 하얼빈 역에서 이토 히로부미를 총으로 쏘아 죽이고 그 자리에서 러시아 경찰에게 체포되었어요. 곧 일본에게 넘겨져 뤼순 감옥에 갇혀 재판을 받게 되었어요. 재판 과정에서 안중근은 '내가 이토를 죽인 것은 그가 동양의 평화를 어지럽히는 자이기 때문에 의병 참모중장 자격으로 한 일이다. 결코 일개 자객이 저지른 일이 아니다.'라고 말했어요.

하지만 사형 선고를 받은 지 한 달여 만인 1910년 뤼순 감옥에서 사형을 당했어요. 해방 이후 사람들은 그의 유해를 고국으로 모시고자 했으나 묻힌 곳의 흔적이 사라지면서 그 일은 불가능해졌습니다

➔ 을사늑약

안창호 1878~1938

실력 양성 운동에 앞장선 독립운동가

호는 도산이에요. 독립 협회에 가입해 활동하다 새로운 학문을 배우려고 미국으로 유학을 갔어요. 그러다 을사늑약(1905) 체결 소식을 듣고 귀국해 민족의 실력을 양성하는 운동에 앞장섭니다.

비밀 단체인 신민회에 참가해 활동했으며 대성 학교를 세웠어요. 일제의 탄압으로 신민회가 해체되자 흥사단을 만들었어요. 3·1 운동이 일어난 뒤에는 상하이 대한민국 임시 정부 조직에 참가했답니다.

1932년 윤봉길의 훙커우 공원 폭탄 사건으로 2년 6개월 동안 감옥살이를 했어요. 1937년 다시 감옥살이를 했고, 1938년에 병으로 죽었어요.

자주독립을 위해 무엇보다 우리 민족의 실력을 길러야 한다고 믿었던 안창호는 평생 동안 나라의 독립과 교육을 위해 살았어요.

➔ 대한민국 임시 정부, 3·1 운동, 애국 계몽 운동, 윤봉길

앙부일구

세종 때 장영실이 만든 해시계, 보물 제845호

세종 16년(1434)에 장영실, 이천, 김조가 만든 해시계예요. 지금 남아 있는 앙부일구는 조선 후기에 만든 것이에요. 앙부일구는 대궐 외에도 종로 네거리와 종묘 앞에도 설치했던 우리나라 최초의 공공 시계라고 할 수 있어요. 또한 글을 읽을 줄 모르는 백성이 시간을 읽을 수 있게 12가지 띠 동물 그림이 새겨진 것도 있고 휴대용으로 만든 작은 앙부일구도 있었어요.

오목한 시계판에 세로선 7줄과 가로선 13줄을 그었는데, 세로선은 시각선이고 가로선은 계절선이에요. 해가 동쪽에서 떠서 서쪽으로 지면서 생기는 그림자가 시각선에 비추는 것을 보고 시간을 알 수 있었어요. 뿐만 아니라 절기마다 태양의 고도가 달라지기 때문에 계절선에 나타나는 그림자 길이가 다른 것을 보고 24절기도 알 수 있었습니다.

애국 계몽 운동 1905~1910

교육과 산업을 일으켜 국민의 힘으로 자주독립을 지키고자 한 운동

1905년 '을사늑약'으로 일제가 우리의 외교권을 빼앗아 가자, 우리 겨레는 빼앗긴 국권을 되찾자며 의병 운동과 애국 계몽 운동을 벌였어요. 개항 뒤 우리 민족은 여러 강대국의 침입에 저항했지만, 결국 일제에게 국권을 빼앗긴 것은 '힘'과 '실력'이 부족했기 때문이라는 생각이 널리 퍼졌어요.

그래서 나라 안에서는 교육과 산업을 일으켜 실력을 키우는 한편 나라 밖에서는 무관 학교를 중심으로 독립군 기지를 세우고 독립군을 길러 내려고 했어요. 그러다가 일본이 전쟁에 휩싸여 감당하기 힘겨운 때가 오거나 우리 민족의 힘이 아주 커지면, 독립군이 나라 안으로 들어와 독립 전쟁을 펼치고 국내에서는 그동안 만반의 준비를 하고 있던 민중이 총단결해 일제를 몰아내고 국권을 되찾으려는 것이었어요. 이러한 활동은 정치, 교육, 언론, 학문, 종교, 경제 각 분야에 걸쳐 일어났어요.

여진

금과 청을 세우고 중국을 지배했던 민족

여진은 10세기부터 만주에 살던 거란·발해인 이외의 말갈 부족들, 특히 동부 지역의 흑수말갈을 중심으로 한 토착 종족들을 이르는 이름이에요. 학자들은 이들을 숙신, 읍루, 물길, 말갈로 알려진 부족의 후예로 보고 있어요.

10세기 초 송나라 때 처음으로 여진이라 알려졌는데, 이들은 금나라를 세우고(1115), 거란족이 세운 요나라를 멸망시켰으며, 송나라를 양쯔강 이남으로 쫓아냈답니다. 그러나 몽골 제국에게 정복당한 뒤 흩어져 살다가 1616년에 후금을 세웠고, 명나라를 멸망시킨 뒤 나라 이름을 청으로 바꾸었어요(1636). 1627년 정묘호란, 1636년에 병자호란을 일으켜 우리나라를 침공했고, 결국 조선은 청에 항복하고 조공을 바치게 되었습니다.

→ 청

연개소문 ?~666

고구려 말기에 당의 침입을 막아 낸 장군이자 최고 권력자

중국에서는 당나라 고조의 이름인 연(淵)자를 피하기 위해 천개소문이라고 기록하고 있어요. 연개소문은 15세에 아버지의 직책을 이어받아 동부대인·대대로가 되었고, 628년에는 당의 침입에 대비해 서부 국경에 천리장성을 쌓는 책임을 맡았어요. 영류왕을 죽이고, 보장왕을 왕으로 세운 뒤 고구려의 최고 벼슬인 대막리지가 되어 정권을 손에 쥐었어요(642).

같은 해에 백제의 잦은 공격으로 고통을 받던 신라는 고구려에게 도움을 청하려고 김춘추를 외교 사절로 보냈어요. 그러나 연개소문은 신라 진흥왕 때 고구려가 신라에게 빼앗긴 죽령 이북의 땅을 돌려달라고 하며 김춘추를 감옥에 가두었어요. 그리고 백제와 연합해 신라가 당으로 가는 길목인 당항성(경기도 화성)을 점령했답니다.

또한 당 태종이 10만 대군을 이끌고 침입하자(645), 이를 크게 물리쳤어요. 당나라는 그 뒤에도 네 차례 더 고구려를 침입했지만 연개소문이 모두 막았어요. 660년에 백제가 멸망한 뒤 당과 신라군이 연합하여 침입하는 것도 막아냈답니다.

그러나 연개소문이 죽자(666), 그의 아들들이 서로 다투다가 맏아들 남생이 당에 항복하고, 동생 연정토는 신라로 망명해 결국 고구려는 멸망했어요.

동부대인, 대대로, 대막리지는 고구려의 벼슬 이름이에요.

➔ 김춘추, 당

연해주

러시아의 영토 중 시베리아 동남쪽 동해 가까이에 있는 지방

연해주는 헤이룽강(흑룡강, 黑龍江), 우수리강, 동해로 둘러싸인 시베리아의 동남쪽 지방으로, 북서쪽은 중국 둥베이(동북, 東北) 지방, 남서쪽은 북한과 마주하고, 남동쪽은 동해에 닿아 있어요.

본래 여진(숙신 또는 말갈이라고도 함)이 있던 곳으로, 한때 발해의 영토였지만 발해가 멸망한 뒤에는 이곳을 관리하는 나라가 없었어요. 그러다 명나라와 청나라의 지배를 받았는데, 1860년 베이징 조약으로 러시아 땅이 되었답니다.

이곳은 일본의 침략이 거세진 19세기 말부터 우리 동포들의 망명지가 되어 많은 교포들이 살게 되었어요. 뿐만 아니라 일본에 나라를 빼앗긴 뒤에는 우리나라 최초의 임시 정부인 '대한 광복군 정부(1914)'가 자리를 잡으며 독립운동의 근거지가 되었답니다.

연호

아시아의 왕조 국가에서 왕의 재위 기간 동안 연도 앞에 붙이는 이름

연호는 임금의 재위 연대를 기준으로 시간을 표시하는 방법이에요. 예를 들어 고종이 대한 제국 황제가 된 1897년을 광무 1년, 1898년을 광무 2년과 같은 식으로 표기하는 것이지요.

우리나라는 대부분 중국의 연호를 따라 썼어요. 중국의 연호를 쓰지 않고 우리만의 연호를 쓴 때도 있는데, 고구려 광개토 대왕 때에는 '영락'이라는 연호를 썼어요. 신라에서는 진흥왕·진평왕·선덕 여왕·진덕 여왕 때 스스로 붙인 연호를 썼고, 발해와 태봉도 스스로 붙인 연호를 썼답니다. 고려에서는 태조 왕건 때 천수, 광종 때 광덕·준풍, 조선에서는 고종 때 건양·광무, 순종 때 융희라는 연호를 만들어 썼어요. 독자적인 연호를 쓴다는 것은 자신의 나라가 세상의 중심이라는 자부심에서 비롯된답니다.

| 우리나라에서 스스로 만들어 사용한 연호의 예 |

연호	나라	왕	서기 연도
영락	고구려	광개토 대왕	391~412
개국	신라	진흥왕	551~567
천수	고려	태조	918~933
광덕	고려	광종	950~951
광무	조선	고종	1897~1907
융희	조선	순종	1907~1910

영조 1694~1776

탕평책으로 왕권을 강화하고 정치를 안정시킨 조선의 21대 왕

영조는 제19대 왕 숙종의 둘째 아들로, 제20대 왕 경종이 일찍 죽자 왕이 되었답니다. 그 시대에는 붕당 정치의 문제점이 매우 심하게 나타나고 있었어요. 그래서 영조는 왕이 되어서 붕당과 상관없이 나랏일을 할 인재를 골고루 등용하는 탕평책을 썼어요. 뿐만 아니라 백성들의 생활을 안정시키려고 세금 제도를 개혁했답니다. 백성들의 억울한 일을 듣고 해결해 주려고 태종 때 만들었던 신문고 제도를 되살리기도 했지요.

영조는 학문을 무척 좋아해서 경연을 즐겼으며 인쇄술을 개량해 《속대전》, 《동국문헌비고》 등 많은 책을 편찬해 학문과 문화를 발전시켰어요. 그러나 자신의 아들인 사도 세자를 뒤주에 가두어 죽게 했습니다.

> **경연이 무엇인가요?**
> 왕이 학식 있는 신하들과 토론하는 자리를 경연(經筵)이라고 합니다. 영조는 재위 52년 동안 경연을 무려 3458번이나 열었답니다. 이것은 한 해 평균 66번을 연 것으로 조선의 왕 중 제일 많았습니다.

5·10 총선거

우리나라 최초로 국회 의원을 뽑은 민주 선거

8·15 광복 뒤 열린 미소 공동 위원회가 성과 없이 끝나자, 미국은 유엔에 우리나라 문제를 회의 안건으로 올렸어요. 유엔 총회는 유엔 한국임시위원단의 감시를 받으며 남북한이 총선거를 해서 통일 독립 정부를 수립하라고 했어요. 그러나 소련 측의 반대로 북한 지역에서는 유엔 한국임시위원단이 활동을 할 수 없었어요.

그러자 남쪽 지도자들은 남한만의 총선거를 주장하는 사람들과 북한과 협상해 통일 정부를 수립하자는 사람들로 나뉘었어요. 남한만의 총선거를 주장하고 선거 준비에 들어간 사람은 이승만이었어요. 통일 정부를 바라던 김구, 김규식은 이러한 선거에 반대하고 남북 협상을 추진했으나 아무런 성과를 거두지 못했어요. 남한만의 총선거 결정에 사회주의 세력은 반대했으며, 강력한 저항이 일어나기도 했는데 제주도의 4·3 항쟁이 대표적이에요.

결국 국제 연합(UN)은 남한에서만 총선거를 하기로 결정했고, 1948년 5월 10일에 국회 의원을 뽑는 첫 번째 민주 선거가 실시되었어요. 총선거를 통해 당선된 국회 의원들은 헌법을 만들어(제헌 국회) 7월 17일에 공포하였고 이승만을 초대 대통령으로 선출했어요. 이어 1948년 8월 15일에는 대한민국 정부가 수립되었고, 북쪽에서는 1948년 9월 9일에 조선 민주주의 인민 공화국이 세워졌답니다.

➜ 김구, 대한민국 정부 수립, 미소 공동 위원회, 이승만

5·16 군사 정변 1961

1961년 5월 16일 박정희를 비롯한 일부 군인들이 정변을 일으켜 정권을 장악한 사건

박정희와 일부 군인들이 4·19 혁명으로 들어선 장면 정부를 무너뜨리고 정권을 빼앗았어요. 이 사건이 5·16 군사 정변이에요.

이 정변을 일으킨 세력은 국가 재건 최고 회의를 만들어 2년 6개월 동안 군인 정치를 했어요. 국가 재건 최고 회의 의장이었던 박정희가 1963년 12월 대통령에 취임하여 군인 정치가 끝났어요. 그러나 박정희는 3선 개헌, 유신 헌법 등을 통해 18년 동안 독재 정치를 했답니다.

3선 개헌이란 무엇인가요?

대통령을 두 번까지만 할 수 있게 되어 있던 헌법을 박정희 대통령이 세 번(3선)까지 할 수 있도록 고쳤던 제6차 개헌(1969)을 말합니다. 야당 국회 의원들이 이렇게 하지 못하도록 막자, 정부 여당은 야당 의원들을 따돌리고 일요일 새벽 2시에 헌법 개정에 찬성하는 의원들만 국회 별관에 따로 모아 변칙적으로 통과시켰어요.

유신 헌법은 무엇인가요?

1972년 10월 17일에 비상조치에 의해 이루어진 제7차 개헌으로, 1972년 12월 27일에 공포, 시행되었어요. 이 헌법은 국민이 직접 대통령을 뽑던 것을 박정희 대통령이 만든 통일 주체 국민 회의에 속한 사람들만 모여 대통령을 뽑도록 함으로써 박정희 대통령이 오랫동안 권력을 잡을 수 있도록 했어요. 또 국민의 기본권을 침해하고 대통령에게 지나치게 많은 권한을 주어 독재가 가능하게 했답니다.

➜ 박정희

5·18 민주화 운동

1980년 5월 18일에 신군부 세력 퇴진과 민주화를 요구하며 광주에서 일어난 민주화 운동

1979년 10·26 사태로 박정희 대통령이 죽자, 국민들은 이제 민주화가 이루어질 것으로 기대했어요. 하지만 전두환, 노태우를 중심으로 한 새로운 군인 세력이 1979년 12월 12일에 지휘 계통을 무시하고 병력을 동원해 군대를 장악했어요(12·12 사태). 나아가 최규하 대통령을 밀어내고 권력을 잡았어요.

국민들은 크게 실망했고, 전국의 대학생들이 군인들의 정권 장악을 반대하는 시위를 했어요. 신군부 세력은 1980년 5월 17일 비상계엄을 전국에 선포하고 민주 인사들을 감옥에 가두었어요. 그러나 광주를 중심으로 한 시민들의 저항에 계속 부딪히자 17일 저녁에 계엄군을 광주에 배치해 많은 시민들을 학살했어요. 계엄군은 죄 없는 어린 학생, 부녀자, 시민까지 죽였답니다.

이에 학생들과 시민들의 저항이 거세졌고, 도청을 점령하고, 경찰서 등에서 총기를 빼앗아 계엄군에 저항했어요. 하지만 시민들이 계엄군에 맞서기에는 힘이 달렸어요. 신군부 세력은 5월 27일 대규모 진압군을 광주에 보내 광주 민주화 운동을 진압했어요.

1988년 국회는 이 사건을 '광주 민주화 운동'으로 부르기로 했고, 사건 조사를 위해 국회에서 청문회가 열렸어요. 1993년에는 12·12 사태를 일으키고 광주 민주화 운동을 탄압한 전두환, 노태우 두 전 대통령이 감옥에 갇혔어요. 그 뒤 1995년에는 '5·18 민주화 운동에 관한 특별법'이 제정되어 5월 18일을 국가 기념일로 지정했고 광주 민주화 운동에 공이 있는 사람들에게 보상금을 지급했어요. 또한 광주 민주화 운동을 진압한 사람들에게 내려졌던 훈장을 취소하고, 그 자격도 빼앗았어요. 하지만 발포 명령자가 누구였는지, 희생자가 정확히 얼마나 되는지 등은 아직도 정확하게 밝혀지지 않고 있습니다.

➔ 10·26 사태

옥저 기원전 2세기~기원후 56

부여 계열 예맥족이 함경도 일대에 세운 나라

옥저는 오늘날 함경도의 동해안에 있던 나라로, 부여 세력 가운데 일부가 갈라져 나와 세운 것으로 추측하고 있어요. 북쪽은 읍루·부여, 남쪽은 동예와 마주하고 있었어요. 북옥저와 남옥저로 갈라져 있었는데 남옥저는 고구려의 동쪽에 있어서 동옥저라고도 했어요.

물고기와 소금 같은 해산물이 풍부했고 농사가 잘되어 비교적 풍족하게 살았으며 '읍군'이나 '삼로'라는 군장이 있어서 자기 부족을 다스렸지만 통일된 왕국을 이루지는 못했어요. 결국 옥저는 한군현을 몰아내고 성장한 고구려에 정복당하고 맙니다(56).

며느리로 삼을 여자아이를 남자아이네 집으로 데려와 기른 뒤 결혼시키는 민며느리 풍습이 있었고, 가족이 죽으면 시체를 임시로 묻었다가 나중에 뼈를 추려서 가족 무덤에 묻는 가족 공동묘 장례 풍습이 있었답니다.

온조 ?~28

주몽의 아들이자 백제를 세운 왕

온조는 고구려 시조 동명성왕(주몽)의 셋째 아들이었으나, 주몽이 부여에서 낳은 아들 유리가 고구려로 찾아와 태자가 되자 신변의 위협을 느껴 형 비류와 함께 남쪽으로 내려왔다고 전해지고 있어요. 형 비류는 미추홀(인천)에 도읍을 정하고, 온조는 위례성(한강 유역)에 도읍을 정해 나라 이름을 십제(十濟)라 하였어요.

얼마 뒤 비류가 죽고 미추홀의 백성들이 위례성으로 모여들어 나라의 규모가 커지자 온조는 나라 이름을 백제라고 고쳤어요. 이후 동명성왕의 묘를 세워 제사를 지내고 성을 주몽과 같은 부여씨라고 하여 주몽의 정통성을 잇고 있음을 강조했어요.

서기 6년에는 마한과 싸워 나라를 넓혔고 서기 9년에는 마한을 멸망시켰다고 해요. 그러나 백제가 마한 전체를 백제로 흡수한 것은 훨씬 뒤인 근초고왕 24년(369)의 일로 여겨지고 있답니다.

➜ 백제

왕건 877~943

고려를 세우고 후삼국을 통일한 왕

왕건은 송악(개성)의 호족 출신으로, 아버지는 해상 무역으로 큰 부자가 되었던 금성 태수 융이에요. 궁예가 세력을 떨치자 그 부하가 되어 경기 남부와 충청도를 궁예의 땅으로 만들었고(900) 909년에는 수군(해군)을 이끌고 후백제의 서남 해안을 공격해 나주를 차지했어요. 이 같은 공으로 왕건은 최고 벼슬인 '시중'까지 올랐답니다(913).

그 뒤 궁예가 민심을 잃자 왕으로 추대되어 나라 이름을 '고려'라 정한 뒤 새 왕조의 태조가 되었어요(918). 이듬해 수도를 송악으로 옮긴 태조는 세금을 줄여 백성들의 생활을 안정시키고, 호족(지방의 세력가)을 우대하는 정책을 펴 나갔어요. 또한 서경(평양)을 개척해 옛 고구려 사람들을 끌어들이고, 불교를 장려해 백성들의 마음을 하나로 모았답니다.

대외적으로는 신라와 친하게 지내는 정책을 펴 신라 경순왕이 항복할 수 있게끔 했으며(935), 후백제를 공격해 후삼국을 통일했어요(936). 《계백료서》를 써서 정치의 모범으로 삼게 했고, 후세의 왕들이 마음에 새기도록 〈훈요십조〉를 유언으로 남겼어요.

➜ 고려, 궁예, 후삼국 시대

왜

옛날 우리나라 중국에서 일본을 일컫던 말

일본에서는 자신들을 '야마토(대화, 大和)' 조정이라 했는데, 이는 그들의 근거지가 일본의 서쪽인 야마토(오사카) 부근이었기 때문이에요.

왜는 5세기쯤 야마토를 중심으로 기타큐슈를 포함한 통일 국가를 이루었으며, 8세기 초에는 '나라'를 수도로 정했어요. 일본이라는 이름은 이때 처음으로 쓰기 시작했답니다.

왜는 중국뿐 아니라 우리나라와도 활발히 교류하였는데, 유학, 불교, 그림, 불상 조각, 절·배·성곽·관개 시설 만드는 법 등 많은 문화를 삼국을 통해 받아들였어요. 왜는 백제와 가장 활발하게 교류했는데, 백제가 멸망한 뒤에는 나라를 잃은 백제 유민들이 일본으로 많이 건너가 일본의 문화 발전에 도움을 주었답니다.

왜구란 무엇인가요?

고려 중기부터 조선 전기까지 우리나라와 중국 바닷가 지역을 약탈하던 일본의 해적을 일컫는 말이에요. 왜구의 침략은 특히 고려 말에 매우 심했는데, 공민왕 때(재위 1351~1374)에는 무려 120차례가 넘게 쳐들어왔답니다.

그리하여 최영, 이성계, 최무선 등이 이들을 크게 무찔렀지만, 조선 시대에도 왜구의 침략은 그치지 않았어요. 그래서 세종은 이종무를 보내 왜구의 소굴인 쓰시마 섬을 정벌하는 한편(1419), 부산포(부산), 내이포(창원), 염포(울산) 세 개 항구를 열어 식량을 교환해 가게 함으로써 무역을 통해 문제를 해결해 보려 했어요.

요동 지방

중국 랴오허강의 동쪽 지방

중국 둥베이(동북, 東北) 지방 남부 평원을 가로지르며 흐르는 랴오허(요하, 遼河) 강의 동북쪽을 가리키는 말이에요. 랴오허강은 대싱안링산맥 남부에서 출발해 보하이해(발해, 渤海)로 흘러드는 1400km에 이르는 긴 강이에요. 강의 서쪽은 요서 지방이라고 하고 요동과 요서 지방을 합해 요령 지방이라고 한답니다. 요동 반도를 중심으로 한 이 일대는 예로부터 우리나라와 중국이 서로 차지하려고 다투던 지역이었어요. 현재는 중국의 동북 3성의 하나인 랴오닝(요령, 遼寧)성에 해당합니다.

운요호 사건

1875년에 일본 군함 운요호의 침입으로 조선군과 일본군이 충돌한 사건

일본은 조선에 통상 무역을 강요하려고 운요호를 보냈어요. 운요호가 강화 해협을 침범하자 우리 군대는 이를 막으려고 대포를 쏘았답니다. 그러자 운요호는 함포 사격으로 초지진 포대를 무너뜨렸어요. 그리고 영종도에 상륙해 죄 없는 백성들을 죽이고 관청을 불태웠어요. 그런데도 일본은 책임을 우리에게 돌리고 강화도 조약을 강제로 맺었답니다.

초지진(인천 강화)

지금도 성채 옆의 소나무에는 전투 때 포탄에 맞은 흔적이 그대로 남아 있어요.

➜ 강화도 조약

원효 617~686

불교 사상을 정리하고 대중화에 힘쓴 신라의 고승

스님이 되기 전의 성은 설씨이며 6두품 귀족이었어요. 태종 무열왕(김춘추)의 딸인 요석 공주와 사랑에 빠져 설총을 낳았고 이후 소성거사라고 불렸어요. 648년에 황룡사에서 스님이 된 후 661년에 의상과 당나라 유학길에 나섰어요. 동굴에서 묵었던 어느 날, 잠결에 목이 말라 물을 마셨어요. 그런데 아침에 일어나 시원했던 그 물이 해골에 괸 썩은 물이었음을 알고, 모든 것은 마음먹기에 달렸음을 깨닫고 유학을 가지 않고 신라로 돌아왔어요.

그 뒤 평생을 여러 갈래로 나누어진 불교 사상을 정리해 하나로 만들고자 힘썼고, 당나라에서 들여온 《금강삼매경》을 왕과 스님들 앞에서 강의해 존경을 받았어요. 또한 '나무아미타불 관세음보살(아미타부처님과 관세음보살께 나를 맡긴다는 뜻)'이라는 염불만 외우면 극락 정토에 갈 수 있다고 하는 '정토종'을 만들어 불교가 백성들에게 뿌리내릴 수 있게 했답니다. 원효는 그 밖에도 《대승기신론소》·《금강삼매경론》·《화엄경소》 같은 책을 남겼어요.

위화도 회군 1388

요동을 정벌하러 가던 이성계가 위화도에서 군대를 돌려 정권을 잡은 사건

고려 말에 원을 몰아내고 중국을 장악한 명나라는 고려에게 공물을 바칠 것을 강요했고, 철령 이북을 명나라에서 관리하겠다고 통보했어요. 고려는 명나라의 요구를 거절하고 오히려 명나라 땅 요동을 정벌하려고 했답니다. 이때 이성계는 요동 정벌에 반대했지만, 우왕은 최영 등의 의견에 따라 요동 정벌을 결정하고 출정을 명령했어요.

고려 군대가 압록강 하류에 있는 위화도에 도착했을 때, 비가 많이 와 강이 넘치고 질병이 퍼졌어요. 그러자 이성계는 조민수와 모의해 군대를 돌려 최영 장군을 몰아내고 우왕도 폐위시킨 뒤 권력을 잡았습니다. 이후 이성계는 신진 사대부들과 손을 잡고 새로운 나라인 조선을 세웠어요.

유관순 1902~1920

3·1 운동 때 아우내 장터에서 만세 시위에 앞장섰던 독립운동가

이화 학당에 다니던 중 1919년에 3·1 운동이 일어나자 참여했어요. 일제가 강제로 학교 문을 닫게 하자, 고향인 천안으로 내려가 만세 시위를 벌이기로 계획했어요. 천안·연기·청주·진천의 학교와 교회를 방문해 만세 운동을 협의하고 4월 1일에 아우내 장터에서 3000여 군중에게 태극기를 나누어 주며 시위에 앞장섰어요. 그러다가 일본 헌병대에 체포되었어요.

이때 아버지와 어머니는 일본 헌병에게 죽었고, 집마저 불탔답니다. 유관순은 3년형을 선고받고 항소했는데, 서울의 법정에서 재판을 받던 중 일본인 검사에게 의자를 던져 법정 모독죄가 더해진 7년형을 선고받았어요. 서울 서대문 형무소에 갇힌 유관순은 감옥에서도 때때로 만세를 불러 사람들을 격려하다, 일제의 갖은 고문에 시달렸어요. 결국 1920년 10월에 19세의 어린 나이로 감옥에서 죽고 말았어요.

유관순 결사 초상화

➜ 3·1 운동

유성룡 1542~1607

조선 선조 때 영의정

유성룡은 대학자인 퇴계 이황에게 학문을 배웠어요. 명종 때 과거에 합격해 관직에 나갔고, 선조 때에는 벼슬이 영의정에 이르렀답니다. 임진왜란 때 군사에 관한 업무를 총괄하는 직책을 맡았고, 명나라 장수 이여송과 함께 왜군에게 빼앗긴 평양을 되찾는 데 공을 세웠답니다.

유성룡은 이순신·권율 같은 명장을 선조에게 추천한 것으로도 유명하지요. 저서로는 《서애집》·《징비록》이 있습니다.

➜ 권율, 이순신, 이황, 임진왜란

6월 민주 항쟁

1987년 6월에 일어났던 민주화 운동

6·10 민주 항쟁이라고도 해요. 5·18 민주화 운동을 힘으로 억누른 군인 세력은 정권을 쉽게 차지하기 위해 헌법을 고쳤어요. 대통령 선거인단만 모여 간접 선거로 대통령을 뽑도록 한 것이지요. 이에 따라 전두환이 대통령이 된 뒤 부정부패를 저지르자, 야당과 재야 세력은 직선제 개헌(국민들이 직접 선거로 대통령을 뽑도록 헌법을 고치는 것)을 주장했어요.

그러나 전두환은 국민의 민주화 열망을 억압하고 헌법을 고칠 수 없다고 선언했어요(호헌 선언). 이러한 가운데 천주교 정의구현전국사제단이 전두환 정부의 폭력적 탄압을 상징하는 사건을 폭로했어요. 전두환 정부가 서울대학교 학생인 박종철을 고문하다 죽인 뒤 이를 숨겼던 사건이에요. 또한 민주화 운동에 참여했던 대학생 이한열이 경찰이 쏜 최루탄에 맞아 사망하는 사건도 발생했어요.

이 사건들은 국민들의 분노를 일으켜 6월 10일 이를 규탄하는 범국민 대회가 열렸어요. 이것을 출발점으로 해서 6월 내내 500여 만 명에 이르는 국민들이 전국 곳곳에서 반독재 민주화를 요구하며 시위를 벌였어요. 이것이 6월 민주 항쟁이에요.

이렇게 되자 전두환 정부는 국민의 요구를 받아들이지 않을 수 없게 되어, 마침내 대통령 직선제를 허용하는 '6·29 민주화 선언'을 발표했답니다.

➔ 6·29 민주화 선언

유학

공자의 주장과 학풍을 따르고 연구하는 학문

유학은 공자를 시조로 맹자, 순자로 이어지면서 발전한 학문이에요. 유학자들은 예와 도덕을 중시했고, 이것을 실천할 수 있는 인격, 즉 덕을 닦는 것을 목표로 삼았어요. 또한 그 성과를 정치에 적용해 지배자가 덕으로 백성을 다스리고 가르칠 것, 즉 덕치주의를 펼 것을 주장했답니다.

우리나라가 유학을 받아들인 것은 삼국 시대부터였어요. 그러나 유교를 통치 이념으로 받아들였다고 할 정도는 아니어서, 여전히 삼국의 통치 이념은 불교나 토속 신앙(무속)이었답니다. 이는 고려 때도 마찬가지여서 일상 생활이나 정치에 불교가 여전히 크게 영향을 끼쳤지만, 광종 때부터는 유학 과목으로 관리를 뽑는 과거제를 실시하는 한편, 최승로가 건의한 시무 28조를 받아들여(성종 때) 나라를 다스리는 데 유교를 활용했어요.

조선 시대에는 이것이 더욱 강화되어 덕치주의를 내세워 유교적 이상 정치를 실현하는 것을 통치 이념으로 삼았고, 관리들도 유학을 공부한 과거 합격자를 주로 뽑아 썼답니다.

➔ 과거제, 최승로

6·29 민주화 선언

국민들의 민주화와 직선제 요구를 받아들여 발표한 선언

1987년 6월에 국민들은 전두환 정권의 독재에 반대하여 직선제 개헌을 요구하며 전국 각지에서 일어났어요(6월 민주 항쟁). 전두환 정부는 경찰력을 동원해 항쟁을 진압하려고 했지만 국민들의 저항과 민주화 요구는 점점 더 커져만 갔지요. 결국 1987년 6월 29일에 당시 민주정의당의 대통령 후보였던 노태우는 국민들의 요구에 따라 직선제를 포함한 민주화 요구를 받아들이는 6·29 민주화 선언을 발표했어요.

> 6·29 민주화 선언의 주요 내용은 무엇이었나요?
> ① 대통령 직선제 개헌을 통한 1988년 2월 평화적 정권 이양 ② 대통령 선거법 개정을 통한 공정한 경쟁 보장 ③ 김대중 사면 복권과 시국 관련 사범들의 석방 ④ 인간 존엄성 존중 및 기본 인권 보장 ⑤ 자유 언론의 창달

➜ 6월 민주 항쟁

6·25 전쟁

1950년에서 1953년까지 남한과 북한 사이에 벌어진 전쟁

1948년 38도선을 경계로 남한과 북한에 각각 독립된 정부가 들어서면서 남북의 대립은 더욱 심해졌어요. 그러던 중 북한은 남한을 무력으로 통일하려고 전쟁을 일으켰어요(1950. 6. 25).

북한의 남침 보고를 받은 미국은 유엔 안전 보장 이사회에 침략 문제를 제기했어요. 유엔은 북한의 남침을 침략 행위로 규정하고 북한군에게 38도선 이북으로 즉각 철수할 것을 요구하는 결의안을 통과시켰어요. 그러나 북한이 유엔의 결의를 무시하고 남침을 계속하자 유엔 회원국들은 북한군을 물리치기 위해 한국 정부에 할 수 있는 모든 원조를 제공하겠다는 결의안을 통과시켰어요. 이로써 역사상 처음으로 유엔군이 구성되었답니다.

북한은 한때 낙동강 유역까지 밀고 내려왔지만 유엔군의 인천 상륙 작전이 성공하자 38도선 이북으로 물러났어요. 10월 26일 유엔군 일부 부대가 압록강까지 도달했어요. 그러나 대규모의 중국군이 개입해 유엔군이 다시 후퇴하게 되었어요(1·4 후퇴). 이후 서로 밀고 밀리던 양측은 현재의 군사 분계선을 경계로 각각 2km씩의 비무장지대를 설정하고, 1953년 7월 27일 휴전 조약에 서명함으로써 남북이 분단된 채로 오늘에 이르고 있어요.

6·15 남북 공동 선언

남북한 정상이 통일 문제를 의논한 뒤 발표한 공동 선언

1980년대 이후 남한과 북한은 정상 회담을 추진하기 위해 노력했고 1994년에는 남한의 김영삼 대통령과 북한의 길일성 주석이 남북 정상 회담을 열기로 합의했습니다. 하지만 갑자기 김일성 주석이 사망하면서 이루어지지 않았어요.

이후 김대중 대통령이 취임하고 북한에 남북 정상 회담을 제안했고 이를 김정일 국방 위원장이 받아들이면서, 분단 55년 만인 2000년 6월 13일부터 3일간 평양에서 남북 정상 회담이 이루어졌어요.

그 내용은 첫째, 통일 문제를 우리 겨레끼리 자주적으로 해결할 것. 둘째, 1국가 2체제의 통일 방안을 협의할 것. 셋째, 이산가족 문제를 하루 빨리 해결할 것. 넷째, 경제 협력을 비롯한 남북 간 교류를 활성화할 것이었어요. 또 합의 사항을 되도록 빨리 실천에 옮기기 위해 실무 회담을 열 것과 북한의 김정일 국방위원장의 서울 방문에 관한 합의도 포함하고 있었답니다.

웃으며 만나는 남북 정상(김대중 전 대통령과 김정일 전 국방위원장)

윤관 ?~1111

여진을 물리치고 동북 9성을 쌓은 고려의 문신이자 장군

윤관은 고려 문종 때 과거에 합격하고, 1104년(숙종 9)에 여진족이 쳐들어오자 정벌에 나서지만 실패했어요. 적의 기병(말을 탄 군사)들 때문에 졌다는 것을 안 윤관은 별무반이라는 특수 부대를 만들어 기병을 키우고 전투력을 높이는 데 온 힘을 다했어요.

이를 바탕으로 윤관은 1107년에 다시 17만 대군을 이끌고 나가 여진의 근거지 135곳을 무너뜨리고, 4940명을 죽이고 130명을 포로로 잡는 빛나는 승리를 거두었어요. 그 뒤 윤관은 되찾은 동북 지역에 아홉 개의 성을 쌓고 백성을 옮겨 살게 했습니다(동북 9성, 1107). 윤관은 그 공으로 최고 벼슬인 문하시중까지 올랐어요.

그러나 고려군이 동북 지역을 차지하자 여진족이 거세게 반발해 정면으로 대결하게 되었으며, 개척한 땅이 너무 넓고 멀어 지키기 어려운 상황에 이르러, 여진족이 조공을 바칠 테니 성을 돌려달라고 사정하자 9성을 다시 돌려주었어요(1109).

한편 윤관은 9성을 돌려준 뒤 관직과 공신 칭호를 빼앗겼어요. 뿐만 아니라 명분 없는 전쟁으로 국력을 약하게 했다며 처벌하자는 주장까지 나오자 다시는 벼슬길에 나아가지 않고 여생을 마쳤어요.

별무반은 여진족을 물리치기 위해 만들어진 군사 조직이에요.

윤봉길 1908~1932

일본 왕의 생일 기념 행사장에 폭탄을 던진 독립운동가

윤봉길은 농촌 계몽 운동을 하다 일제의 탄압을 받자 열여덟 살에 "대장부가 집을 나가니 살아 돌아오지 않겠다."는 글을 남기고 집을 떠나 중국으로 건너갔어요. 1931년 윤봉길은 상하이에 있는 대한민국 임시 정부의 김구를 찾아가 한인 애국단에 가입했어요. 그리고 1932년에는 상하이 훙커우 공원에서 열리는 일본 국왕의 생일과 상하이 점령 전승 기념 행사장에 폭탄을 던져 시라카와 상하이 파견군 총사령관을 비롯하여 일본 인사들에게 중상을 입혔어요.

거사 직후 윤봉길은 도망갈 생각도 않고 대한 독립 만세를 부른 뒤 체포되어 사형을 선고받고 순국했어요. 윤봉길 의사의 의거는 당시 일본의 침략을 경계하고 있던 중국인들에게 커다란 감동을 주었으며, 중국 정부와 중국인들이 한국인의 항일 독립 투쟁에 적극적으로 협력하는 중요한 계기가 되었어요.

윤희순 1860~1935

일제 강점기에 활동한 여성 독립운동가

서울에서 태어나 결혼한 뒤 춘천에서 살았어요. 1895년 명성 황후 시해 사건(을미사변)에 분노해 시아버지 유홍석이 의병으로 출정하자 의병들에게 음식과 옷을 대 주는 한편 〈안사람 의병가〉·〈병정의 노래〉를 만들어 알리면서 의병들의 사기를 북돋우는 데 힘을 쏟았어요. 여성들도 의병 활동을 하도록 이끄는 데도 앞장섰답니다.

1910년 일본에게 나라를 완전히 빼앗기자, 가족과 함께 중국으로 건너가 활동하다가 일본인에게 남편과 아들을 잃었어요. 그러나 좌절하지 않고 〈의병 군가〉를 지어 널리 알리고, 의병들을 돕는 일을 계속했답니다.

안사람 의병가

아무리 왜놈들이 강성한들
우리들도 뭉쳐지면 왜놈 잡기 쉬울세라.
아무리 여자인들 나라 사랑 모를쏘냐.
아무리 남녀가 유별한들 나라 없이 소용 있나.
우리도 의병 하러 나가 보세.
의병대를 도와주세.
금수에게 붙잡히면 왜놈 시정 받들소냐.
우리 의병 도와주세.
우리나라 성공하면 우리나라 만세로다.
우리 안사람 만만세로다.

을미사변 1895

일본이 명성 황후를 시해한 사건

청일 전쟁에서 승리한 일제는 조선의 정치에 더욱 깊이 간섭을 했어요. 이에 고종과 명성 황후는 러시아 세력을 끌어들어 일본과 맞서려고 했습니다. 당시 명성 황후는 고종의 정치적 조언자로서 적극적인 역할을 하고 있었는데 일본은 이에 차츰 불안을 느끼고 명성 황후를 시해할 계획을 세워요. 1895년 10월 8일 새벽, 일본은 경복궁에 침입해 명성 황후를 시해하고 시신을 불태우는 만행을 저질렀어요.

이후 을미사변과 단발령에 분노한 유생들은 친일 내각을 무너뜨리고 일본 세력을 몰아내자며 의병을 일으켰어요(을미의병, 1895).

➔ 단발령, 명성 황후

을사늑약 1905

1905년 일본이 대한 제국의 외교권을 빼앗으려고 강제로 체결한 조약

러일 전쟁에서 이긴 일본은 우리나라를 침략하기 시작했어요. 1905년 11월 18일 일본의 이토 히로부미는 군대를 이끌고 와 왕궁을 포위한 채 이른바 을사늑약을 체결했어요. 고종 황제가 끝까지 이 조약을 거부했지만 일본은 제멋대로 조약을 발표했어요.

일제는 이 조약을 핑계로 대한 제국의 외교권을 빼앗고, 통감부를 설치해 정치 전체에 간섭했어요. 이로써 우리나라는 독립국의 지위를 잃어버리고 사실상 일본의 보호국(완전한 주권을 가지지 못하고, 그 통치권의 일부가 다른 나라에게 있는 불완전 독립국)이 되었답니다.

이 조약의 체결 소식이 〈황성 신문〉에 실려 전국에 알려지자 국민들은 조약 체결을 거부하고 전국 곳곳에서 일제에 대한 항쟁을 벌였어요.

을사의병은 양반 유생이 중심이 되어 일어났던 을미의병과는 달리 모든 국민이 힘을 합해 일으켰어요. 그중 긴종식이 이끄는 의병 부대는 홍주성을 점령하고 이를 근거지로 성이 함락될 때까지 일본군과 싸웠어요. 최익현 부대는 전라북도 순창에서 의병을 일으켰고, 평민 출신 의병장인 신돌석이 이끄는 부대는 태백산을 근거지로 하여 많은 승리를 거두었어요.

의자왕

백제의 제31대 왕이자 마지막 왕(재위 641~660)

의자왕은 무왕의 맏아들로 부모에게 효도하고 형제간에 우애가 깊어 '해동증자'라는 소리도 들었답니다. 관산성(충청북도 옥천) 전투에서 성왕이 죽은 뒤 귀족 중심으로 운영되던 정치 체제를 개혁해 왕권을 강하게 했어요.

신라를 직접 공격해 40여 성을 함락시켰으며(642), 대야성(경상남도 합천) 성주 품석(김춘추의 사위)과 그 가족을 죽였어요. 또, 고구려와 연합해 신라의 당항성(경기도 화성)을 공격해 신라와 당의 교통로를 막았답니다. 645년에는 신라의 서쪽 방면에 있는 7성을, 655년에는 고구려·말갈과 더불어 신라 북쪽 경계의 30여 성을 공격해 신라를 큰 곤경에 빠뜨렸어요.

그러나 의자왕은 만년에 이르러 사치스럽게 생활했고, 귀족들의 다툼과 잦은 전쟁으로 백성들을 힘들게 했어요. 결국 660년 신라가 당과 연합해 공격하자 백제는 나라가 생긴 지 678년 만에 멸망합니다. 그 뒤 의자왕은 태자 효, 왕자 융과 백성 1만 2000여 명과 함께 당나라로 끌려가 돌아오지 못한 채 병으로 죽고 말았어요.

낙화암(충청남도 부여)

낙화암은 어떤 곳인가요?

백제가 멸망할 때 백제의 궁녀들이 백마강으로 뛰어들어 죽었다고 전해지는 바위예요. 부소산성은 성왕이 사비로 도읍을 옮긴 뒤 120여 년 동안 백제를 지켜 왔던 중요한 성이었어요. 그러나 660년(의자왕 20)에 나당 연합군이 쳐들어와 백제가 멸망하게 되자 부소산성으로 피신해 있던 궁녀와 귀족 부인들은 이곳에서 백마강에 뛰어들었다고 전해져요. 꽃잎이 바람에 우수수 떨어지듯, 많은 궁녀들이 이 바위 위에서 강물로 뛰어들어 죽음을 택했다 하여 낙화암(꽃들이 떨어지는 바위라는 뜻)이라 한답니다.

➔ 김춘추

의천 1055~1101

《교장》을 펴내고 천태종을 연 고려 시대의 스님

고려 제11대 임금인 문종의 넷째 아들로, 시호는 대각 국사(大覺國師)예요. 열한 살 때 스님이 되어 송나라로 불교를 공부하러 갔어요. 1086년 고려에 돌아온 뒤에는 개경 흥왕사에 있으면서 송·요·일본에서 수집해 온 불경과 교리 연구서를 바탕으로 《교장》 4740여 권을 펴냈답니다. 또 1095년(헌종 1)에는 임금에게 화폐를 쓸 것을 건의했어요.

또한 의천은 천태종을 열어 교종과 선종으로 갈라져 대립하던 고려 불교를 하나로 합쳐 우리나라 불교 발전에 큰 업적을 남겼어요. 천태종이란 깨달음을 얻기 위해서는 불교 경전을 공부해야 하지만(교종) 거기에 보태 자신의 마음을 들여다보는 참선(선종의 수행 방법)을 함께 해야 한다고 보는 불교의 종파예요.

이봉창 1900~1932

일제 강점기 때 일본 왕에게 수류탄을 던진 독립운동가

1931년 중국 상하이로 건너가 한인 애국단에 들어갔어요. 1932년에 도쿄에서 일본 국왕 히로히토가 만주국 꼭두각시 황제인 푸이와 군대를 살펴보는 관병식을 하고 돌아가는 마차에 수류탄을 던졌지만 실패하고 붙잡혔어요. 사형을 선고받고 순국했어요.
이봉창의 의거는 비록 실패했지만 일본의 수도인 도쿄에서 일왕을 공격한 일은 세계를 깜짝 놀라게 했어요. 또한 당시 침체기에 있던 대한민국 임시 정부의 활동에도 큰 힘을 주었습니다.

➜ 한인 애국단

이상설 1870~1917

고종의 특사로 헤이그 만국 평화 회의에 파견된 독립운동가

1906년에 간도로 건너가 항일 민족 교육의 요람인 서전서숙을 세우고 신학문과 민족 교육을 했어요.
1907년에 이준·이위종과 네덜란드 헤이그에서 열리는 제2회 만국 평화 회의에 고종의 특사로 참석해, 일본의 침략 행위를 규탄하고 전 세계에 알리려 했어요. 그러나 일본이 방해해서 회의에 참석을 거부당하는 바람에 목적을 이루지 못했어요. 그 뒤 연해주에서 독립운동을 벌이다 죽었어요.

➜ 헤이그 특사

이순신 1545~1598

임진왜란 때 일본군을 물리치는 데 큰 공을 세운 장군

어린 시절부터 전쟁놀이의 대장이었던 이순신은 32세(1576)에 무과에 합격했고, 임진왜란이 일어나기 바로 전 해(1591)에 전라좌도 수군절도사가 되었어요. 이순신은 일본의 침입을 짐작하고, 거북선을 만들고 군사들 훈련시켰어요. 임진왜란이 일어나자 훌륭한 지도력과 뛰어난 작전으로 왜군을 크게 물리쳤지요. 옥포·적진포·사천·당포·율포·한산도·안골포·부산포에서 싸워 모두 크게 이겼고, 그 공을 인정받아 삼도 수군통제사가 되었어요.

그러나 일본군 장수를 놓아주었다는 모함을 받아 감옥에 갇히게 되었어요. 그 뒤 이순신은 감옥에서 풀려나 직책이 없는 보통 병사로 백의종군했어요. 그런데 이순신 대신 수군통제사가 되었던 원균이 칠천량 해전에서 일본군과 싸우다 크게 지고 죽었답니다. 이순신은 다시 수군통제사로 임명되었고, 명량에서 12척의 배로 133척의 적군과 싸워 크게 이겼어요(명량 대첩). 그러나 이순신은 1598년 노량 앞바다에서 일본군과 싸우다가 적의 총탄에 맞아 죽었어요(노량 해전).

이순신은 뛰어난 글도 여러 편 남겼는데, 《난중 일기》와 여러 편의 시조와 한시가 남아 있답니다. 죽은 뒤 임진왜란 때의 공로를 인정받아 공신이 되었고, 충무공이라는 시호를 받았으며, 영의정 벼슬까지 받았어요.

이순신 장군의 임진왜란 해전도

이순신 장군은 23차례의 해전을 치뤘는데 단 한 차례도 지지 않고 모두 이겼어요.

➡ 명량 대첩, 임진왜란, 한산도 대첩

이승만 1875~1965

독립운동가이자 대한민국 초대 대통령

호는 우남이에요. 독립 협회에 들어가 민중을 계몽하는 데 앞장섰어요. 미국에 머물면서 박사 학위를 얻었으며, 1920년 12월부터 1921년 5월까지 대한민국 임시 정부 대통령을 지냈어요. 하지만 우리나라를 국제 연맹이 통치하도록 요청했다는 사실이 알려지면서 임시 정부로부터 탄핵을 당했어요. 1945년 광복이 되자 돌아와 미국의 지지를 받으면서 신탁 통치를 반대하고 반공 노선을 지켜 나갔답니다. 1946년 6월부터 남한 단독 정부 수립을 주장했어요.

1948년에 대한민국 정부 수립과 함께 초대 대통령이 되었어요. 6·25 전쟁이 터지자 부산에 피난해 있다가 자유당을 만들었고, 계엄령을 선포한 후 헌법을 바꿔 다시 대통령이 되었어요. 1954년에는 대통령은 두 번만 할 수 있다고 되어 있는 헌법을 불법으로 고쳐, 초대 대통령인 이승만만은 여러 번도 할 수 있게 만들었어요. 그리하여 1956년 제3대 대통령이 또 되었어요. 그런데 이승만 정부는 여기에 더해 1960년 3월 15일에 열린 제4대 정·부통령 선거에서 엄청난 부정 선거를 저질렀어요. 이 때문에 4·19 혁명이 일어나자, 대통령에서 물러났어요. 하와이로 떠난 뒤 호놀룰루에서 죽었어요.

이양선

조선 후기 우리나라 바닷가에 나타난 서양 배

이양선이란 말은 '이상한 모양을 한 배'라는 뜻이에요. 그 시절 서양의 배가 우리나라 배와 모양이 달라서 붙은 이름이랍니다. 서양 배들은 주로 철선이었고, 증기로 가는 배였기 때문에 시커먼 연기를 뿜어내었고, 대포를 싣고 있었지요. 이양선을 타고 우리나라 해안에 온 서양인들은 처음에 식량이나 물을 요구하다가 점점 무역을 하자고 요구했어요. 조선 조정은 이런 행위에 단호하게 맞서며 이양선을 쫓아냈어요. 이렇게 충돌하면서 이후 병인양요와 신미양요가 일어나게 됩니다.

이이 1536~1584

조선 중기의 성리학자이자 정치가

호는 율곡이며 강원도 강릉에서 태어났어요. 퇴계 이황과 더불어 조선의 대학자로 일컬어집니다. 이이는 매우 총명해 13세에 진사 시험에 합격했고, 23세에 과거에 장원으로 합격했는데, 이때부터 29세까지 아홉 차례 과거에 모두 장원으로 합격해 '구도 장원공(九度 壯元公)'이란 별명을 얻었대요.

이이는 깊이 있는 학문과 뛰어난 정치적인 안목을 바탕으로 여러 가지 개혁안을 만들었어요. 임진왜란이 일어날 것을 예견해 병사 10만 명을 기르자는 '십만 양병설'을 주장하기도 했답니다. 그러나 자신의 주장이 받아들여지지 않자 벼슬을 그만두고, 학문을 연구하며 제자들을 교육하고, 백성들의 생활이 나아질 수 있도록 힘썼어요. 《동호문답》·《만언봉사》·《성학집요》·《격몽요결》·《기자실기》와 같은 책을 남겼어요. 또한 현재 발행되는 오천 원짜리 지폐의 앞면에는 이이의 초상이 그려져 있습니다.

이이가 태어나고 자란 오죽헌(강원도 강릉)

이이의 어머니 신사임당은 현모양처로 손꼽히는 인물입니다. 시와 글, 그림에도 매우 솜씨가 뛰어났답니다.

이종무 1360~1425

조선 초 쓰시마섬의 왜구를 정벌한 장군

이종무는 어려서부터 말타기와 활쏘기를 잘했답니다. 열네 살 때 아버지를 따라 강원도로 가서 왜구를 물리치는 데 공을 세우기도 했답니다. 장군이 되어 고려 말과 조선 초에 우리나라 해안을 침범하여 도둑질을 하던 왜구(일본 출신 해적)를 물리치는 데 큰 공을 세웠어요. 1419년(세종 1)에는 왜구의 소굴인 쓰시마섬(대마도)으로 가서 왜구를 정벌했고, 1423년에는 사신으로 명나라에 다녀오기도 했답니다.

이차돈 506~527

신라 법흥왕 때 불교를 위해 목숨을 바친 사람

이차돈은 독실한 불교 신자였어요. 그러나 그가 살던 시절에 대부분의 신라 사람들은 불교를 믿지 않았답니다. 오히려 사람들 사이에는 해나 달을 섬기는, 말하자면 자연 만물에 신이 깃들어 있다고 믿는 민간 신앙이 깊이 뿌리내리고 있었어요. 이러한 상황에서 법흥왕은 새로운 종교인 불교를 나라의 종교로 삼으려 했어요. 그러나 귀족들의 심한 반대에 부딪히는데, 이차돈은 왕에게 찾아가 자신을 죽이고 불교를 받아들이라고 말했어요.

이후 이차돈이 절을 짓는다며 공사를 시작하자, 귀족들은 왕에게 몰려가 이차돈을 처벌하라고 해요. 이에 법흥왕은 이차돈의 목을 베라고 합니다. 이차돈은 죽기 전에 "내가 죽으면 이상한 일이 일어날 것이다. 이것이 부처님의 계시다." 하고 말했어요. 그의 목을 베자 목에서 하얀 피가 솟구치고, 하늘에서는 꽃비가 내렸다고 해요(527, 법흥왕 14). 현장에 있던 사람들은 깜짝 놀라며 두려워했고, 신라는 불교를 공식적으로 인정하게 되었어요. 법흥왕은 신라 최초의 절인 흥륜사를 지어 이차돈을 추모했어요.

이토 히로부미 1841~1909

대한 제국의 국권을 빼앗은 일본의 정치가

메이지 유신 때부터 일본 정부의 주요 관직을 두루 거쳐 초대 내각 총리 대신까지 지냈어요. 1905년에 우리나라에 을사늑약 체결을 강요하고, 조약 체결 뒤 초대 통감으로 부임해 대한 제국의 국권을 완전히 빼앗아 한일 병합의 기초를 닦았어요. 1909년에 만주 하얼빈역에서 안중근 의사의 총에 맞아 죽었어요.

➔ 안중근, 을사늑약, 일제의 강제 합병(한일 병합)

2·8 독립 선언

1919년 2월 8일에 일본 도쿄에서 조선의 유학생들이 발표한 독립 선언

제1차 세계 대전이 끝난 후 미국 윌슨 대통령이 선언한 민족 자결주의에 자극을 받은 조선의 유학생들은 일본에서 본격적인 독립운동을 펼치기로 했어요. 1919년 2월 8일, 유학생들은 미리 준비한 독립 선언서를 여러 나라의 대사관과 신문사에 보냈어요. 그리고 도쿄의 조선 기독교 청년회관에 모여 독립 선언서와 결의문을 읽고, 독립 만세를 외쳤어요. 이 독립 선언은 3·1 운동에 영향을 주었답니다.

2·8 독립 선언서

조선 청년단은 이천만 민족을 대표하여
세계에 우리 민족의 독립을 선언하노라.
……
을사늑약을 맺을 때에는 황제와 신하,
그리고 민족 전체가 저항하였고, 국권을 빼앗긴 이후에도
이에 저항하다가 일제의 총칼에 희생된 사람을 헤아릴 수 없다.
이에 우리 민족은, 일본을 비롯한 세계 여러 나라에
우리 민족의 독립을 요구하며, 이것이 이루어지지 않을 때에는
계속적인 독립운동을 하여 독립을 이룰 것을 선언하노라.

1919년 2월 8일

이황 1501~1570

성리학을 체계화한 조선의 대학자

호는 퇴계이며 경상북도 예안(안동)에서 태어났어요. 33세에 과거에 급제해 벼슬을 시작했고, 49세에 풍기 군수를 그만두고, 고향으로 돌아와 학문 연구와 제자 교육에 전념했어요. 그 뒤에 나라에서 벼슬을 여러 차례 주었지만 마지못해 받았다가 그만두기를 되풀이했답니다.

이황은 명종·선조가 매우 존경했던 학자였어요. 또 이이와 함께 조선 시대 제일의 유학자로 손꼽힌답니다. 이황은 이언적의 주리설을 계승해, 주자의 이기 이원론을 더욱 발전시켰어요. 그의 학문은 뒤에 유성룡·김성일·정구에게 계승되어 영남 학파를 이루었어요. 이황의 학설은 임진왜란 뒤에 일본에 소개되어 일본의 성리학 발달에 큰 영향을 끼쳤답니다.

저서로 《성학십도》·《자성록》·《주자서절요》·《퇴계집》이 있고, 시조 작품으로 〈도산십이곡〉이 전해집니다. 안동의 도산서원, 단양의 단암서원, 괴산의 화암서원을 비롯해 전국의 수십 개 서원에서 이황을 모시는 제사를 올립니다. 또한 현재 발행되는 천 원짜리 지폐의 앞면에는 이황의 초상이 그려져 있습니다.

도산 서원(경상북도 안동)

익산 미륵사지 석탑

우리나라에서 가장 크고 오래된 석탑, 국보 제11호

미륵사는 백제 무왕 때 지은 절로 백제에서 규모가 가장 컸다고 전해져요. 하지만 지금은 석탑과 당간 지주 그리고 건물의 터만 남아 있습니다.

미륵사지 석탑은 현재 우리나라에 남아 있는 석탑 중 가장 크고 가장 오래된 석탑이에요. 나무 대신 돌로 바꾸었을 뿐 목탑의 건축 방식을 그대로 따르고 있어 목탑이 석탑으로 바뀌는 과정에서 만들어진 탑으로 짐작하고 있답니다. 원래는 9층이었을 것으로 생각되지만 지금은 6층까지만 남아 있어요.

1914년 일제 강점기 때 석탑의 무너진 곳에 시멘트를 발라 놓아 흉물스러운 모습이었는데 2001년부터 보수 및 복원 공사를 진행하여 2019년에 마무리가 되었습니다.

익산 미륵사지 석탑

익산 왕궁리 5층 석탑

정림사지 석탑을 잇는 백제계 석탑, 국보 제289호

왕궁리는 백제 무왕이 수도를 옮겼던 곳, 또는 무왕 때 사비성과 별도의 행정 수도였다는 주장이 있는 옛 백제 왕궁의 대규모 유적지예요. 그중 왕궁리 5층 석탑은 정림사지 석탑 같은 백제의 석탑 양식을 충실히 따르고 있답니다.
그러나 탑에서 발견된 사리 장치(국보 제123호)가 고려 시대 것으로 여겨지고 있어, 이 탑은 백제의 탑을 계승하여 고려 시대에 만들어졌거나 그 이전에 만들어졌다가 고려 시대에 수리한 것으로 추측되고 있어요.

일본군 위안부

일본군에게 강제로 끌려가 전쟁터에서 성 노예 생활을 강요당한 여성들

1930년대부터 1945년 일본이 패망할 때까지 일본은 자신들의 식민지와 점령지인 한국·중국·타이완·필리핀에서 수많은 여성들을 강제로 일본군 위안부로 동원했어요. 우리나라에서만 20만여 명의 여성들이 끌려가 비참한 생활을 했답니다.

일본은 1993년 일본군 위안부 사실을 일부 인정하고 사과했으나 이후 이를 뒤집는 발언과 행동을 계속하고 있어요. 이에 우리나라 많은 국민이 매주 수요일 주한 일본 대사관 앞에서 25년 넘도록 시위를 하고 있어요. 또 일본군 피해자들의 명예와 인권을 회복하고자 평화의 소녀상을 만들어 국내외 여러 곳에 세우고 있습니다.

일제의 강제 합병 (한일 병합)

우리나라가 국권을 잃어버리고 식민지가 된 사건

경술년(1910)에 일어난 치욕스러운 일이라고 하여 경술국치라고도 합니다. 일본은 1905년에 러일 전쟁에서 이기자 우리나라를 침략하기 시작했어요. 일제는 무력을 앞세워 1905년에 을사늑약, 1907년 7월에는 한일 신협약(정미 7조약)을 차례로 맺어 우리나라를 식민지로 만들어 갔어요.

그 과정에서 우리 민족의 저항을 막기 위해 군대를 해산시켰으며, 신문지법·보안법을 만들기도 했어요. 또 1909년에는 사법권을 빼앗고, 전국에서 일어난 정미의병을 무자비하게 진압했어요.

한일 병합은 1910년에 일본 육군 대신 데라우치가 통감이 되면서 빠르게 추진되었어요. 6월에는 경찰권을 빼앗았으며, 일본 헌병을 중심으로 하는 헌병 경찰제를 실시했어요. 마침내 8월 29일, 일제는 군대와 경찰을 전국 곳곳에 배치해 우리 민족의 저항을 미리 막고, 이완용을 중심으로 한 매국 내각과 병합 조약을 맺었어요. 이후 일제는 우리 민족을 지배하기 위해 조선 총독부를 두었으며, 데라우치가 초대 총독이 되었어요.

> 일제는 우리나라의 국권을 빼앗는 것이 우리 민족의 요청으로 이루어지는 것처럼 꾸미려고 했어요. 그래서 한일 병합 조약을 강제로 체결하기 전에, 일진회의 이용구, 송병준 등 친일파를 앞세워, 나라를 일본에 합치자는 각종 청원서나 성명서를 발표하게 했답니다.

➜ 을사늑약

임진왜란 1592~1598

조선 선조 때 일본의 침략으로 일어난 전쟁

1592년 4월, 일본이 조선을 명나라로 가는 길로 삼겠다는 구실로 침략해 오면서 임진왜란이 일어났어요. 왜군은 부산에 상륙한 지 20일 만에 한양을 점령하고 계속해서 북쪽으로 침입해 왔어요. 이에 선조 임금은 한양을 떠나 의주까지 피란했고, 명나라에게 지원병을 요청했답니다.

그러나 바다에서는 이순신 장군이 이끄는 수군이 왜군을 지속해서 크게 무찔렀고, 육지에서는 수많은 의병들이 일어나 피를 흘리면서 외군과 싸워 나라를 지키고자 했어요. 결국 북쪽으로 진격하던 왜군은 조선군과 명나라 군사에게 밀려 후퇴를 했고, 조선은 한양을 되찾게 되었어요.

일본은 전쟁에서 밀리자 5년에 걸쳐 명나라와 협상에 들어갔어요. 덕분에 전쟁은 한동안 수그러들었어요. 하지만 협상이 별다른 성과를 거두지 못하자 일본은 1597년에 다시 조선을 침략했어요(정유재란). 그러나 전쟁을 일으켰던 일본의 도요토미 히데요시가 죽자 전쟁은 끝났어요.

임진왜란으로 조선은 국토가 황폐해졌고, 백성들의 생활은 매우 어려워졌어요. 전쟁이 끝난 뒤 중국에서는 명나라가 멸망하고, 청나라가 들어섰으며, 일본에서는 도쿠가와 정권이 들어서게 되었답니다.

임진왜란은 1592년에 시작되었는데 그 해가 임진(壬辰)년이어서 임진왜란이라고 해요. 두 번째 침입은 1597년에 일어났는데 그 해는 정유(丁酉)년이어서 정유재란이라고 합니다.

➜ 곽재우, 권율, 김시민, 명량 대첩, 사명 대사, 서산 대사, 유성룡, 이순신, 한산도 대첩

자격루

장영실이 세종의 명을 받아 만든 물시계

자격루는 스스로 종을 쳐서 시각을 알려 주는 물시계입니다. 자격루의 원리는 다음과 같아요. 물통 속에 물이 차면 물이 물받이로 흐르고 물통 속에 있는 살대가 떠오릅니다. 떠오른 살대가 격발 장치를 건드리면 격발 장치는 다시 장전해 둔 쇠구슬을 건드려 쇠구슬이 굴러 내리면서 옆에 세워 둔 징, 북, 종을 울립니다. 징, 북, 종소리가 나면 시간을 알려 주는 인형이 나타나는데 인형이 들고 있는 팻말을 보고 시간을 알 수 있었답니다. 예를 들어 '자시(子時)'라는 팻말을 든 인형이 나타나면 '자시(子時 : 밤 11시~새벽 1시)'라고 아는 것이지요. 자격루는 경회루 연못 남쪽에 보루각을 짓고 그 안에 만들었다고 해요. 오늘날 덕수궁에 있는 자격루는 중종 때 (1536) 다시 만든 것으로, 시간을 저절로 알려 주던 인형 부분은 없어지고 물통만 남아 있어요.

→ 장영실

장군총

동방의 피라미드라 불리는 고구려의 돌무지무덤

장군총은 기원전 3년(유리왕 22)부터 427년(장수왕 15)까지 고구려가 도읍으로 삼았던 중국 지안현 퉁거우 평야에 있는 돌무지무덤이에요. 화강암을 깎아 만든 돌을 7단의 계단식 피라미드 모양으로 쌓았는데, 크기가 매우 커 '동방의 피라미드'라고 한답니다.

정면은 국내성을 바라보는 서남향이며 네 귀는 동서남북을 가리키고 있어요. 무덤 안 석관의 머리 쪽은 북동쪽에 있는 백두산 천지를 향하고 있답니다. 기단의 둘레에는 2~3m정도 되는 호석 12개(각각 15~20톤의 무게임)가 기단석을 떠받치고 있어요. 2004년에 유네스코가 세계 문화유산으로 지정했는데, 아쉽게도 중국의 문화재로 등록되어 있답니다.

이 무덤의 주인은 광개토 대왕과 그 아들인 장수왕이라는 두 가지 주장이 있지만, 장수왕의 무덤이라는 의견이 더 설득력을 얻고 있어요. 광개토 대왕의 무덤은 태왕릉일 것이라고 보고 있습니다.

장군총(기단의 한 변의 길이는 33m이며, 높이가 13m나 되어 동방의 피라미드라 불립니다.)

➜ 광개토 대왕, 돌무지무덤, 장수왕

장보고 ?~846

청해진을 설치하고 국제 무역을 주도한 신라의 장군

원래 이름은 '활을 잘 쏘는 사람'이라는 뜻을 가진 궁복이었어요. 장보고는 가난한 집안에서 태어나 어릴 때 당나라에 건너가 군인으로 활약했어요.

그러던 중 당나라 해적들이 신라 사람들을 붙잡아 노예로 파는 것을 보고 분개해 신라로 돌아와 흥덕왕에게 청해(전라남도 완도)에 진(군사 기지)을 설치해 줄 것을 간청했어요(826). 그리하여 청해진 대사로 임명된 장보고는 1만의 군사를 지휘하며 황해의 해적을 소탕하고, 당과 신라와 일본을 연결하는 국제 무역을 주도했답니다.

장보고는 중앙 정치에도 진출해 김우징을 신무왕에 오르게 했어요(839). 그러나 845년(문성왕 7)에 자신의 딸을 왕비로 보내려다 귀족들의 반대로 실패하고, 결국 조정에서 보낸 자객 염장에게 살해되고 말아요(846).

➜ 당, 청해진, 호족

장수왕 394~491

고구려 최대의 영토를 다스린 고구려 제20대 왕(재위 413~491)

광개토 대왕의 맏아들로 태어나 스무 살 되던 해 왕이 되었어요(413). 중국의 진(晉)·송·위 등과 외교 관계를 맺어 북쪽에 대한 방어망을 마련한 뒤, 427년 국내성에서 평양으로 수도를 옮기고 적극적인 남하 정책을 추진했습니다.

장수왕은 백제 공격에 앞서 승려 도림을 첩자로 파견해 백제의 상황을 파악하는 한편 개로왕으로 하여금 궁을 새로 짓게 부추겨 백제의 나라 살림과 힘을 소모시켰어요. 그런 뒤 475년 백제를 공격해 위례성을 함락하고 개로왕을 사로잡아 죽였어요.

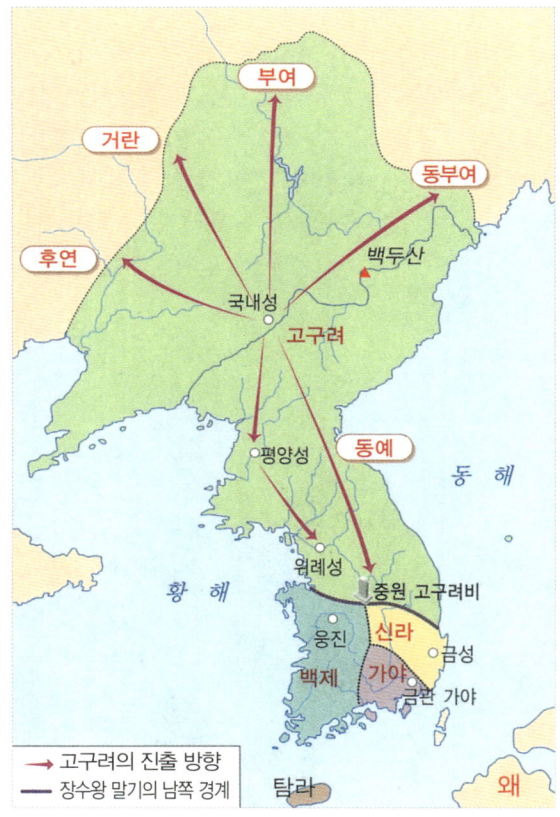

전성기의 고구려(5세기)

또한 480년에는 말갈의 군사와 함께 신라 북부를 공격해 아산만에서 죽령에 이르는 영토를 차지했어요. 그 결과 고구려는 5세기 말에 한반도의 중부 지방과 요동을 포함한 만주 지방 대부분을 차지해 동북아시아의 강대국으로 위세를 펼쳤답니다. 왕위에 있었던 기간만 78년에 이르기 때문에 장수왕이라는 이름이 붙었어요.

➡ 광개토 대왕, 요동 지방

장영실

조선 세종 때 과학 기술을 발전시킨 과학자

장영실은 어머니가 노비여서 자신도 노비가 되었어요. 그러나 과학에 재능이 뛰어나 왕실의 기술자가 되어 관직에 나갈 수 있었고, 노비 신분에서 벗어날 수 있었어요. 특히 장영실은 그의 재능을 알아본 세종 대왕의 아낌없는 지원을 받으며 과학 기술 발전에 큰 공을 세웠습니다.

천문 관측 기구인 혼천의와 간의, 해시계인 앙부일구, 물시계인 자격루를 만들었고, 금속 활자인 갑인자를 만들었어요.

➡ 갑인자, 세종, 앙부일구, 자격루, 측우기

장지연 1864~1920

일제 강점기의 언론인이자 애국 계몽 운동가

1905년에 을사늑약이 체결되자 〈황성 신문〉에 '시일야 방성대곡'이라는 글을 써서 일본의 침략을 강력하게 비난했어요. 이 때문에 석 달 동안 감옥에 갇혔다가 석방되었답니다. 애국 계몽 운동을 벌이다가 일제에게 쫓겨 1908년 블라디보스토크로 건너가 일제의 침략을 반대하는 언론 활동을 했어요.

1909년에는 〈경남일보〉의 주필로 초대되어 다시 우리나라에서 신문에 글을 써 나라를 구하려는 활동을 계속했어요. 1910년 일제에 주권을 빼앗기자 황현을 비롯한 선비들이 이에 항의하며 스스로 목숨을 끊었는데, 황현이 남긴 시를 신문에 실어 일제를 규탄하기도 했답니다.

하지만 1914년부터 1918년까지 〈매일신보〉 주필로 활동하면서 일제를 찬양하는 글을 게재하는 친일 행적을 보이기도 했습니다.

➜ 애국 계몽 운동, 을사늑약

전봉준 1854~1895

동학 농민 운동의 지도자

별명은 녹두 장군이에요. 서른 살이 넘어서 동학에 들어가 고부 지역 지도자가 되었어요. 1892년(고종 29)에 고부 군수로 임명된 조병갑이 농민들을 괴롭히자, 1894년 1월에 1000여 명의 농민과 동학교도를 이끌고 고부 농민 봉기를 일으켰어요.

정부에서는 이 일을 처리하라고 관리를 보냈으나, 그들은 일을 제대로 수습하지 못하고 오히려 더 횡포를 부렸어요. 이에 전봉준은 동학 교단에서 세력을 가지고 있던 김개남, 손화중과 함께 농민군을 조직했어요. 1894년 3월 백산에 1만 명이 넘는 동학 농민군이 모이자 동학 농민 운동을 이끌었어요.

5월 들어 정부가 개혁 정책 실천을 약속하며 농민과 화해(전주 화약)하자, 전봉준은 전라도 지방에 집강소라는 자치 기구를 설치해, 그동안 잘못된 정치 때문에 생긴 문제들을 하나하나 바로잡아 갔어요. 그러던 중 청일 전쟁이 일어나고, 일본이 점차 한국에 대한 침략 의도를 드러내자 다시 일어나 일본군과 싸웠어요. 그러나 일본군에게 번번이 지고, 11월의 우금치(충청남도 공주) 전투에서 크게 진 뒤 금구 전투에서 농민군은 완전히 몰락했어요.

전봉준은 정읍으로 피신했지만 순창에서 일본군에게 체포돼 이듬해 3월에 목숨을 잃었어요.

체포된 전봉준

➔ 동학, 동학 농민 운동, 청일 전쟁

정림사지 5층 석탑

목탑 형식이 남아 있는 백제의 석탑, 국보 제9호

정림사지 5층 석탑은 지금은 터만 남아 있는 정림사에 있는 돌탑으로 7세기쯤 만들어졌어요. 목탑의 형식이 남아 있긴 하지만, 돌의 특성을 살려 목탑의 형식을 간소화함으로써 단아하고 정제된 아름다움을 지닌 백제 석탑의 완성된 모습을 보여 주고 있어요.

그러나 이 탑은 한동안 백제를 멸망시킨 당나라 장수 소정방이 세운 것이라고 잘못 알려져 있었어요. 1층 탑신부에 '백제를 정벌한 기념탑'이라는 글이 새겨져 있었기 때문이에요. 하지만 그 글자는 소정방이 백제를 멸망시킨 뒤 그것을 기념하려고 탑에 새긴 것이라고 합니다.

정림사지 5층 석탑

➔ 당

정몽주 1337~1392

고려의 마지막 충신이자 유학자

호는 포은이며 학문의 수준이 높아 고려 말기의 대학자인 이색이 성리학의 창시자라고 인정했어요. 스물셋에 문과에 장원으로 급제한 후(1360, 공민왕 9) 성리학으로 사회의 윤리를 바로 세우려 했으며 교육을 발전시켰어요. 뿐만 아니라 이성계와 함께 왜구와 여진족을 물리쳤고, 명에 사신으로 가 명과 외교 관계를 다시 맺기도 했답니다.

이성계와 함께 1389년에 공양왕을 왕으로 내세운 뒤 정1품의 벼슬을 받았지만, 이성계를 왕으로 내세우려는 움직임이 있자 이를 막으려다 이성계의 아들 이방원(태종)에게 살해당합니다. 정몽주가 죽었던 선죽교에는 아직도 그가 흘린 핏자국이 남아 있다고 해요.

고려 말 기울어 가는 나라의 운명을 바로잡으려 했던 대표 학자로 평가받고 있으며, 문집으로는 《포은집》이 있어요.

➜ 태조 이성계, 태조 이방원

정미의병 1907~1910

일제가 고종 황제를 강제로 퇴위시키고 우리 군대를 해산시킨 일에 맞서 일어난 의병

헤이그 특사 파견을 구실로 고종을 강제로 퇴위시킨 일본은 이번에는 대한 제국의 재정이 어렵다는 구실을 붙여 군대를 강제로 해산시켰어요(1907).

군대가 해산당하자 군인들은 이에 저항하여 항일 투쟁을 전개하는 한편 의병 부대에 합류했어요. 해산당한 군인들이 의병에 참여하자 의병 부대는 보다 조직적인 활동을 전개하게 되었고, 근대적인 무기를 갖추어 전투력도 크게 강화되었어요.

뿐만 아니라 이 시기의 의병 투쟁에는 양반, 농민, 군인 뿐만 아니라 노비, 상인, 스님, 포수와 같은 다양한 신분과 직업을 가진 사람들이 모두 참여하여 의병 투쟁이 범국민적인 대일 전쟁의 성격을 띠게 되었어요.

또한 서울에서 일본군을 몰아내기 위해 각지의 의병 부대 1만여 명이 연합하여 13도 창의군을 편성하고 그중 일부가 서울 부근까지 진격했어요. 그러나 그 뜻을 이루지는 못했습니다.

이처럼 의병 부대의 활동이 활발해지자 일본군은 의병 운동을 막으려고 의병 부대를 도와주는 마을을 불태우고 주민들을 마구 죽였어요. 일본군의 잔인한 진압과 1910년의 주권 강탈로 나라 안에서 의병 운동이 어려워지자, 의병들은 만주와 연해주로 옮겨 가 독립군이 되어 무장 투쟁을 벌였어요.

정약용 1762~1836

조선 후기에 실학을 집대성한 대학자

호는 다산, 여유당 등이 있으며 조선 후기에 실학 사상을 총정리하여 집대성한 대학자예요. 유형원, 이익의 실학 사상을 잇고 박지원과 같은 북학파의 북학 사상을 받아들여 실학 사상을 완성시킨 인물이지요.

1783년(정조 13)에 과거에 급제해 부승지 벼슬까지 했으며, 정조 임금의 신임을 크게 받았어요. 문장과 경학에 매우 뛰어났고, 수원 화성을 쌓을 때는 거중기를 만들어 과학 기술을 이용하기도 했어요.

그러나 천주교를 믿어, 1801년(순조 1)에 나라에서 천주교도들을 탄압할 때 붙잡혀 강진으로 귀양을 가 18년 동안 살았답니다. 귀양 생활 동안 학문에 전념해, 나라를 부강하게 하고 백성들이 잘살 수 있는 방법을 연구했어요.

정치·경제·사회·역사·지리·천문·의학·문학 등 여러 방면에서 뛰어난 글을 남겼답니다. 《목민심서》·《경세유표》·《흠흠신서》·《마과회통》을 비롯해서 500권이 넘는 책을 썼다고 해요. 《여유당 전서》는 정약용이 쓴 글을 모아 놓은 책이랍니다.

➔ 수원 화성, 실학, 정조

정조 1752~1800

조선 후기 황금 시대를 연 조선의 제22대 왕(재위 1776~1800)

정조는 영조의 맏아들인 사도 세자와 혜경궁 홍씨 사이에서 태어났는데 아버지인 사도 세자가 뒤주에 갇혀 죽자 세손이 되었고 1776년 영조를 이어 임금이 되었어요.

조선 후기 정조 때는 문화의 황금 시대였어요. 정조는 영조처럼 붕당 정치의 문제점을 해결하고자 인재를 고루 뽑는 탕평책을 실시했어요. 왕실 도서관이자 학문 연구 기관인 규장각을 만들어 재능 있는 인재와 학자들을 뽑아 학문과 기술을 연구하게 하여 실학을 크게 발전시켰어요.

정조는 백성들의 어려움을 보살피려고 애썼답니다. 왕릉을 참배하는 길에 백성들을 직접 만나 백성들의 어려운 사정을 듣기도 했어요. 수원에 화성을 만들게 했고, 화성으로 행차할 때에는 한강에 배다리를 만들어 건넜어요.

정조 때 지금까지 있었던 법전들을 모은 《대전통편》이라는 법전을 만들었어요. 인쇄술이 발전했고 《동문휘고》·《탁지지》·《규장전운》 등 수많은 책이 만들어졌어요.

배다리는 무엇인가요?

다리를 만들기 어려운 큰 강에 여러 척의 배를 나란히 붙여 띄우고 그 위에 임시로 놓은 다리를 말해요. 배다리는 정조 때의 실학자인 정약용이 설계해서 만들었답니다.

➜ 붕당, 영조, 수원 화성

조선 1392~1910

고려 말의 장군이었던 이성계가 고려를 무너뜨리고 세운 나라

1392년 이성계는 신진 사대부들과 함께 공양왕을 몰아내고 조선을 세웠어요. 한양(서울)을 조선의 수도로 삼았으며, 불교를 멀리하고 성리학을 사회의 지도 이념으로 삼았어요. 조선은 양반이 나라의 지배층이 되었고, 양반에게만 특권이 있는 신분 사회였어요.

15세기 태종, 세종 때 전성기를 이루었어요. 16세기 말에서 17세기에는 임진왜란과 병자호란을 겪었지만 이를 이겨 내고, 18세기에(영조, 정조 때) 새로운 전성기를 맞이했습니다. 그러나 19세기에 서양의 강대국들과 일본의 간섭을 받게 되었고, 1897년 대한 제국으로 나라 이름을 바꾸고 개혁을 실시했어요. 그렇지만 결국 1910년에 일제에게 나라의 주권을 빼앗기고 말았어요.

조선에는 몇 명의 왕이 있었나요?
1392년에 왕이 된 태조 이성계부터 1910년 마지막 임금인 순종에 이르기까지 519년 동안 27명의 왕이 있었어요.

조선 시대의 신분

양반, 중인, 상민, 천민으로 나누어짐

조선 시대에는 조상의 신분에 따라 자신의 신분이 결정되었어요. 신분에 따라 권리와 의무가 다르고, 옷차림이나 생활 방식도 달랐답니다. 조선 시대의 신분은 법적으로는 양인과 천인 두 가지 뿐이었지만 실제 생활에서는 양반, 중인, 상민, 천민으로 나뉘었어요.

그중 양반은 가장 높은 신분이었어요. 양반은 과거 시험을 쳐 관리가 되어 나라를 다스리는 일에 참여할 수 있었어요. 양반은 유교 경전을 공부하거나 시 짓기, 활쏘기 들을 했답니다.

중인은 양반 다음 가는 신분이었어요. 중인은 중인들만 보는 시험을 쳐서, 의관이나 화원 같은 기술직이나 역관의 일을 맡았고, 높은 벼슬로는 올라갈 수 없었어요.

상민은 평민을 말하는 것으로 주로 농업, 상업, 수공업에 종사했어요. 상민 중에는 농민이 가장 많았고 백성의 대부분은 농민이었어요. 농민들은 나라에 세금을 내고 군대에도 가야 했어요. 과거를 볼 자격은 주어졌지만 공부할 여건이 안 되었으므로 벼슬을 할 수 있는 길은 거의 막혀 있었답니다.

한편 상인은 시전 상인과 보부상이 있었는데, 장사를 하는 대가로 나라에 필요한 물품을 조달할 의무가 있었어요. 반면 수공업자는 관청에 소속되어 필요한 물품을 만들었어요.

천민은 가장 천대를 받았던 신분이에요. 노비, 광대, 무당, 백정, 기생 들이 천민이었지요. 노비는 양반이 가진 재산처럼 여겨졌고, 광대, 무당, 백정 들이 하는 일은 천한 것으로 여겼답니다.

➜ 조선

조선어 학회

일제 시대에 우리 말과 글을 연구한 단체

조선어 학회는 일제 강점기인 1921년에 한글을 연구할 목적으로 조직되었던 조선어 연구회가 1931년 이름을 바꾼 단체예요. 《한글》이라는 잡지를 발행했고, 한글맞춤법통일안을 정해서 발표했으며(1933), 《조선어 사전》을 편찬하기 시작했으나 일제의 방해로 완성하지는 못했어요.

일제는 우리 민족의 저항 정신을 뿌리 뽑아 일본인처럼 만들려고 1938년 학교에서 아예 한글 교육을 금지하고, 우리말도 쓰지 못하도록 했어요. 그러던 중 1942년에 조선인 학생이 기차 안에서 친구들과 우리말로 대화하다가 경찰에게 발각되어 조사를 받게 되었어요. 일본 경찰은 이 학생들에게 민족 정신을 일깨워 준 사람이 서울에서 사전 편찬을 하고 있는 정태진임을 알아냈어요. 정태진을 조사해 조선어 학회가 민족주의 단체로 독립운동을 목적으로 하고 있다는 억지 자백을 받아냈고, 이로써 조선어 학회를 탄압할 꼬투리를 잡게 되었어요.

이에 따라 조선어 학회 회원 33명이 잡혀갔고 그중 16명은 감옥에 갇혔어요. 또한 이윤재와 한징은 심한 고문으로 감옥에서 죽었습니다. 해방 이후, 조선어 학회는 한글 학회로 이름을 바꾸고 현재까지 활동하고 있어요.

조선 사람이 조선말로 말하다가 감옥에 갇히다니….

조선왕조실록

태조 이성계부터 철종 임금까지 조선의 역사를 왕별로 기록한 책, 국보 제151호

《조선왕조실록》은 태조부터 철종까지 25대왕 472년 동안의 역사를 담고 있어요. 일제 강점기에 일본인들이 만든 고종 실록과 순종 실록은 왜곡된 것이 많아 포함시키지 않습니다.

조선 시대에는 임금이 죽으면 실록청을 세우고 그 임금이 다스리던 때의 일을 일어난 순서대로 정리했어요. 《조선왕조실록》은 왕의 행동뿐 아니라 조선 시대의 정치·경제·사회·문화 등 다방면에 걸친 역사적 사실을 모두 기록하고 있어 조선 시대의 역사를 이해하는 데 가장 기본이 되는 매우 귀중한 책이랍니다. 그 귀중함을 인정해서 1997년 유네스코에서 세계 기록 유산으로 지정했어요.

> 《조선왕조실록》은 한 왕조에 대한 기록으로는 세계 최대의 책입니다. 《조선왕조실록》은 총 1893권 888책이나 됩니다. 글자 수는 6천 4백만 자이며, 2백자 원고지에 옮기면 그 높이가 63빌딩의 세 배에 이르는 분량이래요.
>
> 유네스코는 옛 문서처럼 전 세계의 귀중한 기록들을 보존하고 활용하기 위해, 1997년부터 2년마다 유네스코 국제 자문 위원회에서 추천한 기록물을 '세계 기록 유산'으로 지정하고 있답니다.

조선 총독부

일제 강점기에 우리나라를 지배했던 최고 통치 기관

1910년부터 1945년 8·15 광복까지 35년 동안 우리나라를 지배했던 일제의 최고 통치 기관이에요. 총독은 일본의 육군이나 해군 대장 가운데 임명되었는데, 일본 내각의 통제를 받지 않는 천황의 직속 관료였어요.

경복궁 안에 있던 조선 총독부 건물은 해방 후 중앙청과 국립 중앙 박물관으로 사용되다 1995년 철거되었습니다.

1995년에 철거된 구 국립 중앙 박물관
(일제 시대의 조선 총독부 건물)

조선 통신사

조선 시대에 일본으로 보내던 사신

조선 시대에는 초기부터 통신사를 일본에 보냈으나, 임진왜란 때문에 한때 중단되었어요. 그러다가 일본에서 임진왜란을 반성하는 뜻을 전하며 다시 사신을 보내 달라고 요청하자, 조선 정부는 일본의 요구를 받아들여 통신사를 다시 보냈어요.

임진왜란 전에 통신사를 보낸 목적은 왜구를 없애는 문제를 의논하기 위한 것이었어요. 그러나 임진왜란 뒤부터는 포로들을 데려오고, 일본의 사정을 알아보기 위한 것, 막부 장군의 임명을 축하하는 것으로 바뀌었어요.

통신사의 규모는 300~500명 정도 됐어요. 관리와 수행원, 의원, 화원, 인쇄공, 악공, 도공 같은 다양한 직업을 가진 사람들이 함께 갔답니다. 통신사는 부산, 쓰시마섬을 거쳐 에도(도쿄)까지 갔다왔는데, 보통 6개월에서 1년 정도 걸렸어요. 통신사는 일본에 학문과 기술, 문화를 전달하는 역할도 했기 때문에 일본은 통신사들을 매우 융숭하게 대접했어요. 통신사는 나중에 수신사로 이름을 바꾼답니다.

통신사 행렬도

통신은 두 나라가 서로 '신의(信義)를 통하여 교류한다'는 뜻이에요.

➜ **임진왜란**

종묘

조선 시대의 왕과 왕비의 신주(神主)를 모신 사당, 사적 제125호

유교에서는 인간이 죽으면 혼(魂)과 백(魄)으로 분리되어 혼은 하늘로 올라가고 백(시신)은 땅으로 돌아간다고 생각했어요. 그래서 무덤을 만들어 백을 모시고 사당을 지어 혼을 섬겼습니다.

이에 따라 조선 왕실에서는 왕과 왕비가 죽으면 왕릉을 만들어 백을 모시고 종묘에 신주를 모셔 혼을 섬겼어요. 이렇게 종묘는 조선 시대 왕과 왕비의 신주를 모신 사당입니다.

종묘는 정전과 영녕전으로 이루어져 있어요. 정전은 종묘의 중심이 되는 건물로 19분의 왕과 30분의 왕비의 신위를 모시고 있고, 영녕전에는 16분의 왕과 18분의 왕비의 신위를 모시고 있어요.

종묘의 정전 건물은 우리나라에서 가장 긴 목조 건물로 단순하면서도 장중한 아름다움을 잘 나타내고 있어 현대 건축가들에게 많은 찬사를 받고 있어요.

종묘는 1995년 유네스코 세계 문화유산으로 지정되었고, 종묘 제례와 종묘 제례악은 2001년 유네스코 세계 무형 유산으로 지정되었어요. 현재 매년 5월 첫째 일요일, 11월 첫째 토요일에 종묘 제례가 행해지고 있습니다.

아테네에 파르테논 신전이 있다면, 서울에는 종묘가 있어요.

종묘의 정전은 같은 시대에 지은 나무 건물 중 세계에서 가장 큰 것이래요.

주몽 기원전 58~기원전 19

고구려의 시조, 동명(성)왕(재위 기원전 37~기원전 19)

성은 고씨, 이름은 주몽(추모)이에요. 천제의 아들 해모수와 하백의 딸 유화 부인 사이에서 알로 태어났다고 전해지고 있어요. 주몽은 어려서부터 키가 크고 무술도 잘했다고 해요. 주몽 또는 추모라는 이름도 '활을 잘 쏘는 아이'라는 뜻이랍니다. 유화 부인은 동부여의 금와왕과 살았는데, 금와왕의 일곱 왕자들은 주몽을 시기해 해치려고 했어요. 그래서 주몽은 부여에서 독립해 남쪽으로 내려와 졸본 땅(압록강의 지류인 퉁자강 유역)에 나라를 세우고 도읍을 정했어요. 나라 이름을 '고구려'라 하고, 자신의 성도 '고'씨라 했답니다(기원전 37).

또한 기원전 28년에는 북옥저를 멸망시키는 등 나라의 기틀을 튼튼히 했어요. 기원전 19년, 부여에서 도망쳐 나온 아들 유리를 태자로 삼고 그해 9월에 세상을 떠났어요.

➜ 고구려

주시경 1876~1914

한말과 일제 강점기의 한글 학자

주시경은 우리 겨레의 말과 글을 잘 가꾸는 것이 민족의 독립을 지키고 나라를 발전시키는 길이라고 굳게 믿었어요. 그래서 여러 강습소를 찾아다니면서 한글을 가르치는 데 힘썼으며, 우리말을 연구하는 데 일생을 바쳤어요.

주시경은 한글 문법과 맞춤법을 연구해 《국어문법》·《말의 소리》를 펴냈으며, 《말모이》(한글 사전)를 만드는 일도 했어요. 또 한글로 된 〈독립신문〉의 교정을 맡아 보기도 했답니다.

많은 제자를 길러 내어 일제 강점기에도 우리 민족이 우리말과 글을 지킬 수 있도록 했어요. 그의 제자들은 조선어 연구회(후에 조선어 학회로 이름이 바뀜)를 만들고 한글을 연구하고 보급하는 일을 계속했어요.

➜ 조선어 학회

직지심체요절

고려 시대에 만든 세계에서 가장 오래된 금속 활자본

《직지심체요절》은 1372년 백운 화상이 원나라에서 받아 온 《불조직지심체요절》의 내용을 풀이하여 상, 하 2권으로 엮은 책이에요. 원래 책 이름은 《백운화상초록불조직지심체요절》이지만 직지심체요절, 또는 직지라고 불러요.

이 책은 1377년(우왕 3) 7월에 그의 제자들이 청주 흥덕사에서 금속 활자로 인쇄했어요. 이것은 독일의 쿠텐베르크가 금속 활자로 인쇄한 《성서》보다 70여 년이나 앞선 것으로 세계에서 가장 오래된 금속 활자본이에요.

2001년에 유네스코에서 세계 기록 유산으로 지정했답니다. 그러나 이 책은 안타깝게도 조선 고종 때 프랑스 공사 플랑시가 프랑스로 가져간 뒤 지금까지 프랑스 국립도서관에 보관되어 있답니다.

진흥왕 534~576

신라의 전성기를 이끈 신라 제24대 왕(재위 540~576)

지증왕의 손자이며 아버지는 갈문왕 입종이고, 어머니는 법흥왕의 딸 식도 부인이에요. 법흥왕의 뒤를 이어 일곱 살에 왕이 되었답니다.

영토 확장에 힘써 백제와 연합하여 고구려로부터 한강 상류 지역을 빼앗았으며, 이후 백제가 되찾은 한강 하류 지역마저 빼앗아 한산주를 설치하고(553), 관산성(충청북도 옥천)에서 백제 성왕을 사로잡아 죽였어요(554). 이로써 120여 년간 계속되어 온 나제 동맹은 깨어지게 돼요.

또한 대가야를 멸망시켜(562) 기름진 낙동강 유역을 차지했으며, 동북 해안을 따라 마운령까지 진출해 신라 역사상 최대의 영역을 이루었어요. 이와 같은 진흥왕의 정복 활동은 단양의 적성비와 창녕·북한산·황초령·마운령에 세워진 순수비에서 확인할 수 있답니다.

뿐만 아니라 황룡사를 세우는 등(566) 문화적으로도 뛰어난 업적을 남겼으며, 576년에는 화랑 제도를 정비해 삼국 통일의 기반을 닦았어요. 진흥왕은 자신을 황제에 비겨 '태왕' 또는 '짐'이라 하였으며, '개국'(551), '대창'(568), '홍제'와 같은 독자적 연호를 사용하여 신라의 국가적 위상을 높였답니다.

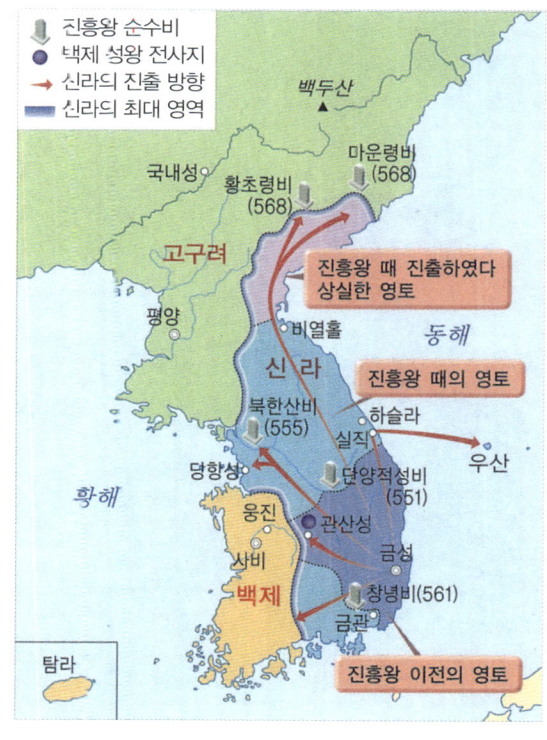

진흥왕 순수비

신라 진흥왕이 새로 넓힌 영토를 돌아보고 세운 비석

진흥왕은 신라의 영토를 넓혀 삼국 통일의 기초를 닦은 왕이에요. 진흥왕은 새롭게 신라 땅이 된 지역을 순수(나라 안을 두루 살피며 돌아다니던 일)한 뒤 기념 비석을 세웠습니다.

현재까지 발견된 진흥왕 순수비는 모두 4개인데 서울 북한산, 경상남도 창녕, 함경남도 황초령, 함경남도 마운령에 있어요. 이 비석들은 모두 진흥왕이 새로 넓힌 영토, 곧 당시 신라의 국경을 표시하는 것이기도 했습니다.

북한산 신라 진흥왕 순수비(국립 중앙 박물관으로 이전)

➜ 진흥왕

집현전

조선 세종 때 만든 학문 연구 기관

세종은 나라를 올바르게 다스리기 위해서는 뛰어난 인재를 기르고 학문을 발전시켜야 한다고 생각했어요. 그래서 고려 시대부터 내려오던 집현전을 학문 연구 기관으로 만들고 20여 명을 뽑아 일하게 했습니다.

성삼문, 정인지, 신숙주는 세종 때 집현전에서 활약한 학자들이랍니다. 세종의 가장 뛰어난 업적으로 평가받는 훈민정음 창제도 집현전 학자들의 도움을 받아 이루어진 것이에요.

그 밖에도 집현전에서는 《고려사》·《농사직설》·《팔도지리지》·《용비어천가》·《월인천강지곡》 같은 책을 편찬해서 세종 때 조선은 문화의 황금기를 이루었어요. 하지만 단종 복위 운동에 집현전 학자들이 참여하다 죽임을 당하면서 집현전은 폐지되었어요.

➜ 고려사, 농사직설, 성삼문, 세종

참성단

단군이 하늘에 제사를 지내던 곳, 사적 제136호

참성단은 인천 강화군 마니산 서쪽 봉우리에 있는 제단이에요. 돌을 쌓아 만들었는데 바닥 부분은 둥글고 위쪽은 네모지게 되어 있어요. 참성단은 단군왕검이 하늘에 제사를 지낸 곳으로 알려져 있답니다.

오늘날에는 해마다 개천절에 참성단에서 하늘에 제사 지내는 행사를 하고 있어요. 전국 체전의 성화도 참성단에서 태양열을 이용해 붙인답니다.

➡ 단군왕검

창경궁

조선 시대 왕비와 왕대비를 위한 궁궐

창경궁은 창덕궁과 담을 사이에 두고 있으며 창덕궁과 함께 동궐이라고 불려요. 세종이 아버지 태종을 위해 창덕궁 동쪽에 수강궁을 지었는데, 제9대 임금인 성종이 1483년 할머니, 어머니, 작은 어머니를 모시기 위해 수강궁을 크게 다시 짓고 이름을 창경궁이라고 했어요.

창경궁에는 사도 세자가 비극적으로 죽은 문정전, 대장금이 중종을 간호했던 환경전, 장희빈의 이야기가 있는 취선당, 정조가 사망한 영춘헌 등이 있습니다. 창경궁은 일제 시대에 동물원과 식물원이 만들어지면서 크게 훼손되고 이름도 창경원으로 바뀌어요. 이후 창경궁으로 이름을 바로잡고 복원 공사를 시작하여 1986년에 마무리되었어요.

창덕궁

세계 문화유산으로 지정된 조선의 궁궐, 사적 제122호

창덕궁은 조선 태종인 1405년에 완성되었어요. 임진왜란 때 불에 타 없어졌다가 광해군 때 다시 지었어요. 이후 조선의 왕들은 주로 창덕궁에 머물었어요. 창덕궁에는 가장 오래된 궁궐 정문인 돈화문, 나라의 중요한 행사가 열렸던 인정전, 왕이 나라의 일을 보던 선정전, 왕의 침실인 희정당, 왕비가 살던 대조전, 그리고 왕실 도서관(규장각)과 정자가 있는 후원이 있어요.

창덕궁은 주변의 경치와 아름답게 어우러진 궁궐로 손꼽히는 곳이에요. 그중에서도 후원은 아름다운 자연과 건물이 조화롭게 배치되어 있답니다. 1997년 유네스코는 창덕궁을 세계 문화유산으로 지정했어요. 창덕(昌德)이란 덕(德)을 빛낸다(昌)는 뜻이에요.

➔ 임진왜란, 태종 이방원

창덕궁 인정전

척화비

서양을 경계하는 내용을 새겨 놓은 비석

1866년 병인양요, 1871년 신미양요를 겪으면서 흥선 대원군은 문호를 개방하고 통상을 하자는 서양 세력의 요구를 단호하게 거부했어요. 또한 한양과 전국 각지에 서양과 교류하지 않겠다는 의지를 널리 알리기 위해 척화비를 세웠어요. 비석에는 '서양 오랑캐가 침범했을 때 그들과 싸우지 않으면 화해하는 것이요, 화해를 주장하는 것은 나라를 파는 일이다.'라고 씌어 있어요.

이후에도 흥선 대원군은 다른 나라와 무역 등의 교류를 하지 않는 통상 수교 거부 정책을 강화했습니다.

➜ 흥선 대원군

천마총

천마도가 그려진 말다래가 나온 신라의 옛 무덤

천마총(황남동고분 제155호분)은 5~6세기경의 것으로 추측되는 신라의 옛 무덤이에요. 바닥 밑지름 51.6m, 높이 12.7m나 되는 거대한 돌무지덧널무덤이랍니다. 금관(국보 제188호), 금관 장식(보물 제617·618호), 금으로 만든 관모(국보 제189호), 금허리띠와 띠드리개(국보 제190호), 금동 봉황환두대도(보물 제621호) 등 많은 유물이 나왔어요.

이 무덤에 천마총이라는 이름이 붙은 까닭은 무덤 속에서 신라의 유일한 그림인 천마도가 나왔기 때문이에요. 그 시절 사람들은 천마, 즉 하늘을 나는 흰말이 죽은 사람을 하늘 세계로 실어 나르는 일을 한다고 여겼어요. 그래서 신라인들은 진짜 말을 무덤 속에 넣기도 했답니다.

천마도가 그려진 말다래(말 안장 덮개, 국보 제207호)

➜ 고분, 돌무지덧널무덤

천주교

교황을 세계 교회의 최고 지도자로 받드는 크리스트교의 일파

우리나라에 천주교가 처음 전래된 것은 조선 후기였어요. 처음에는 이익, 안정복 같은 실학자들이 서양 학문의 일종인 서학(西學)으로 받아들였어요. 우리나라 사람 중 처음으로 세례를 받은 사람은 이승훈이었어요. 1784년에는 이승훈과 권철신, 이벽이 우리나라에 처음으로 교회를 세웠답니다.

그러나 조선의 왕실과 관리들은 천주교가 조상에 대한 제사를 거부하고 평등을 주장하여, 전통 사회 질서에 어긋난다며 억눌렀어요. 그래서 18세기 말부터 19세기 후반까지 여러 차례에 걸쳐 많은 천주교 신자들이 붙잡혀 고문을 당하고 죽기도 했답니다. 1886년에 조선과 프랑스가 수호 조약을 맺으면서 천주교도들은 신앙의 자유를 얻게 되었어요.

철기 시대

철로 만든 도구를 주로 사용하던 시대

철은 오늘날에도 인류에게 중요한 도구로 이용되고 있으므로 넓은 의미로 보면 오늘날도 철기 시대에 포함될 수 있어요. 그러나 고고학적 의미의 철기 시대는 철의 야금술이 알려진 시대입니다. 우리나라에서는 기원전 5세기경에 전파되기 시작해 기원전 1세기에는 한반도 전체에 널리 퍼졌어요.

청동기 시대를 이어 등장한 철기 시대 초반에는 장신구나 단검 등을 만들었지만 이후 철의 생산량이 늘어나면서 농기구와 일상 용품 그리고 전쟁 무기도 만들었어요.

철기 시대에는 철제 농기구가 널리 쓰이면서 농업 생산량이 크게 늘어났어요. 청동기 시대의 경우 청동은 지배층이 칼이나 제사용 도구, 장식품을 만드는 데나 썼고, 보통 사람들은 이용할 수 없는 귀중품이었어요. 그래서 농기구는 여전히 간석기를 썼답니다. 그러나 철기 시대에는 따비, 보습과 같은 철제 농기구들을 보통 사람들도 쓸 수 있게 되었어요. 그 결과 논밭을 쉽게 갈 수 있게 되어 수확량이 많이 늘어났고 인구도 크게 늘었답니다. 뿐만 아니라 삼국 시대에 접어들어 소를 농사에 이용하면서부터는 소에게 보습을 끌게 해 밭을 깊게 많이 갈 수 있게 되었어요. 덕분에 농사는 더욱 발전하게 되었지요. 그러나 늘어난 식량을 서로 차지하려고 부족 사이에 다툼도 잦아졌는데, 철제 무기를 전투에 쓰면서 전쟁은 더욱 치열해졌어요.

그리하여 철을 잘 이용한 민족은 세력을 크게 키워 국가로 발전할 수 있었답니다. 철기 시대에 새롭게 생긴 나라로는 부여, 고구려, 옥저, 동예, 삼한이 있어요.

철제 농기구

철의 야금 술이란 광물에서 철을 뽑아 도구를 만드는 기술을 말한답니다.

고고학이란 인간이 남긴 유적이나 유물 같은 물질 증거들을 조사해 과거의 문화와 역사와 생활 방법을 연구하는 학문이에요.

➜ 고구려, 부여, 삼한, 옥저

첨성대

선덕 여왕 때 만들어진 동양에서 가장 오래된 천문대, 국보 제31호

첨성대는 하늘의 움직임을 관찰하기 위해 만든 신라 시대의 천문대로 선덕 여왕 때(7세기) 세워진 것으로 추측되고 있어요. 동양에서 가장 오래된 천문대로, 당시의 높은 과학 수준을 보여 주는 귀중한 문화재랍니다.

첨성대는 30cm 높이의 돌 362개로 27단(기단까지 합하면 28단)을 쌓아 만들었는데, 이 돌들은 1년 12달과 365일, 별자리 28수 등 우주를 상징적으로 표현한 것이라고 해요. 바깥쪽에 사다리를 놓고 창을 통해 안으로 들어간 후 사다리를 이용해 꼭대기까지 올라가 하늘을 관찰했던 것으로 보이지만, 그 공간이 좁고 불편해 첨성대는 '단지 신라 시기의 천문학 수준을 상징적으로 보여 주는 건축물이다' 또는 '제단이었다'라는 주장들도 있어요.

첨성대(경상북도 경주시 인왕동)

높이 9.17m, 관측기구는 꼭대기의 정자석(#자 모양의 돌) 위에 놓았을 것으로 생각돼요. 정자석은 동서남북을 가리키는 기준이기도 했답니다.

➡ 선덕 여왕

청 1616~1912

만주족의 누르하치가 세운 중국의 마지막 왕조

명나라가 약해지자 만주족(예전에 여진이라 했음)의 누르하치(청 태조)는 여러 부족을 통일해 1616년에 후금을 세우고, 선양을 수도로 정했어요. 후금이라는 나라 이름을 누르하치의 아들 태종이 1636년에 '청'으로 바꾸었어요.

청나라는 4대 임금인 강희제부터 옹정제, 건륭제가 다스리는 동안에 전성기를 이루었어요. 그러나 19세기에 서구 열강들이 밀려오면서 나라 사정이 어려워졌고 1911년 쑨원이 공화정을 세우자며 일으킨 신해혁명이 일어났어요. 결국 1912년 마지막 황제인 선통제 푸이가 황제에서 물러나면서 멸망했어요.

청나라 마지막 황제인 선통제 푸이

➜ 명, 여진

청동 거울

청동기 시대에 제사 지낼 때 사용하던 도구

청동 거울은 오늘날과는 달리 얼굴을 보기 위한 용도가 아니라 제사에 사용되는 도구였어요. 청동기 시대 족장은 사람들이 신성하게 여기는 태양의 빛을 반사시키는 청동 거울을 목에 걸고 하늘에 제사를 지냄으로써 자신이 신과 통하며, 신의 뜻을 대신하는 존재라는 것을 과시했답니다. 자신이 하늘의 태양과 같은 존재임을 인정받아 사람들이 우러러보게 하려는 것이었지요.

➜ 청동기 시대

청동검

청동으로 만든 칼, 비파형 동검과 세형 동검이 있음

청동검은 초기에는 비파형 동검이 많이 만들어졌어요. 비파형 동검이란 중국 고대 악기인 비파 모양을 하고 있어서 붙은 이름이에요. 만주의 요령 지방(랴오닝성)에서 많이 출토되기 때문에 요령식 동검이라고도 한답니다. 비파형 동검은 무기의 역할보다는 권력자의 위엄을 보여 주기 위한 장식용으로 많이 쓰였어요.

반면 세형 동검은 비파형 동검을 개량해 만든 것인데, 사람을 죽이는 무기로 주로 쓰였어요. 대부분 한반도에서 출토되기 때문에 우리의 독특한 문화 특징으로 꼽는답니다. 청동기 시대의 유물 중 세형 동검과 같은 무기가 많이 발견되는 것은 당시 약탈과 노예 확보를 위한 전쟁이 치열하게 벌어졌음을 말해 주는 것이에요.

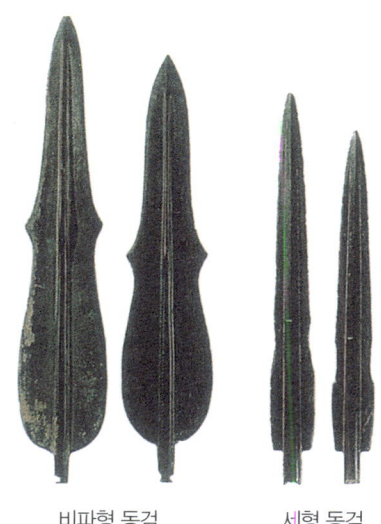

비파형 동검   세형 동검

➜ 청동기 시대

청동기 시대

청동기로 만든 도구를 주로 사용하던 시대

청동은 구리와 주석을 섞은 금속으로, 인류가 최초로 쓴 금속이에요. 우리나라에서는 기원전 2000년경에서 기원전 1500년경부터 사용하기 시작했어요. 그러나 청동은 쉽게 구할 수 없었을 뿐만 아니라 청동으로 도구를 만드는 일 역시 까다로운 공정과 기술, 경험이 필요한 것이어서 누구나 가질 수는 없었어요. 부유하고 권력 있는 지배층만 청동으로 칼이나 제사에 쓰는 방울, 거울, 장식품을 만들어 썼답니다. 농기구나 일상 용품은 여전히 돌을 갈아 만든 간석기를 썼어요.

한편 청동기 시대에는 벼, 보리, 콩과 같은 곡식을 재배하는 기술이 발달해 사람들이 모두 먹고도 남을 만큼 생산하게 되었어요. 그 결과 사람들 간에 곡식을 차지하려는 싸움이 벌어져 지배하는 자와 지배받는 자가 생겨났고, 이웃 부족을 공격해 노예로 삼기도 했어요. 점점 세력을 키운 부족은 나라를 세우게 되었는데, 고조선은 청동기를 바탕으로 세워진 우리나라 최초의 국가랍니다.

➜ 고조선

청동 방울

청동기 시대에 제사 지낼 때 쓰던 도구

청동기 시대 사람들은 하늘에 제사 지낼 때 청동 방울을 흔들어서 소리를 냈어요. 당시 사람들에게 '소리'는 희망이나 성스러움을 상징했기 때문이에요. 제사장이 청동 방울을 옷에 걸거나 흔들며 소리를 냈던 것은 자신이 신의 소리를 들을 수 있는 존재임을 사람들에게 보여 주기 위한 것이기도 했어요.

청동 방울들

➜ 청동기 시대

청산리 대첩 1920

김좌진·홍범도 장군이 이끄는 독립군이 청산리에서 일본군을 크게 무찌른 싸움

3·1 운동 뒤로 만주와 연해주에는 수많은 독립군 부대가 생겼어요. 이들 독립군들은 국경을 넘어와 일본군을 공격하고 되돌아갔어요. 일본군은 만주 지역에 있는 독립군을 진압하려다 봉오동 전투에서 홍범도에 크게 패했어요. 이에 커다란 위협을 느낀 일본은 간도 지방의 독립군을 공격하려고 많은 병력을 파견했어요.

1920년에 김좌진과 이범석이 이끄는 독립군은 계곡과 숲이 우거진 청산리로 일본군을 유인해 공격을 퍼부어 크게 이겼어요. 타격을 받은 일본군이 반격할 준비를 하자, 독립군은 주력 부대가 그대로 있는 것처럼 위장하고 밤 사이 120리를 이동해 포위망에서 벗어났어요. 김좌진이 이끄는 독립군(북로 군정서군)은 2만 명의 일본군이 어랑촌에 있음을 알고 어랑촌 앞의 고지를 먼저 점령하고 공격해 오는 일본군을 막아 냈어요. 이때 근처에 있던 홍범도가 이끄는 독립군(대한 독립군)이 함께 싸워 크게 이겼어요. 이후 10여 차례의 싸움에서 독립군은 일본군 연대장을 포함해 1200여 명을 죽였어요.

청산리 대첩은 독립군이 일본군과 대결한 전투 중 가장 큰 규모였고, 독립군이 거둔 가장 빛나는 승리였어요.

➜ 간도, 김좌진, 봉오동 전투, 홍범도

청일 전쟁 1894~1895

청나라와 일본이 조선의 지배권을 놓고 다툰 전쟁

동학 농민 운동이 일어나자 청나라가 조선에 지원군을 파견했어요. 그러자 일본은 조선 정부의 요청이 없었는데도 군대를 파견했답니다. 동학 농민군이 해산하자 조선 정부는 일본에게 군대를 철수하라고 했는데도 듣지 않고 경복궁을 침입해 민씨 세력을 몰아 냈어요. 그리고 김홍집을 총리로 하는 새로운 정부를 세우고 개혁을 강요했어요.

그러던 중 1894년 7월 25일, 일본 해군이 아산만 앞바다에서 청나라 함대를 갑자기 공격해 청일 전쟁이 시작되었어요. 평양 전투와 황해 해전에서 이긴 일본은 청나라 땅을 공격해 시민과 포로 6만 명을 죽인 뤼순 학살 사건을 일으키고 선양 남부를 차지했어요. 이어서 산둥 반도의 웨이하이웨이 군항에서 북양 함대를 격파하며 계속 싸움에서 이겼어요.

전쟁은 일본의 승리로 끝났고, 청과 일본은 1895년 시모노세키 조약을 맺었어요. 그 뒤 일본은 우리나라에 대한 지배권을 단단히 하는 한편, 요동 반도와 타이완을 청나라에게서 빼앗았어요. 그러나 러시아, 독일, 프랑스의 3국 간섭 앞에 무릎을 꿇고 요동 반도를 다시 청에게 돌려주었어요.

청일 전쟁의 결과로 맺어진 〈시모노세키 조약〉의 주요 내용
- 청은 조선이 완전한 자주독립국임을 인정한다.
- 청은 요동 반도와 타이완을 일본에게 넘겨준다.
- 청은 일본에 전쟁 배상금 2억 냥을 준다.

➜ 동학 농민 운동

청해진

통일 신라 때 장보고가 왕에게 건의해 설치한 군사 진영

청해진은 전라남도 완도군 장도였을 것으로 짐작하고 있어요. 이곳은 당나라에서 흑산도와 남해안을 거쳐 일본 규슈에 이르는 국제 무역의 요충지랍니다. 장보고는 828년(흥덕왕 3)에 이곳에 군영을 설치해 성을 쌓고 항만을 고친 뒤, 이곳을 근거지로 삼아 동북아시아 3국의 바다를 호령하며 당과 신라와 일본을 연결하는 국제 무역을 주도했답니다.

그러나 청해진은 장보고가 죽은 지 9년 만에 폐쇄되었어요(851).

통일 신라 무역로와 장보고 세력의 활동 범위

➡ 당, 장보고

최승로 927~989

유교 정치 이념을 체계화한 고려 초기의 문신

어릴 때부터 총명하여 열두 살 대 고려 태조 앞에서 《논어》를 암송해 칭찬을 듣고 말 안장과 쌀 스무 가마를 하사받았어요. 그리고 특별히 원봉성의 학생이 되었답니다.

이후 최승로는 학문 연구에 힘썼으며, 982년(성종 1)에는 임금에게 정치 개혁안인 '시무 28조'를 올려 유교 정치 사상을 나라를 다스리는 근본 이념으로 삼고 여러 제도를 정비하는 데 큰 몫을 했어요.

원봉성은 임금의 명령을 문서로 만드는 일을 하던 관청이에요. 나중에 한림원으로 바뀌었다가 고려 말에 다시 예문관으로 이름이 바뀌었답니다.

➜ 유학

최제우 1824~1864

동학의 창시자

최제우는 몰락한 양반 가문 출신으로 어려서부터 총명했으며 책을 많이 읽었답니다. 부모님이 일찍 돌아가시자 무명을 파는 행상을 하면서 전국을 돌아다녔다고 해요. 1856년부터 양산 천성산, 경주 용담정에서 도를 닦았으며, 1860년에 도를 깨치고 동학을 창시했어요.

동학은 민간신앙, 유교, 불교뿐 아니라 천주교의 교리를 바탕으로 '사람이 곧 하늘'이라는 인내천 사상으로 발전했어요. 그 후 최제우는 동학을 농민·천민·유생에 이르는 광범위한 계층에 전파했답니다.

그 결과 동학은 삼남 지방(전라도, 충청도, 경상도)을 중심으로 점점 퍼져 나갔어요. 그러자 나라에서는 동학을 '세상을 어지럽히고 백성들을 속이는 종교'로 보고 동학을 믿는 사람들을 억눌렀답니다. 최제우는 1863년에 체포되어 이듬해 사형을 당했어요. 《용담유사》와 《동경대전》을 썼어요.

최제우의 원래 이름은 제선이었는데, 서른한 살 때 '어리석은 사람을 구제한다.'는 뜻으로 이름을 제우(濟愚)로 바꾸었어요.

➔ 동학

최치원 857~?

〈토황소격문〉을 쓴 신라 말기의 뛰어난 문장가

최치원은 신라 말 뛰어난 문장으로 널리 이름을 떨친 사람으로, 자는 고운 또는 해운이에요. 어린 나이인 13세에 당나라로 유학을 떠나 18세에 과거에 합격해 당나라의 지방 관리가 되었어요. 879년 당나라에서 '황소의 난'이라는 농민 봉기가 일어났을 때에는 〈토황소격문〉을 써서 문장가로서 이름을 떨치기도 했답니다.

그 뒤 신라로 돌아온 최치원은 당에서 배운 경험들을 신라에서도 펼쳐 보고자 894년에 〈시무 10여 조의 개혁안〉을 진성 여왕에게 올렸지만, 진골 귀족들의 반대로 받아들여지지 않았어요. 이후 신라의 어지러운 정치에 실망한 최치원은 높은 관직을 모두 사양하고 떠돌아다니는 생활을 하다 가야산 해인사에서 여생을 마쳤어요. 최치원은 글씨를 아주 잘 써서 여러 곳에 그의 글씨가 남아 있으며, 저서로는 《계원필경》이 남아 있어요.

최치원은 경주 최씨의 시조이기도 하답니다.

최치원이 임금에게 글을 올리던 상서장(경상북도 경주)

➜ 당

충주 고구려비

고구려 장수왕이 한반도 남쪽 진출을 기념해 세운 비석, 국보 제 205호

장수왕은 아버지인 광개토 대왕을 이어 고구려 발전에 힘썼는데, 주로 한반도 남쪽으로 진출했어요. 그래서 고구려의 남쪽 국경은 아산만에서 소백 산맥을 넘어 영일만을 연결하는 지역까지 이르게 돼요.

충주 고구려비는 장수왕이 남진 정책을 추진하면서, 남한강 유역의 여러 성을 점령한 것을 기념하려고 세운 기념비라고 짐작되고 있어요.

충주 고구려비

충주성 전투 1231, 1253

충주성에서 고려가 몽골군을 상대로 벌인 전투

1231년 몽골의 1차 침입 때, 충주성에서는 이를 막고자 별초군이란 방어군을 급히 만들었어요. 그러나 막상 몽골군이 가까이 오자 지휘관과 양반 별초는 모두 도망가고, 관청 노비로 이루어진 별초만 끝까지 남아 적을 물리쳤답니다.

충추성의 천민들은 몽골의 5차 침입 때에도 몽골군을 맞아 크게 이겼는데 (1253, 고종 40), 그때 지휘관이었던 김윤후는 '힘을 다해 잘 싸우면 귀천을 가리지 않고 관직을 줄 것'을 약속하며 노비 문서를 불태워 노비들의 사기를 북돋았어요. 노비들로 이루어진 군대는 70일 동안이나 몽골군의 공격을 막아 내며 끝까지 성을 지켜 몽골군이 남쪽으로 내려오는 것을 막았답니다. 천민과 백성들의 이러한 항쟁은 고려가 몽골군의 침략에도 나라를 지킬 수 있었던 가장 큰 힘이 되었어요.

➔ 몽골의 침입

측우기

조선 세종 때 만든 강우량 측정 기구

측우기는 조선 세종 때 세계 최초로 만들어졌어요(1442). 측우기는 둥근 통 모양으로 생겼어요. 받침대(측우대)를 설치하고 그 위에 측우기를 올려 놓아 비가 올 때 빗물을 받을 수 있도록 했어요. 그런 뒤 고인 물의 깊이를 자로 재서 비의 양을 쟀답니다. 그러나 세종 때 만든 측우기는 없어지고 지금 남아 있는 것은 1837년에 만든 금영측우기(국보 제329호)뿐이에요.

세종 때 만든 측우기는 이탈리아의 가스텔리가 1639년에 만든 서양 최초의 측우기보다 약 200여 년 앞선 것이에요.

7·4 남북 공동 성명

남북한이 최초로 통일과 관련해 발표한 공동 성명

남북한 정부는 통일을 이루기 위해 1971년부터 판문점에서 비밀 회담을 열었어요. 그리고 1972년 7월 4일 합의 사항을 담은 성명을 발표했어요.

7·4 남북 공동 성명은 남북한이 최초로 통일과 관련해 발표한 역사적인 공동 성명으로, 서울과 평양에서 동시에 발표되었어요. 공동 성명은 통일의 원칙을 '첫째, 외국에 기대거나 외국의 간섭을 받지 않고 자주적으로 해결해야 한다. 둘째, 서로 상대방을 반대하는 무력을 쓰지 않고 평화로운 방법으로 이루어야 한다. 셋째, 사상과 이념과 제도의 차이를 넘어 우선 하나의 민족으로서 민족적 대단결을 꾀해야 한다'고 밝힘으로써 자주·평화·민족 대단결의 3대 원칙을 분명히 나타냈어요.

7·4 남북 공동 성명은 통일에 대해 국민들과 합의도 하지 않은 채 정부 당국자들끼리 비밀 회담으로 이루어졌다는 데는 문제가 있었어요. 그러나 다른 나라의 도움을 받아서 또는 전쟁을 통해 통일을 해야겠다고 생각하던 예전의 통일 방법이 아니라, 올바른 통일 원칙을 이끌어 냈다는 점에서 역사적 의의가 있어요.

남북한이 함께 최초로 통일에 관한 원칙을 발표했어요.

칭기즈 칸 1155~1227

몽골 제국을 세운 사람(재위 1206~1227)

이름은 테무친이에요. 어렸을 때 아버지가 타타르 부족에게 독살되어 부족이 흩어졌기 때문에 어렵게 자랐지만, 점차 세력을 키워 몽골 씨족 연합에서 칭기즈 칸으로 추대되었어요(1189). 칭기즈 칸이란 '위대한 지도자'라는 뜻이에요. 1204년에 몽골 초원을 통일하고, 1206년에는 몽골 제국의 칸(임금)이 되었어요. 칭기즈 칸은 금을 멸망시키고, 중앙아시아는 물론 러시아 남부 지역까지 진출해 인류 역사상 가장 큰 제국을 건설했답니다.

칭기즈 칸 기념비

➜ 몽골의 침입, 몽골 제국

태조 이성계 1335~1408

고려를 무너뜨리고 조선을 세운 조선 제1대 왕(재위 1392~1395)

이성계는 함경도 영흥 지방에서 원나라의 관리를 지내던 이자춘의 아들로 태어났어요. 고려 말에 홍건적의 침입과 원나라의 침입을 물리쳤고, 여러 차례 왜구의 침입을 물리쳐 이름을 알렸어요. 1388년 요동 정벌이 결정되자 군사를 이끌고 북진하다가 위화도에서 군사를 되돌려, 최영 장군을 비롯한 반대파를 쫓아내고 권력을 손에 쥐었어요(위화도 회군). 그런 다음 우왕을 내쫓고 창왕을 왕위에 앉혔답니다.

1392년에는 정몽주를 죽이고, 공양왕을 몰아내 고려를 멸망시킨 뒤 조선을 세

워 태조가 되었어요. 하지만 이방원이 1398년에 제1차 왕자의 난을 일으키자 정종에게 왕위를 물려주었고, 1400년에 제2차 왕자의 난 일으켜 왕이 된 이방원과 심한 갈등을 빚은 뒤 고향인 함흥으로 돌아가 생을 마쳤어요. 태조는 조선의 건국 이념을 세우고, 나라의 기틀을 다지는 데 큰 업적을 남겼어요.

> 이성계는 활 솜씨가 아주 뛰어났답니다. 이성계는 왕위를 물려주고 함흥에서 살았는데, 아들인 태종 이방원이 아버지를 모셔 오려고 많은 신하들을 보냈으나, 이들은 모두 이성계의 활에 맞아 죽고 돌아오지 못했대요. 그래서 돌아올 때가 지나도 돌아오지 않는 사람을 '함흥차사'라고 부르게 되었답니다.

➜ 위화도 회군, 정몽주, 태종 이방원

태종 이방원 1367~1422

왕자의 난으로 왕이 된 조선의 제3대 왕(재위 1400~1418)

이방원은 이성계의 다섯째 아들이에요. 정몽주를 선죽교에서 죽이는 등 이성계를 도와 조선을 세우는 데 많은 공을 세웠습니다. 하지만 태조가 이복동생 이방석을 세자로 책봉하자, 1398년 제1차 왕자의 난을 일으켜 이방석과 그를 지지한 정도전을 제거하고 둘째 형인 이방과(정종)를 왕위에 앉힙니다. 또 1400년 제2차 왕자의 난으로 넷째 형인 이방간을 제거하고 왕이 되었습니다.

이방원은 왕이 되자 사병(개인들이 가진 병사)을 없애고, 왕권을 강화하기 위해 관직 제도를 크게 개혁했어요. 또 유교를 장려하고 불교를 억누르는 정책을 실시했어요. 그리고 호패법을 실시해 모든 백성들이 호패(신분증)를 가지고 다니게 했답니다. 백성들의 억울한 일을 해결해 주려고 신문고 제도를 만들고 주자소를 설치해 계미자와 같은 금속 활자를 만들게 했으며, 《동국사략》·《고려사》 같은 책들을 편찬하게 했어요. 1418년 세종에게 왕위를 물려주었습니다.

> 이방원은 이성계가 조선을 건국할 때 가장 큰 공을 세운 아들이었어요. 그런데 이성계가 이방원의 이복동생에게 왕위를 물려주려 했대요. 그러자 이방원은 난을 일으켜 다른 형제들과 신하들을 죽이고 왕이 되었답니다.

➜ 세종, 태조 이성계

토지 조사 사업 1910~1918

일제가 우리나라 토지를 빼앗으려고 벌인 대규모의 땅 조사 사업

일제는 우리나라를 빼앗은 뒤 전국에서 대규모의 토지 조사 사업을 벌였어요. 토지 조사 사업에서는 토지 소유권, 토지 값, 토지의 모양과 형태를 조사했는데, 토지의 소유권을 조사하면서 지주의 소유권은 인정했지만, 전통적으로 인정되어 왔던 경작권, 개간권 같은 농민들의 권리는 인정하지 않았어요.

또한 복잡하고 까다로운 신고 절차 때문에 제때 신고하지 못한 사람들과, 일본에 저항하는 감정으로 신고를 하지 않은 사람들은 모두 땅을 빼앗기게 되었어요. 뿐만 아니라 여러 사람들이 공동으로 소유했던 땅은 주인 없는 땅으로 분류해 조선 총독부에 넘어가게 했어요.

이 사업의 결과 이제까지 땅을 소유해 왔던 수백만의 농민이 땅에 대한 권리를 잃고 어려운 생활을 하게 되었어요. 반면 조선 총독부는 전 국토의 40%에 해당하는 땅을 차지하게 되었어요. 총독부는 이 땅을 동양 척식 주식회사를 비롯한 일본의 토지 회사와 일본에서 이민 온 사람들에게 싼값으로 넘겨, 일본인들이 우리나라에서 많은 땅을 가질 수 있게 했답니다.

8도

조선 시대에 둔 8개의 도 단위 지방 행정 구역

8도는 함경도, 평안도, 황해도, 경기도, 강원도, 충청도, 전라도, 경상도로 이루어졌어요. 오늘날 쓰는 도의 이름은 바로 조선 시대의 8도에서 나왔답니다. 도의 이름은 지역의 큰 도시 두 개의 머리글자를 따서 다음과 같이 지었어요. 함경도(함흥+경성), 평안도(평양+안주), 황해도(황주+해주), 강원도(강릉+원주), 경기도(서울의 주변 지역이라는 뜻), 충청도(충주+청주), 전라도(전주+나주), 경상도(경주+상주).

8도는 1413년(태종 13)에 확정되어, 1896년(건양 1)에 13도로 개편될 때까지 500년 가까이 유지했던 행정 구역이에요.

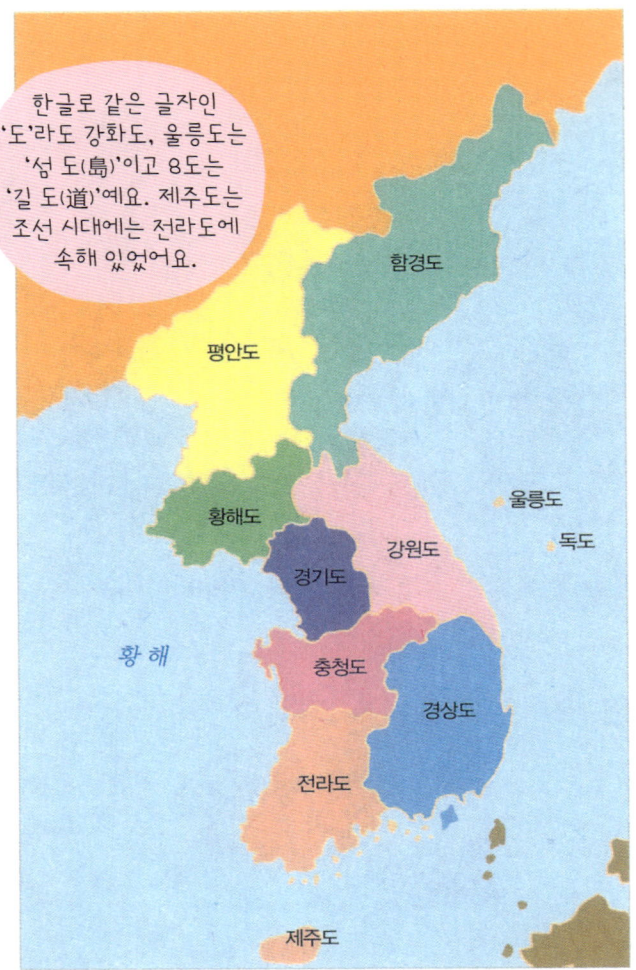

한글로 같은 글자인 '도'라도 강화도, 울릉도는 '섬 도(島)'이고 8도는 '길 도(道)'예요. 제주도는 조선 시대에는 전라도에 속해 있었어요.

팔만대장경

몽골이 고려에 침입했을 때 부처의 힘으로 몽골군을 물리치고자 만든 대장경, 국보 제32호

팔만대장경은 몽골이 고려에 침입했을 때, 부처님의 힘으로 이를 물리치려는 소망을 담아 만든 것이에요. 부처님의 말씀을 8만 1285장이나 되는 나무판에 새겨 넣어서 팔만대장경이라고 한답니다. 고려 시대에 만들어져 고려대장경이라고도 해요. 대장경이란 부처의 말씀을 적은 불경이나 그 불경에 대한 해설서를 모두 모아 총정리한 책을 말해요.

몽골이 침입하자 강화도로 수도를 옮긴 최씨 무신 정권은 백성들의 마음을 하나로 모으기 위해 팔만대장경을 만들기 시작했는데, 팔만대장경을 다 만드는 데는 무려 16년이나 걸렸답니다(1236~1251).

고려 사람들은 팔만대장경을 만드는 데 온갖 정성을 다했는데, 글자 하나하나를 새길 때마다 절을 세 번씩 했다고 해요. 그래서 5천 3백만 자나 되는 팔만대장경은 잘못된 글자가 거의 없으며, 글자의 모양이 고르고 아름답습니다. 또한 그 내용도 충실하여 인도·중국·거란·여진·일본의 불교 경전들을 두루 모아 정리했어요. 그래서 지금은 중국이나 일본에서 찾아볼 수 없는 귀중한 경전이 담겨 있기도 합니다. 또한 현재 세계에서 가장 오래된 대장경판이기도 하지요. 2007년 유네스코 세계 기록 유산으로 등재되었고, 지금은 해인사에서 보관하고 있어요.

➔ 몽골의 침입, 해인사 장경판전

8·15 광복 1945

우리나라가 일제의 식민 지배에서 벗어나 국권을 되찾은 일

1945년 8월 15일, 일본이 연합국에 무조건 항복을 선언하면서 제2차 세계 대전은 끝나고 우리나라에도 광복의 기쁨이 찾아왔어요. 광복이란 빛이 없는 어둠과 같았던 식민지 상태에서 벗어나 나라를 되찾게 되었다는 뜻이지요. 8·15 광복은 연합국의 승리의 결과이지만 우리 민족의 끈질긴 독립운동도 큰 역할을 했어요.

하지만 한반도에서 일본이 물러남과 동시에 미군과 소련군이 38도선을 경계로 남과 북에 각각 주둔하면서 분단으로 이어지게 되었습니다.

8조법

고조선의 여덟 가지 법률

고조선에는 백성을 다스리는 8개의 법이 있었어요. 지금은 세 가지만 전해지고 있지만 고조선 사람들이 어떻게 살았는지 짐작하게 하는 중요한 자료가 되고 있답니다.

이 법률을 보면 고조선 사람들은 생명이나 노동력을 매우 중요하게 여겼던 것 같아요. 사람을 죽이면 죽인 사람도 사형시켰고, 남을 다치게 하면 꼭 대가를 치러야 했거든요.

> **8조법의 일부 내용**
>
> 첫째, 살인자는 사형시킨다.
>
> 둘째, 남을 다치게 한 사람은 곡식으로 갚는다.
>
> 셋째, 도둑질을 한 사람은 종으로 삼거나 벌금 50만 전을 물어야 한다.

또 곡식으로 갚는다는 것으로 보아 농사가 널리 퍼졌던 것 같아요. 특히 고조선 시기의 가장 큰 특징은 개인이 가진 재산을 매우 소중하게 여겼다는 것이에요. 남의 것을 훔친 사람은 평생 노비가 되어 살거나 엄청나게 많은 벌금을 물어야 했으니까요. 또한 벌금으로 50만 전을 물었다는 조항으로 볼 때 고조선은 화폐를 사용한 나라였다는 것도 알 수 있답니다. 뿐만 아니라 '종'이 있는 신분제 사회이기도 했습니다.

➜ 고조선

풍납 토성

백제의 첫 도읍지인 위례성으로 추측되는 토성, 사적 제11호

한강변의 평지에 인공적으로 쌓아 올린 토성(흙으로 만든 성)으로 한강 유역의 백제 토성 중 가장 규모가 큽니다. 바닥 너비 40m, 높이 11m, 둘레가 4km나 된답니다. 주변의 몽촌 토성과 석촌동 고분군과 함께 초기 백제의 모습을 확인할 수 있는 곳으로, 이곳이 백제의 첫 도읍지인 위례성이었을 것으로 추측되고 있습니다.

➡ 몽촌 토성

하회 마을

경상북도 안동에 위치한 민속 마을

하회 마을은 경상북도 안동에 있는 민속 마을로 풍산 류씨가 600여 년간 대대로 살아온 동성 마을이에요. 임진왜란 때 영의정을 지낸 서애 류성룡이 태어난 곳입니다. 마을 이름을 하회(河 回)라고 한 것은 낙동강이 'S'자 모양으로 마을을 감싸 안고 흐르는 데서 유래했어요.

하회 마을에는 양진당, 북촌댁, 충효당 등의 전통 건축물과 하회 별신굿 탈놀이, 선유줄 불놀이 등의 민속놀이가 잘 보존되어 있습니다. 2010년 경주 양동 마을과 함께 유네스코 세계 유산에 등재되었어요.

> **별신굿은 무엇인가요?**
> 마을의 수호신인 성황(서낭)님에게 마을의 평화와 풍년을 기원하는 굿이에요.

한국 광복군 1940

중국 충칭에서 만들어진 대한민국 임시 정부의 군대

1940년 김구를 주석으로 하는 대한민국 임시 정부는 중국 곳곳에서 일본에 맞서 싸우고 있던 독립운동 세력을 모아 한국 광복군을 만들었어요. 총사령관은 지청천, 참모장은 이범석이었어요. 한국 광복군이 만들어지자 중국에 살던 동포들과 일본 군대에 강제로 끌려갔던 한국 청년들이 탈출하여 광복군에 입대하기도 했어요.

1941년에 태평양 전쟁이 일어나자 일본에 선전 포고를 하고, 연합군과 함께 독립 전쟁을 벌였어요. 또한 중국 곳곳에서 중국군과 협력해 일본군과 싸웠으

훈련받고 있는 광복군

며, 인도와 미얀마 전선까지 나아가 일본군과 싸웠어요. 광복 직전에는 미군과 연합해 국내로 들어와 일제를 몰아내는 작전을 짜고 이를 위한 훈련을 했어요. 그러나 원자 폭탄을 맞은 일본의 갑작스런 항복으로 실행에 옮기지 못하고 광복을 맞이했답니다.

➜ 대한민국 임시 정부

한산도 대첩

임진왜란 때 한산도 앞바다에서 이순신 장군이 왜군을 크게 무찌른 싸움

한산도 대첩은 1592년 7월 8일 한산도 앞바다에서 이순신이 이끄는 조선 수군이 왜군을 크게 물리친 싸움으로 진주 대첩, 행주 대첩과 함께 임진왜란 3대 대첩 중 하나예요.

이순신 장군은 한산도 대첩에서 학익진 전법으로 일본 수군을 크게 물리쳤어요. 학익진은 학이 날개를 펴고 나는 모양과 같다고 해서 이름 붙여진 전투 방법이에요. 이 전법에서는 거북선이 맨 앞에 가고 거북선의 양쪽에 판옥선들이 뒤따릅니다. 그러다 적의 배가 있는 곳에 다다르면 여러 판옥선이 학 날개 모양으로 펼쳐져 적군을 둘러싸고 공격하는 것이지요.

이순신 장군은 학익진 전법으로 일본의 배 47척을 파괴해 가라앉히고 12척을 사로잡아 한산도 대첩에서 승리했어요

한산도 대첩에서 조선이 이기자 일본 해군은 크게 주눅 들어, 조선 최대의 곡창 지대인 전라도에 더 이상 침략하지 못했답니다.

➜ 이순신, 임진왜란

한인 애국단

김구가 조직한 비밀 독립운동 단체

1931년에 김구는 일본 요인 암살을 목적으로 비밀 결사 대원 80여 명을 모아 한인 애국단을 만들었어요. 일본 국왕의 마차에 폭탄을 던졌던 이봉창, 상하이 훙커우 공원에서 일본군 장교들에게 폭탄을 던졌던 윤봉길 의사가 모두 단원으로 활약했어요. 한인 애국단의 활동은 한국인을 보는 중국인들의 생각을 바꾸어 놓았고 이후 중국 정부는 대한민국 임시 정부와 독립운동가들을 적극 지원했습니다.

➜ 김구, 윤봉길, 이봉창

해인사 장경판전

팔만대장경을 보존하는 장소, 국보 제52호

해인사 장경판전은 13세기에 만든 세계 기록 유산인 팔만대장경을 보존하는 건물이에요. 조선 시대에 만들어졌는데, 해인사에 남아 있는 건물 중에는 가장 오래된 건물이랍니다.

장경판전은 앞뒷면 창문의 위치와 크기를 서로 다르게 해서 바람이 잘 통하게 함으로써 습기를 막고 실내 온도를 알맞게 유지할 수 있게 했어요. 뿐만 아니라 밑바닥에 숯, 횟가루, 소금, 모래를 깔아 습기를 막고, 경판 사이에 틈이 생기게 만들어 바람이 잘 통하게 했답니다. 덕분에 이곳은 수 백 년 동안 쥐 한 마리 들락거리지 않았고, 나무로 만든 대장경판도 오늘날까지 온전하게 보존될 수 있었답니다. 이 과학적인 건물은 1995년 유네스코가 지정한 세계 문화 유산이 되었습니다.

팔만대장경을 보존하고 있는 장경판전

➡ 몽골의 침입, 팔만대장경

행주 대첩

임진왜란 때 권율이 행주산성에서 왜군을 크게 무찌른 싸움

행주 대첩은 진주 대첩, 한산도 대첩과 함께 임진왜란 3대 대첩 중 하나입니다. 조선을 침략한 왜군은 불과 두 달 만에 한반도의 대부분을 점령했어요. 하지만 바다에서 이순신이 왜의 수군을 막아 내고 육지에서는 의병들이 활약했고, 이어 명의 군대가 참전하면서 전세는 바뀌게 됩니다. 조선과 명의 연합군은 평양성에서 승리한 후 한양을 되찾으려고 이동했어요. 권율은 한양의 왜군을 공격하기 위해 행주산성으로 군사를 이동시켰어요. 이에 1593년 2월에 3만여 명의 일본군이 행주산성을 포위하고 공격했어요.

조선군은 권율을 중심으로 관군, 의병, 승병이 함께 힘을 합쳐 9차례에 걸친 왜군의 공격을 모두 물리치고 승리를 거두었어요. 행주 대첩에서 크게 패한 일본군은 결국 전쟁을 끝내기 위한 강화 회담을 제안하게 됩니다.

행주 대첩에서 여자들이 긴 치마를 잘라 짧게 만들어 입고 돌을 날랐는데, 여기에서 '행주치마'라는 이름이 생겼다고 해요.

→ 권율, 임진왜란

허준 1546~1615

동의보감을 지은 조선 최고의 의학자

서자로 태어나 선조 때 어의가 되었어요. 선조 임금의 병과 세자인 광해군의 천연두를 치료해 정1품의 벼슬을 받았지만, 사간원 관리들의 상소로 귀양을 가기도 했어요.

허준은 10여 년 동안 의학을 연구해 광해군 때 《동의보감》을 완성했어요. 《동의보감》은 그 시대 동양 의학에 관한 책 중 최고의 의학서였어요. 허준은 《동의보감》 외에도 많은 한방 의학서들을 고쳐 펴내거나, 또는 알기 쉽게 한글로 해석했답니다.

어의는 궁궐에서 왕이나 왕족의 병을 치료하던 의원이었어요. 허준은 선조와 광해군의 사랑을 받는 어의였습니다.

→ 동의보감

헤이그 특사

고종이 네덜란드의 헤이그에 파견한 특별 사절

고종은 1907년에 네덜란드의 헤이그에서 열린 만국 평화 회의에 이상설, 이준, 이위종을 특사로 파견해 대한 제국이 강제로 맺게 된 을사늑약과 일제 침략의 부당성을 폭로하고 호소해 국권을 되찾고자 했어요. 이 사실이 알려지자 일제는 고종을 감금하다시피 하고, 한국 대표의 회의 참석을 방해했어요. 그러나 네덜란드의 여러 신문은 특사들이 각 나라의 대표들에게 보낸 호소문을 싣고, 세계 여러 나라의 기자들에게 일본의 침략 사실을 알렸어요.

그런데도 별다른 성과를 얻지 못하자, 특사 이준은 화가 나고 기가 막혀 음식을 끊었고, 그로 말미암아 병이 생겨 순국했어요. 고종 황제를 몰아낼 기회만 엿보던 일본은 헤이그에 특사를 파견한 것을 구실로 삼아 고종을 황제 자리에서 물러나게 했어요(1907).

헤이그 특사로 파견된 세 사람(왼쪽부터 이준, 이상설, 이위종)

➧ 고종, 을사늑약

호족

신라 말과 고려 초에 활동한 지방 세력

신라 말 귀족들의 왕위 다툼으로 정치가 혼란해지고 지방에 대한 중앙 정부의 통제력이 크게 약해졌어요. 이 틈을 타 지방에서는 독자적인 군사력과 경제력을 바탕으로 자신이 속한 지역을 스스로 다스리는 세력이 등장하는데 이들을 호족이라고 해요. 장보고, 견훤, 궁예, 왕건 등이 대표적인 호족이에요. 신라는 이들 호족에 의해 분열되었고 여러 호족 중에서 세력을 키운 견훤과 궁예가 나라를 세우면서 후삼국이 성립돼요.

홍건적

중국 원나라 말기에 일어난 농민 반란군

홍건적은 원나라 말 몽골이 세운 원의 지배에 맞서 일어난 한족의 농민 반란군이에요. 한때 여러 지역으로 세력을 확장했으나 내부 분열과 원의 공격으로 약화되었어요. 이후 원의 군대에 쫓긴 홍건적은 고려 말 두 차례나 우리나라를 침입했어요(1359, 1361). 홍건적의 2차 침입 때는 개경이 점령당하기도 했답니다. 이때 이성계와 정세운은 홍건적을 무찌르고 개경을 되찾는 데 큰 공을 세웠어요.

홍건적은 머리에 붉은 수건을 둘렀기 때문에 붙은 이름이에요.

➜ 태조 이성계

홍범도 1868~1943

봉오동 전투와 청산리 대첩을 이끈 의병장

포수 생활을 하다가 1907년 일제가 포수들의 총을 빼앗으려 하자, 의병을 일으켜 일본군을 물리쳤어요. 국권을 빼앗긴 뒤에는 만주로 건너가 독립군을 기르는 데 온 힘을 쏟았어요. 1919년 3·1 운동이 일어나자 대한 독립군을 이끌고 국내에 들어와 갑산·혜산·자성에서 일본군을 물리쳤어요.

1920년 6월에 일본군이 독립군 본거지인 봉오동을 공격해 오자, 700여 명의 독립군을 지휘하여 사흘 동안 치열하게 싸워 크게 이겼어요. 또한 10월에는 청산리 전투에 참가해 김좌진 장군과 공동 작전을 벌여 일본군을 크게 물리쳤답니다.

1927년에 소련 공산당에 들어갔으나, 1937년에 스탈린이 한인들을 강제 이주시키는 정책을 펴 카자흐스탄으로 옮겨 갔고, 그곳에서 죽었답니다.

➔ 3·1 운동, 김좌진, 청산리 대첩

화랑도

신라 때 조직된 청소년 수양 단체

원래 청소년 수양 단체였지만, 진흥왕 때에 이르러 무사단의 성격으로 강화되었어요. 진골 출신의 화랑과 6두품 이하의 낭도로 이루어졌는데, 화랑을 따르던 낭도의 수는 많으면 수천 명에 이르렀어요. 충성과 신의를 중요하게 여겨 신라가 삼국을 통일하는 데 꼭 필요한 인재 양성소 구실을 했으며 국난 극복에도 크게 이바지했답니다. 김유신, 김춘추를 비롯해 관창, 반굴, 죽지랑 등이 모두 화랑 출신이었어요.

화랑이 지켜야 할 다섯 가지 계율
- 임금을 충성으로 섬긴다. (事君以忠, 사군이충)
- 어버이를 효로써 섬긴다. (事親以孝, 사친이효)
- 벗은 믿음으로써 사귄다. (交友以信, 교우이신)
- 전쟁에 나가서는 물러서지 않는다. (臨戰無退, 임전무퇴)
- 산 것은 함부로 죽이지 않는다. (殺生有擇, 살생유택)

➜ 진흥왕

환구단

고종 때 하늘에 제사를 드리기 위해 만든 제단

1897년 대한 제국이 황제국임을 선포하면서 만든 제단이에요. 고종의 황제 즉위식도 여기서 했어요. 땅을 상징하는 네모난 3층 담장을 쌓고, 그 위에 둥근 하늘을 상징하는 황금색 지붕을 세워 놓았으며, 그 옆에 하늘과 땅의 여러 신위들을 모신 3층 팔각 지붕의 황궁우를 건설했어요.

임금이 하늘에 제사를 지내는 것(제천례)은 고대부터 있어 왔으나 조선 초 중국과의 관계를 고려해 폐지되었어요. 명나라에서 제천례를 하지 말라고 압력을 가했기 때문이에요. 그러나 고종이 대한 제국 황제로 즉위하면서 환구단에서 다시 제천례를 지내게 돼요. 이로써 고종은 대한 제국이 중국과의 사대 관계를 청산하고, 서양의 여러 나라들과 일제의 간섭에서 벗어난 자주 독립국임을 보여 주려 했습니다.

하지만 1913년에 일제가 환구단을 헐고 그 자리에 조선 호텔을 세웠어요. 지금은 황궁우와 석고단(돌북을 놓는 곳), 그리고 아치 세 개가 있는 돌 대문만 보존되어 조선 호텔 안에 남아 있답니다.

➜ 고종, 대한 제국

황룡사

경상북도 경주에 있던 신라의 절

진흥왕 때(553) 경주 월성 동쪽에 궁궐을 짓다가 황룡이 나타났다는 말을 듣고, 절로 고쳐 짓기 시작해 17년이나 걸려 완성했어요.

그 뒤 서축의 아육왕(인도의 아소카 왕)이 금과 철, 불상의 모형을 배에 실어 보냈는데, 이것이 신라 땅에 닿자 장육존상을 만들어 황룡사에 모셨다고 해요(584, 진평왕 6). 장육존상이란 1장 6척(약 5m)이나 되는 존귀한 불상이라는 뜻이에요. 또한 선덕 여왕 때(643)는 외적을 물리치기를 기원하며 절 안에 구층 목탑을 세웠어요. 한 변이 22.2m, 높이가 80m나 되는 거대한 탑이었답니다. 장육존상과 구층 목탑은 진평왕의 옥대와 함께 신라의 3대 보물이었어요. 그러나 고려 고종 때(1238) 몽골의 침입으로 모두 불타 없어지고 지금은 그 흔적만 남아 있어요.

황룡사 구층 목탑 복원 모형

황룡사 구층 목탑은 외적을 물리치는 것과 어떤 관계가 있나요?

탑의 9개 층은 각 층마다 신라의 이웃 나라들을 가리키는 것인데, 정성을 다해 탑을 세우면 부처님의 도움으로 이웃 나라들이 신라에 침범하는 재앙을 물리칠 수 있다고 여겼단다.

➜ 몽골의 침입, 선덕 여왕

후고구려 901~918

신라 말 궁예가 세운 나라로 후삼국의 하나

후고구려는 신라 말에 궁예가 세운 나라를 일컫는 말로, 스스로 고구려를 계승했다 하였으므로 붙은 이름이에요. 처음에는 수도를 송악(개성)에 정하고 고구려를 계승한다 하여 나라 이름을 고려라 했어요(901). 904년에 나라 이름을 '마진'으로 바꾸고, 이듬해에는 수도를 철원으로 옮겼어요. 911년에는 나라 이름을 다시 '태봉'으로 바꿨습니다.

후고구려는 한반도의 중부 지방을 차지했고 한때 신라나 후백제보다도 훨씬 큰 세력을 이루었어요. 처음에 궁예는 호족과 백성들의 지지를 받았지만 왕권을 강화하기 위해 차츰 폭력적인 정치를 하기 시작했어요. 이에 참다못한 신하들이 궁예를 몰아내고 왕건을 새로운 임금으로 받들면서 고려가 세워집니다(918).

➜ **고려, 궁예, 왕건**

후백제 900~936

신라 말 견훤이 세운 나라로 후삼국의 하나

후백제는 신라의 군인 출신이었던 견훤이 세운 나라예요. 신라 말에 나라가 혼란해져 여러 곳에서 농민들이 들고 일어나자, 견훤은 전라도 지역을 점령하고 완산주(전주)를 도읍으로 해 후백제를 세웠어요(900).

후백제는 막강한 군사력으로 영토를 넓혀 갔으며, 평야 지대를 차지한 까닭에 경제력도 풍부했어요. 뿐만 아니라 중국의 오나라, 월나라와도 외교 관계를 맺어 한때는 후삼국 중 세력이 가장 강했답니다. 신라의 경주를 공격해 경애왕을 죽이고 김부를 경순왕으로 내세우기도 했답니다(927). 그러나 930년 고창(오늘날 경상북도 안동) 전투에서 왕건에게 크게 진 뒤 약해지기 시작했으며, 왕위 다툼으로 힘이 순식간에 약해져 고려의 공격을 받아 멸망합니다(936).

➜ **고려, 견훤, 왕건, 후삼국 시대**

후삼국 시대 901~936

신라, 후백제, 후고구려의 3국이 대립하던 시기

9세기 말 신라의 귀족들은 사치에 젖어 있었어요. 이 때문에 많은 세금을 내야 했던 백성들은 흉년까지 계속되자 더 이상 참지 못하고 나라 안 곳곳에서 난을 일으켰어요.

견훤과 궁예는 이러한 혼란을 틈타 나라를 세우는 데 성공했어요. 견훤은 백제를 부흥시킨다는 명분을 내세워 완산주(전라북도 전주)를 수도로 삼고 나라 이름을 후백제라 했으며(900), 궁예는 한반도 중부 지방을 장악하고 송악(경기도 개성)을 도읍으로 정해 후고구려를 세웠어요(901). 이로써 신라는 나뉘어져 후삼국 시대가 열리게 되었답니다.

이후 후고구려는 918년에 궁예가 쫓겨나고 왕건이 왕이 되면서 나라 이름을 고려라고 했어요. 후삼국 초반에는 후백제가 가장 세력이 강했으나 930년 고창 전투 이후 주도권이 고려에 넘어가요. 게다가 후백제가 신라를 자주 공격하여 경주를 침략하고 왕까지 바꾸어(927) 민심을 잃은 반면, 고려의 왕건은 후백제를 공격하는 한편 신라와 친하게 지내는 정책을 펴 신라의 민심을 얻었어요. 이러한 상황에서 이미 나라가 기울어 회복할 길이 없던 신라는 마침내 스스로 나라를 고려에 넘겨주었어요(935). 이때 후백제는 왕위 계승을 둘러싸고 다투다 고려의 공격으로 멸망하지 됩니다(936). 이로써 후삼국은 고려로 통일이 되었어요.

➡ 고려, 견훤, 궁예, 왕건, 후고구려, 후백제

후삼국 시대 각국의 영역

훈민정음

조선 세종 때 만든 우리나라 글자(한글)

줄여서 '정음'이라고도 하고, '언문'이라고도 했어요. 훈민정음은 '백성을 가르치는 바른 소리'라는 뜻이에요. 세종 대왕과 집현전 학자인 정인지, 최항, 박팽년, 신숙주, 강희안, 이개, 이선로, 성삼문 등의 도움을 받아 1443년(세종 25)에 만들었고, 3년 동안 시험과 준비 과정을 거쳐 1446년(세종 28)에 반포했어요. 세종은 훈민정음이 만들어지자 언문청을 설치하여 《훈민정음 해례》와 같은 원리를 연구하게 하고, 훈민정음을 널리 보급하고자 《용비어천가》를 짓기도 했어요.

훈민정음은 글자의 이름이기도 하지만 책의 이름이기도 합니다. 책의 이름으로서 《훈민정음》은 글자인 훈민정음을 해설한 것으로 국보 제70호인 《훈민정음 예의본》·《훈민정음 해례본》을 말합니다. 유네스코 세계 기록 유산이기도 하지요.

➜ 성삼문, 세종, 집현전

흥선 대원군 1820~1898

조선 말의 정치가이자 고종의 아버지

이름은 이하응이고, 고종 이전 임금인 철종과는 6촌 사이예요. 철종이 아들이 없이 죽자, 흥선 대원군의 아들인 고종이 열두 살에 왕위에 올랐어요. 그래서 임금의 아버지를 가리키는 대원군으로 높여졌답니다.

흥선 대원군은 어린 고종을 대신해 정치 권력을 잡고, 개혁 정치를 펼쳐 나라를 부유하고 강력하게 하고자 했어요. 그동안 정치를 어지럽히던 안동 김씨 세력을 눌렀고, 인재를 고르게 등용했어요. 서원은 나라의 재정을 어렵게 하고 다툼의 원인이 된다고 하여 47곳만 남기고 없앴어요. 또 양반도 군포를 내게 하며(호포법) 강력하게 개혁을 추진해 백성의 고통을 덜어 주었어요.

그러나 경복궁을 다시 지으면서 백성들의 생활과 국가 경제를 어렵게 하기도 했어요. 또 서양이나 일본하고는 무역이나 교류를 거부하는 정책을 강하게 밀어붙였어요. 이 과정에서 천주교를 탄압했는데, 이를 빌미로 서양 세력이 침입하자 모두 물리쳤어요(병인양요, 신미양요). 그러나 서양과의 통상 거부 정책은 우리 겨레가 서양의 새로운 문물을 받아들이는 시기를 늦춘 결과를 낳았어요.

➜ 경복궁, 고종, 병인양요, 신미양요, 척화비, 천주교

흥인지문

조선 시대 한양의 4대 성문 중 동문, 보물 제1호

흥인지문은 한양을 둘러싸고 있던 성을 드나들던 4개의 큰 문 중 동쪽에 있던 문이에요. 동쪽에 있어 보통 동대문이라고 하지요. 1396년(태조 5)에 처음 세웠고, 현재의 모습은 1869년(고종 6)에 고쳐 세운 것이에요. 반달 모양의 옹성을 두르고 있는 것이 특징이랍니다. '흥인'이란 어진 것(인, 仁)을 북돋는다(흥, 興)는 뜻이에요.

흥인지문

옹성이란 무엇인가요?
옹성은 밖에서 성문이 보이지 않게 성문을 둘러싼 작은 성으로, 옹성이 있으면 적의 침략을 막기에 편리하답니다.

한눈에 보는 한국사 연표

	연대	주요 사항	시대
기원전	약 70만 년 전	구석기 시대가 시작되다	선사 시대
	8000년 경	신석기 시대가 시작되다	
	2333	고조선이 건국되다	연맹왕국
	2000~1500년 경	청동기 문화가 보급되다	
	400년 경	철기 문화가 보급되다	
	194	위만이 고조선의 왕이 되다	
	108	고조선이 멸망하고, 한 군현이 설치되다	
	57	신라가 건국되다	
	37	고구려가 건국되다	
	18	백제가 건국되다	
기원후	194	고구려, 진대법을 실시하다	삼국 시대
	260	백제, 16관등과 공복을 제정하다	
300	313	고구려, 낙랑군을 멸망시키다	
	372	고구려에 불교가 전래되다	
		백제, 동진에 사절을 보내다	
	384	백제에 불교가 전래되다	
400	400	광개토 대왕이 군대를 신라에 보내 왜를 물리치다	
	405	백제, 일본에 한학을 전하다	
	427	고구려, 수도를 평양으로 옮기다	
	433	나·제 동맹이 성립되다	
	494	부여가 고구려에 멸망되다	
500	502	신라, 소를 이용해 농사를 짓기 시작하다	
	503	신라, 국호와 왕호를 정하다	
	512	신라, 우산국을 정복하다	
	520	신라, 율령을 반포하고, 백관의 공복을 제정하다	
	527	신라, 이차돈이 순교한 뒤 불교를 인정하다	
	532	신라, 금관가야를 정복하다	
	536	신라, 연호를 사용하다	
	538	백제, 도읍을 사비성으로 옮기다	
	552	백제, 일본에 불교를 전하다	

연대		주요 사항	시대
600	562	신라, 대가야를 멸망시키다	
	612	고구려, 살수 대첩에서 승리하다	
	624	고구려, 당으로부터 도교가 들어오다	
	645	고구려, 안시성 싸움에서 승리하다	
	647	신라, 첨성대를 세우다	
	660	백제가 멸망하다	
	668	고구려가 멸망하다	
	670	나·당 전쟁을 하다(~676)	
	676	신라, 삼국을 통일하다	통일신라·발해
	682	국학을 세우다	
	698	발해가 건국되다	
700			
	751	불국사와 석굴암을 고쳐서 다시 짓다	
800			
	822	김헌창이 난을 일으키다	
	828	장보고가 청해진을 설치하다	
900			
	900	견훤이 후백제를 건국하다	
	901	궁예가 후고구려를 건국하다	
	918	왕건이 고려를 건국하다	
	926	발해가 멸망하다	
	935	신라가 멸망하다	
	936	고려, 후삼국을 통일하다	
	956	노비안검법을 실시하다	
	958	과거제를 실시하다	
	976	전시과를 실시하다	고려시대
	983	전국에 12목을 설치하고, 3성 6부를 정하다	
	992	국자감을 설치하다	
	993	거란, 1차 침입을 하다	
		서희가 외교 담판으로 거란을 물리치다	
	996	철전(건원중보)을 만들다	
1000			
	1009	강조의 정변이 일어나다	
	1019	귀주 대첩에서 승리를 거두다	
	1096	의천, 교장을 펴내다	

연대		주요 사항	시대
1100	1102	해동통보를 만들다	고려시대
	1107	윤관이 여진을 정벌하다	
	1126	이자겸의 난이 일어나다	
	1135	묘청의 서경 천도 운동이 일어나다	
	1145	김부식이 삼국사기를 편찬하다	
	1170	무신정변이 일어나다	
	1196	최충헌이 집권하다	
	1198	만적의 난이 일어나다	
1200	1231	몽골이 제1차 침입을 하다	
	1232	수도를 강화도로 옮기다	
	1234	금속 활자로 상정고금예문을 간행하다	
	1236	팔만대장경(고려 대장경)을 새기다(~1251)	
	1270	수도를 다시 개경으로 옮기다	
		삼별초의 대몽 항쟁이 일어나다	
	1274	여·원의 제1차 일본 정벌이 일어나다	
1300	1304	안향의 주장으로 국학에 대성전을 세우다	
	1359	홍건적이 침입하다(~1361)	
	1363	문익점이 원에서 목화씨를 가져오다	
	1376	최영이 왜구를 정벌하다	
	1377	최무선이 화약 무기를 제조하다(화통도감 설치)	
		직지심체요절을 인쇄하다	
	1388	이성계가 위화도 회군을 하다	
	1389	박위가 쓰시마섬을 토벌하다	
	1392	고려가 멸망하고, 조선이 건국되다	
	1394	수도를 한양으로 옮기다	
1400	1402	호패법을 실시하다	조선시대
	1403	주자소를 설치하다	
	1413	조선 8도의 지방 행정 조직을 완성하다	
		태조실록을 편찬하다	
	1416	4군을 설치하다(~1443)	
	1418	세종이 왕위에 오르다	
	1420	집현전을 확장하다	
	1434	6진을 설치하다(~1449)	
	1441	측우기를 제작하다	
	1443	훈민정음을 창제하다	
	1446	훈민정음을 반포하다	

연대		주요 사항	시대
1500	1466	직전법을 실시하다	
	1485	경국대전을 완성하다	
	1510	3포 왜란이 일어나다	
	1543	백운동 서원을 세우다	
	1592	임진왜란, 한산도 대첩이 일어나다	
	1593	행주 대첩에서 승리를 거두다	
1600	1608	경기도에 대동법을 실시하다	
	1610	동의보감이 완성되다	
	1623	인조반정이 일어나다	
	1627	정묘호란이 일어나다	
	1631	정두원이 명에서 천리경, 자명종, 화포 등을 가져오다	조
	1636	병자호란이 일어나다	
	1645	소현 세자가 청에서 과학 서적, 천주교 서적 등을 수입하다	
	1653	하멜, 바다에서 떠다니다가 제주도에 도착하다	
	1658	2차 나선 정벌이 일어나다	선
	1678	상평통보를 만들다	
	1696	안용복, 독도에서 일본인을 쫓아내다	
1700	1708	전국적으로 대동법을 실시하다	
	1712	백두산 정계비를 세우다	시
	1725	탕평책을 실시하다	
	1750	균역법을 실시하다	
	1763	고구마가 전래되다	
	1776	규장각을 설치하다	
	1784	이승훈이 천주교를 전도하다	대
	1785	대전통편을 완성하다	
	1786	서학(천주교)을 금지하다	
1800	1801	신유박해가 일어나다	
	1811	홍경래의 난이 일어나다	
	1860	최제우가 동학을 창시하다	
	1861	김정호가 대동여지도를 만들다	
	1862	전국 곳곳에서 농민 봉기가 일어나다	
	1863	고종이 왕위에 오르다	
		흥선 대원군이 권력을 잡다	
	1865	경복궁을 고쳐 짓다(~1872)	
	1866	병인박해, 병인양요가 일어나다	

연대	주요 사항	시대
1866	제너럴셔먼호 사건이 일어나다	조선 시대
1871	신미양요가 일어나다	
1875	운요호 사건이 일어나다	
1876	강화도 조약을 맺다 수신사를 파견하다	
1879	지석영이 종두법을 실시하다	
1881	조사 시찰단 및 영선사를 파견하다 별기군을 만들다	
1882	임오군란이 일어나다 미국, 영국, 독일 등과 통상 조약을 맺다	
1883	한성 순보가 발간되다 전환국을 두다 원산 학사가 설립되다 태극기를 사용하다	
1884	우정총국이 설치되다. 갑신정변이 일어나다	
1885	서울·인천 간 전신이 개통되다. 광혜원을 설립하다	
1886	육영 공원, 이화 학당이 설립되다	
1894	동학 농민운동, 청·일 전쟁이 일어나다 갑오개혁이 일어나다	
1895	명성 황후 시해 사건(을미사변)이 일어나다 단발령, 을미의병이 일어나다 유길준, 서유견문을 짓다	
1896	아관 파천이 일어나다 독립신문이 발간되고, 독립 협회가 설립되다	
1897	대한 제국이 성립되다	대한 제국
1898	만민 공동회가 개최되다	
1899	경인선을 개통하다	
1902	서울·인천 간 장거리 전화를 개통하다	
1904	러·일 전쟁이 일어나다(~1905) 한·일 의정서를 맺다	
1905	경부선을 개통하다 을사늑약을 맺다 을사의병이 일어나다	
1907	국채 보상 운동이 일어나다 헤이그 특사를 파견하다. 고종 황제가 퇴위하다 대한 제국 군대가 해산되다 신민회를 설립하다	

1900

연대	주요 사항	시대
1909	정미의병이 일어나다 일본과 청나라가 간도 협약을 맺다 안중근이 이토 히로부미를 죽이다	일제강점기
1910	주권을 빼앗기다	
1912	토지 조사령을 공포하다	
1914	대한 광복군 정부가 수립되다	
1916	박중빈이 원불교를 창시하다	
1919	3·1 운동이 일어나다 대한민국 임시 정부가 수립되다	
1920	일제가 문화 정치를 내세우다 홍범도가 봉오동 전투에서 승리를 거두다 김좌진이 청산리 대첩에서 승리를 거두다 조선 일보 · 동아 일보가 창간되다	
1921	조선어 연구회(뒤의 조선어 학회)를 만들다	
1922	어린이날을 제정하다	
1923	물산 장려 운동이 일어나다	
1926	6·10 만세 운동이 일어나다	
1927	신간회를 조직하다	
1979	광주 학생 항일 운동이 일어나다	
1932	이봉창, 윤봉길이 의거하다	
1933	한글 맞춤법 통일안을 제정하다	
1936	손기정, 베를린 올림픽 대회에서 마라톤 우승하다	
1938	한글 교육이 금지되다	
1940	민족 말살 정책이 강화되다 한국 광복군을 만들다	
1941	대한민국 임시 정부가 일본에 전쟁을 선포하다	
1942	조선어 학회 사건이 일어나다	
1945	8월 15일에 광복을 맞다 모스크바에서 미국, 영국, 소련의 3국 외상이 회담을 하다	대한민국
1946	제1차 미·소 공동 위원회가 열리다	
1947	유엔 한국 임시 위원단을 구성하다	
1948	5·10 총선거가 실시되다 대한민국 정부가 수립되다	
1950	6·25 전쟁이 일어나다(~1953)	
1953	휴전 협정이 이루어지다	
1960	4·19 혁명이 일어나다 장면 내각이 성립되다	

연대	주요 사항	시대
1961	5·16 군사 정변이 일어나다	
1962	제1차 경제 개발 5개년 계획을 실시하다(~1966)	
	'서기'를 공용 연호로 쓰기 시작하다	
1963	박정희 정부가 성립되다	
1965	한·일 협정을 조인하다	
1966	한·미 행정 협정을 조인하다	
1967	제2차 경제 개발 5개년 계획을 실시하다(~1971)	
1970	새마을 운동이 시작되다	
	경부 고속 국도를 개통하다	
1972	제3차 경제 개발 5개년 계획을 실시하다(~1976)	대
	7·4 남북 공동 성명을 발표하다	
	남북 적십자 회담을 개최하다	
	10월 유신이 일어나다	
1973	6·23 평화 통일 선언을 하다	
1975	대통령 긴급 조치 9호가 발표되다	한
1977	제4차 경제 개발 5개년 계획을 실시하다(~1981)	
	수출 100억 달러를 달성하다	
1978	자연 보호 헌장을 선포하다	
1979	10·26 사태가 일어나다	
	12·12 사태가 일어나다	
1980	5·18 민주화 운동이 일어나다	민
1981	전두환 정부가 출범하다	
	수출 200억 달러를 달성하다	
1983	KAL기 피격 참사, 아웅산 사건이 일어나다	
	KBS, 이산 가족 찾기 TV 생방송을 하다	
1985	남북 고향 방문단의 상호 교류가 이루어지다	
1986	서울 아시아 경기 대회를 개최하다	국
1987	6월 민주 항쟁이 일어나다	
	6·29 민주화 선언을 하다	
1988	노태우 정부가 출범하다	
	제24회 서울 올림픽 대회를 개최하다	
1989	동구권 국가와 외교 관계를 맺다	
1990	소련과 국교를 수립하다	
1991	남북한이 유엔에 동시 가입하다	
1992	중국과 국교를 수립하다	

연대		주요 사항	시대
2000	1993	김영삼 정부가 출범하다	
		금융 실명제를 실시하다	
	1994	북한, 김일성이 사망하다	
	1995	지방 자치제를 실시하다	
		구총독부 건물을 해체하다(~1996)	
		한국, 유엔 안전보장이사회 비상임 이사국에 뽑히다	
	1998	김대중 정부가 출범하다	
	2000	남북 정상 회담, 6·15 남북 공동 선언을 하다	대
		아시아·유럽 정상 회의(ASEM)를 개최하다	
	2002	한·일 월드컵 대회를 개최하다	
		제14회 부산 아시아 경기 대회를 개최하다	
	2003	노무현 정부가 출범하다	
	2005	2005 아시아·태평양 경제 협력체(APEC) 정상 회의를 개최하다	한
	2006	수출 3000억 달러를 돌파하다	
		반기문, 유엔 사무 총장에 선출되다	
	2008	이명박 정부가 출범하다	
		국보 1호 숭례문(남대문) 방화로 불타다	민
	2009	노무현 대통령 사망하다	
	2010	천안함·연평도 도발이 발생하다	
		G20 서울정상회의를 성공적으로 개최하다	
	2011	북한, 김정일이 사망하다	
	2012	세종특별자치시가 행정중심도시로 출범하다	국
	2013	박근혜 정부가 출범하다	
		방화로 불탔던 숭례문 복구하다	
	2014	세월호 참사로 295명의 학생들이 숨지다	
		프란치스코 교황이 한국을 방문하다	
	2015	중동호흡기증후군(메르스)의 유행으로 38명이 사망하다	
	2016	최순실 국정 농단 사건으로 박근혜 대통령 탄핵 결의되다	
	2017	국정 농단 사건으로 박근혜 대통령 파면되다	

연대	주요 사항	시대
2018	문재인 정부가 출범하다 문재인 대통령, 김정은 국무위원장과 세 차례 (4월, 5월, 9월) 남북정상회담을 가지다	대 한 민 국
2019	일제 강제징용 배상 판결 문제로 일본 제품 불매 운동(No 재팬)이 시작되다	
2020	코로나19(COVID-19) 대유행이 시작되다	

교과서 옆 개념 잡는 초등한국사 사전

1판 1쇄 인쇄 | 2021. 12. 8.
1판 1쇄 발행 | 2021. 12. 20.

박종권·박형오·최소옥 글 | 우지현 그림 | 이근호·신지승 감수

발행처   김영사
발행인   고세규
등록번호 제 406-2003-036호
등록일자 1979. 5. 17.
주　 소 경기도 파주시 문발로 197(우10881)
전　 화 마케팅부 031-955-3100 편집부 031-955-3113~20
팩　 스 031-955-3111

ⓒ 박종권·박형오·최소옥
이 책의 저작권은 저자에게 있습니다.
저자와 출판사의 허락 없이 내용의 일부를 인용하거나 발췌하는 것을 금합니다.

값은 표지에 있습니다.
ISBN 978-89-349-9087-1 (74030)
　　 978-89-349-9038-3 (세트)

좋은 독자가 좋은 책을 만듭니다. 김영사는 독자 여러분의 의견에 항상 귀 기울이고 있습니다.
전자우편 book@gimmyoung.com | 홈페이지 www.gimmyoungjr.com

이 도서의 국립중앙도서관 출판시도서목록(CIP)은 서지정보유통지원시스템 홈페이지(http://seoji.nl.go.kr)와
국가자료공동목록시스템(http://www.nl.go.kr/kolisnet)에서 이용하실 수 있습니다.
(CIP제어번호: CIP2020033753)

어린이제품 안전특별법에 의한 표시사항
제품명 도서 제조년월일 2021년 12월 20일 제조사명 김영사 주소 10881 경기도 파주시 문발로 197
전화번호 031-955-3100 제조국명 대한민국 ⚠주의 책 모서리에 찍히거나 책장에 베이지 않게 조심하세요.

글 박종권
서울대학교 사범대학 역사교육과를 졸업했습니다. 10여 년간 청소년을 위한 학습 도서를 기획하고 만들었습니다. 최근에는 어린이와 청소년들이 어떻게 하면 우리나라와 세계의 역사를 바르고 재미있게 공부할 수 있을까 고민하면서, 역사 관련 도서를 기획하고 글을 쓰고 있습니다.

글 박형오
서울대학교 사범대학 역사교육과를 졸업했으며, 현재 서울 영남중학교에서 아이들을 가르치고 있습니다. 우리 아이들이 올바른 역사의식을 가지고 사회의 건강한 주인공으로 자라나기를 바라는 마음으로 《개념 잡는 초등한국사 사전》 집필 작업에 참여했습니다.

글 최소옥
서울대학교 사범대학 역사교육과를 졸업하고 같은 대학원 사회교육과에서 역사 전공으로 석사 학위를 받았습니다. 현재 서울 당곡중학교에서 아이들을 가르치고 있으며, 올바른 역사 교육을 위한 여러 이론을 수업에 접목시키고 있습니다. EBS 방송 교재 및 다수의 중학생용 참고서를 집필했으며, 보다 나은 역사 교육을 이루기 위해 한국교육과정평가원 및 국사편찬위원회에서 주관하는 다양한 평가 과정에도 참여했습니다.

그림 우지현
서울에서 태어나고 자랐습니다. 그림을 그린 어린이 책으로 《논술은 밥이다》 《똑똑한 만화 교과서-고사성어》 《교과서 체험학습》 《생생 역사 유적지》 《기체, 태양계로 드라이브 떠나다》 《소문난 100문제》 등이 있습니다.

감수 이근호
국민대학교 문과대학 국사학과를 졸업하고 동대학원 국사학과에서 석사와 박사 학위를 받았습니다. 현재 국민대학교에서 학생들을 가르치고 있습니다. 쓴 책으로 《조선 후기의 수도방위체제》 《조선시대 경기북부지역 집성촌 사전》 《청소년을 위한 한국사 사전》 《이야기 조선왕조사》 《교실 밖의 한국사》 등이 있습니다.

감수 신지승
교육학으로 박사 학위를 받았으며, 2007 개정 교육 과정에 초등 통합교과 교과서 집필 위원으로 참여했습니다. 지은 책으로는 《흙으로 빚은 역사, 도자기》 《달콤함 속에 숨겨진 진실, 초콜릿》 《이야기 교과서 인물 : 김홍도》 등이 있습니다.